湖南省哲学社会科学重点研究基地基金课题

湖 南 县 域 发 展 研 究 中 心
中国·宁乡发展与管理研究中心

《和谐发展——中国县域发展之路》 编写组

主编：

李屏南（湖南师范大学教授、博士生导师）

王习加（中共宁乡县委常委、纪委书记，湖南师范大学
博士研究生）

编委：（姓氏笔画顺序）

邓旺华　姜文亮　吕大伟　胡高飞

苏继桃　鲁劲松　陈计伟　蔡正方

陈　骁　魏　民

成员：（姓氏笔画顺序）

王亚新　闵爱辉　伍叶梅　陈　鑫

刘云超　易　勇　朱　伟　徐灵超

张　毅　陶　俊　李灿辉　黄移新

李　娜　曾传国　李　玲　曾　锐

杨　文　谢　政　谷超俊　黎　菀

和谐发展

——中国县域发展之路

李屏南 王习加 主编

人民出版社

序　一

　　改革开放以来，我国县域发展的实践呈现出百舸争流的局面，县域发展的理论研究蓬勃兴起。湖南县域发展研究中心和中国·宁乡发展与管理研究中心选择县域和谐发展这个新鲜的课题，组织编写了这本有份量的新著，并提请我为序，我欣然接受了。

　　郡县治，天下安；郡县丰，天下富。县域是国家最基本的行政和经济单元，是国民经济最基本的子系统，是宏观经济与微观经济的结合部，是城市发展与农村振兴的连接点，这些特性决定了县域拥有十分重要的地位，承担着极为重大的责任。近年来，中央对县域发展高度重视并不断加强，继十六大报告中首次使用"县域经济"概念后，中央一号文件和十七大报告等多次提出要"壮大县域经济"，十七届三中全会报告进一步强调"扩大县域发展自主权，增强县域经济活力和实力"，这些论述表明县域发展已经成为贯彻落实科学发展观的具体体现和全面建设小康社会的重大战略任务。

　　就湖南来说，农业大省的省情决定了县域地位举足轻重：县域人口占全省的80%以上，县域国土面积占全省的90%以上，县域GDP占全省的60%以上，县域始终是湖南最大的发展战场和承载平台，县域发展始终是全省经济社会发展的重大课题和紧迫任务，能否抓好县域发展也是检验我们能不能够抹却体制转轨强加的沉重羁绊、放开小农经济禁锢的缓慢脚步、走出农耕文化积淀的历史阴影。这些年来，省委站在战略、政治和社会的高度，把发展壮大县域经济摆上重要议事日程，坚持用"一化三基"①、"四条底线"② 统领县域发展，不断加大新农村建设力度，十分重视和关注县委书记队伍建设，率先全面推行财政省管县改革，努力从体制、机制上提升县域的自我发展能力，培育和激活了一批经济强县，为富民强省注入了强劲动力和蓬勃活力。

县域发展过程不可能一蹴而就，县域发展方式不可能一成不变，需要我们具有新的决策视野、新的价值理念和新的思维方式，需要我们加强学习、认真研究、掌握规律。《和谐发展——中国县域发展之路》这本书，选择了县域这样一个角度，选择了和谐这样一个主题，切合时代发展潮流，与湖南的发展战略相呼应，为新时期的县域发展指明了前进方向，是值得向全省广大干部推荐学习研读的书，是一本县域发展的实践者和研究者应该看的书。

该书的价值在于理论性和系统性，它以清晰而敏锐的理论前瞻、深刻而严密的逻辑内涵、丰富而充实的典型例证，将县域和谐发展作为一个体系来研究，囊括了县域层面所有宏观与微观问题，涵盖了政治、经济、社会、文化和生态等领域，成为国内首本单独以县域和谐为立论的书籍，这表明湖南在该项领域的学术研究已经走在了全国的前列。

然而，它的价值更在于实用性和借鉴性。该书实证研究的宁乡县是传统农业大县向现代经济强县突破的成功典范，是湖南省情乃至中国国情的一个标本和缩影。它的跨越轨迹和崛起过程，对县域发展特别是中西部地区发展具有重要的指导借鉴作用。文章充分引用了该县的一些具体事例、数据和工作做法，还把生态文明建设等新概念和资源节约、环境友好等"两型社会"新理念融合，既源于实践、高于实践又指导实践，读之给人以启迪，思之予人以希冀。

力量源于思想，思路打开出路。祝愿李屏南教授和王习加同志等在县域发展研究领域取得新进展，形成更多成果和佳作。也希望

---

① 指加速推进新型工业化，加强基础设施、基础产业、基础工作等"三个基础"。
② 指坚守粮食生产、生态环境、节能减排、改善民生的"四条底线"。

有更多的人来关心关注县域发展中存在的诸多问题，共同开创富民强县新局面，谱写人民美好生活新篇章。

陈润儿

2010 年 9 月 1 日

（陈润儿，男，中共湖南省委常委、长沙市委书记。）

序　二

　　由李屏南教授和王习加同志主编的这本书，是一部将科学社会主义理论与实践紧密结合的著作，不仅具有特殊的理论意义，而且有着重要的实践价值。

　　我国是处于社会主义初级阶段的大国，在经济迅速发展的过程中，建设社会主义和谐社会是重大任务。和谐是社会各要素的协调。前资本主义是稳定性强发展性弱的社会，资本主义是发展性强而稳定性弱的社会。我国处于社会主义初级阶段，要在社会主义条件下实现别的国家在资本主义条件下已经实现了的现代化、工业化和市场化，因此，必须在相当长时间内以经济建设为中心。改革开放以来，我国经济发展迅速，创造了举世瞩目的经济奇迹。实践证明改革开放的道路是无比正确的。但是，社会主义作为一种社会形态，比资本主义更高明的地方不仅仅在于经济发展的高速度，更重要的在于社会的协调发展，能够自觉、主动地吸取世界现代化发展的经验教训，避免其他国家在发展过程中产生的种种问题，或者能及时有效地加以处理，从而实现经济发展与社会和谐的同步。因此，当今中国面临着双重任务，一方面仍然必须加快发展，另一方面要在发展中实现社会和谐。这是社会主义建设面临的重大课题。

　　社会主义是在实践中发展的。我国是一个历史悠久、人口众多的大国，县域发展具有十分重要的地位。县域是国家的基本行政和经济组织单元。县是城市的尾，农村的头。郡县治，天下安；郡县丰，天下富。国家有效治理的基础在县，实现统筹城乡发展的重点也在县。科学发展观是当今中国的指导思想。统筹城乡发展位于科学发展观之首。20世纪中国的发展道路是"农村包围城市"，21世纪中国的发展道路是"城市带动农村"。当今中国的重大任务是实现农村城镇化，农村城镇化的希望在县。正因为如此，近些年我国发展的战略将县置于重要地位。但应该看到，当前我国县域发展距理想目标还较远。历史的、体制的、机制的、治理的等制约因素很多，面临的问题也很多，可以说县是我国整体社会发展中的一个重要但又十分薄弱的环节，是社会发展中一个"接点"或者说是一块"短板"。这是因为，社会是运动的，不断有新的要素产生。县是传统要素和现代要素的聚合地，要素之间的冲突大，而且很容易造成要素之间的不平衡。如近几年为了改善县域的财政状况，各地比较重视县域经济发展，而对经济发展中出现的社会问题注意不够，社会不稳定、不和谐因素增多。我国若干县连续发生多起规模性的群体事件，造成很大社会影响，反映了县域发展面临的挑战和问题。

问题是理论的先导和来源。本书正是适应当今中国的需要，为解决县域发展问题而产生的理论成果。该书的重要特点就是将理论与实践紧密结合起来，以县为单位探讨中国的发展问题。李屏南教授长期从事科学社会主义理论研究。他所在的湖南师范大学科学社会主义学科，从周作翰老先生开始，就有一个突出特点，即"经世致用"。李教授对科学社会主义理论经典有很深的造诣，但其实践意识也很强，此书便反映了其治学理念。对此我很赞同。这是因为，社会主义在实践中，不是抽象的教条，不能将社会主义视之为与实践无关的教条。同时，社会主义在生活中，不是与生活无关的文本，不能将社会主义悬空于实际生活之上。同时，科学社会主义又是一门专门研究社会发展规律的学问，能够超越或者不是简单地纠结于具体问题。本书运用科学社会主义理论研究县域发展这一实际问题，站得高，看得远，说得实，理论上有新见树，实践上有新思路，相信会给读者以许多有益的启发，是一部将科学社会主义理论运用于实践研究的创新佳作。

我与本书第一主编李屏南先生相识已久。李先生学识深厚，为人谦和，是我十分敬重的学长。他希望我能为本书作序，我一再推辞，不敢应接。好在李先生宽厚，不会为我的妄言而不快。所以写下此言，是为序。

徐　勇

2010 年 7 月 23 日于暑热中的武汉

（徐勇，男，教授，博士，博士生导师，国务院学科评议组成员，教育部长江学者特聘教授，教育部跨世纪优秀人才，华中师范大学中国农村问题研究中心主任，华中师范大学政治学研究院院长，湖南师大湖南县域发展研究中心学术委员会主任。）

目录 contents

绪　　论

党的十六大报告首次提出"壮大县域经济"，党的十六届三中全会又进一步强调"要大力发展县域经济"。县域发展问题从而越来越受到人们的关注和重视——中国开始走向县域发展时代。

一、和谐发展是县域发展的根本要求

究竟应当怎样看待和理解县域发展？我们不妨从发展的本质以及县域发展的实际来进行考察。

1. 和谐发展是社会发展的本质要求

县域发展虽然特指一个县级行政区域的发展，但作为人类文明发展的组成部分，具有人类文明发展的共性。

和谐是文明发展的客观规律。首先，和谐的客观性表现在世界的统一性上。东西方文明毫不例外地从源头开始就视万物为无限多样性的统一。马克思主义认为只有坚持物质的多样性统一才能真正把握世界本来的面貌。其次，和谐的客观性表现在对立统一规律上。唯物辩证法认为，矛盾的统一性是指矛盾双方的相互依存、相互贯通的一种联系和趋势。再次，和谐的客观性表现在世界的系统整体性上。系统整体性原理指出，各部分一旦组成系统整体，就具有孤立的部分所不具备的性质和功能。①

和谐是人的发展的崇高境界。唯物史观把人看作是社会历史的主体，"整个世界历史不过是人通过人的劳动而诞生的过程"。"'历史'并不是把人当作达到自己目的的工具来利用的某种特殊的人格，历史不过是追求着自己目的的人的活动而已。"② 也就是说，历史活动不仅要以人为主体，同时还要以人为目的。人类文明的发展归根到底是人的发展，而和谐正是人类文明的崇高境界。

和谐是社会发展的终极追求。中国古代思想家孔子于公元前 5 世纪就提出了大同思想。孔子说："大道之行也，天下为公，选贤与能，讲信修睦。"③ 国外也有类似的理想社会思想。古希腊思想家柏拉图在其著名的《理想国》中，就设计了一幅正义之邦的图景。英国人托马斯·莫尔则是乌托邦的发明者，空想社会主义的奠基人。莫尔以他丰富的想象力，勾画出一幅美妙的乌托邦社会蓝图。19 世纪 40 年代，马克思和恩格斯创立科学社会主义，终于提出了在全世界实现共产主义的社会发展目标。这一目标是社会发展的终极目标，也是真正的大同社会与和谐社会。

2. 和谐发展是县域发展的客观要求

文明发展的客观性与县域发展的客观性之间是否存在必然联系？回答是肯定的。因为文明发展是由许许多多不同的但却完整的发展单元组成的。县域发展就是这样的完整的发展单元。

县是一级完整的政权体系。中国的"县"出现很早，据考证至少可以追溯到西周。但最初的县，是指被征服管辖的地区。随着城市国家的发展，县逐渐成为管理广大乡村地区的管理机构。而我国现行政治体制中，县是最基层的一级完整的政权体系。《中华人民共和国宪法》第三十条规定，我国的行政区域划分为省、县、乡三级，

① 杨倩：《论马克思主义文明和谐观的哲学基础》，《贵州社会科学》2007 年第 5 期。
② 《马克思恩格斯全集》第 2 卷，人民出版社 1957 年版，第 118—119 页。
③ 《礼记·礼运》，《四书五经》，岳麓书社 2002 年第 2 版。

但乡在法律上和实际上都不是一级完整的政权体系，而县以上则从法律上和实际上都是完整的政权体系，设置了包括党的机关、权力机关、行政机关、政协机关、司法机关、武装机关等完整的政权机构和工会、共青团、妇联等群团组织。

县域是一个完整的社会体系。县域，指县级行政区域。县域内有县城、有乡镇，城乡一体使县域成为一个完整的社会体系。从政治方面，县是我国政治体系中职能和机构完备并拥有一定管辖层级的基层政治系统；从经济方面，县是一个相对独立的利益主体，具有一定的经济发展区域空间；从文化方面，县代表着我国不同的地域文化，拥有各具特色的文化资源；从社会方面，县级教育、卫生、社会保障、公共产品的提供等，都自成体系；从生态方面，县拥有一定的自然资源，并具有较完整的生态系统。

县域发展是区域发展的重要组成。县域发展是一种县级行政区划型区域发展。据统计，全国县级行政区划有 2861 个（香港特别行政区、澳门特别行政区和台湾省除外），其中市辖区 845 个，县级市 374 个，县 1470 个，自治县 117 个，旗 49 个，自治旗 3 个，特区 2 个，林区 1 个。全国县域人口平均 45.53 万人；县域的地区国内生产总值平均 32.04 亿元。我国国民经济的大部分在县域经济范围内，全国县域内陆地国土面积（市辖区和福建省金门县除外）约 874 万平方公里，占全国国土面积的 94%；全国县域内人口总数达 9.16 亿，占全国总人口的 70.9%；全国县域经济 GDP 为 6.45 万亿，占全国 GDP 的 55.15%。①

3. 和谐发展是县域发展的必然要求

改革开放以来，我国经济社会发展取得了举世瞩目的巨大成就。但我们也要看到，我们的发展中还存在许多不可忽视的问题，而这些问题在县域发展中表现尤为突出。

和谐是解决三农问题的必然要求。县域发展本质上是农村的发

---

① 以上引用数字来源于中国县域经济网 http://www.china—county.org。

展。近几年是我国农民收入增长最快的几年，但城乡居民收入差距也在不断扩大。据有关资料，2007年农村居民人均纯收入实际增长9.5%，为1985年以来增幅最高的一年；而城乡居民收入比却扩大到3.33:1，绝对差距达到9646元，也是改革开放以来差距最大的一年。① 2006年10月，国家统计局曾发布城市农民工生活质量状况专项调查，结果表明：进城就业的农民工工资收入比较低，生活质量比较差，居住、医疗条件得不到保障，休闲方式比较单调，劳动技能普遍偏低，子女教育问题比较突出。统筹城乡发展是县域发展最需要的和谐。

和谐是县域经济发展的必然要求。虽然我国从制定"九五"计划时就提出实行"两个根本性转变"，但粗放型增长方式一直没有从根本上得到改变。"第一个问题是过度消耗能源资源。我国人均能源资源占有量不足，耕地、淡水、森林、石油、天然气等的人均占有量远远低于世界平均水平，而我国单位产出的能源消耗水平则明显高于世界平均水平。""第二个问题是严重污染生态环境，虽然我国环境保护和生态建设取得了不小成绩，但生态总体恶化的趋势尚未根本扭转，环境治理的任务相当艰巨。环境恶化严重影响经济社会发展，危害人民群众的身体健康，损害我国产品在国际上的声誉。如果不从根本上转变经济增长方式，能源资源将难以为继，生态环境将不堪重负。"②

和谐是县域全面发展的必然要求。县域发展应该是县域政治、经济、文化、社会和生态等的全面发展，而由于目前县域发展总体上尚处在初级阶段，县域各个方面的发展既不充分，更不平衡。比如，在县域发展过程中如何积极地引导公民社会的建设问题，目前还很少论及③。而政治社会发展领域以人为本原则的实现，不仅是一个稳步推进民主政治建设、实现公民有效参政议政的问题，同时也

---

① 资料来源：《中国青年报》，2008年8月29日。
② 引自胡锦涛在中共十六届四中全会第三次会议上的讲话。
③ 参见《县域片面发展症结解析》，《人民论坛》2009年第12期。

是一个如何培育公民精神和建立一个健康的公民社会的问题，更是我国和谐社会建设不可回避的问题。

二、和谐发展是县域发展的现实选择

我国县域发展的现实，必须立足于三个方面：第一，县域发展是建设中国特色社会主义实践的有机构成；第二，县域发展必须以科学发展观为指导；第三，县域发展是我国全面建设小康社会的重要组成和关键环节。

1. 和谐发展是社会主义的建设目标

县域发展是社会主义建设的有机组成部分。社会主义建设，是中国共产党经过长期革命斗争换来的。党的十一届三中全会以来，我们走出了一条建设中国特色社会主义的崭新道路。

和谐是中国特色社会主义的本质属性。1992 年初，邓小平在南方谈话中明确提出了社会主义本质的著名论断，他说："社会主义的本质，是解放生产力，发展生产力，消灭剥削，消除两极分化，最终达到共同富裕。"① 中共十六届六中全会作出了关于构建社会主义和谐社会若干重大问题的决定，明确提出：构建社会主义和谐社会，是 "从中国特色社会主义事业总体布局和全面建设小康社会全局出发提出的重大战略任务，反映了建设富强民主文明和谐的社会主义现代化国家的内在要求，体现了全党全国各族人民的共同愿望。"②

和谐是我们党不懈奋斗的目标。新中国成立后，我们党为促进社会和谐进行了艰辛探索，积累了正反两方面经验，取得了重要进展。党的十一届三中全会以后，我们党坚定不移地推进改革开放和现代化建设，积极推动经济发展和社会全面进步，为促进社会和谐进行了不懈努力。党的十六大以来，我们党对社会和谐的认识不断深化，明确了构建社会主义和谐社会在中国特色社会主义事业总体

---

① 《邓小平文选》第三卷，人民出版社 1994 年版，第 373 页。
② 引自《中共中央关于构建社会主义和谐社会若干重大问题的决定》。

布局中的地位，作出了一系列决策部署，推动和谐社会建设取得新的成效。经过长期努力，我们拥有了构建社会主义和谐社会的各种有利条件。

和谐是新世纪新阶段发展的客观需要。进入新世纪，和平、发展、合作成为时代潮流，世界多极化和经济全球化的趋势深入发展，科技进步日新月异。我国社会主义市场经济体制日趋完善，社会主义物质文明、政治文明、精神文明、生态文明建设和党的建设不断加强，综合国力大幅度提高，人民生活显著改善，社会政治长期保持稳定。在这种形势下，对发展的要求也越来越高。特别要看到，我国已进入改革发展的关键时期，经济体制深刻变革，社会结构深刻变动，利益格局深刻调整，思想观念深刻变化，需要我们把构建社会主义和谐社会摆在更加突出的地位。

2. 和谐发展要求坚持科学发展观

科学发展观深刻蕴含了和谐发展的内涵。科学发展观是中国特色社会主义的指导思想，更是县域发展的指导思想。

发展是实现社会和谐的前提条件。科学发展观的第一要义是发展。我国正处于并将长期处于社会主义初级阶段，社会的主要矛盾仍然是人民日益增长的物质文化需要同落后的社会生产力之间的矛盾。解决这一主要矛盾的根本途径是集中力量发展社会生产力。只有较好地解决了这一主要矛盾，才能真正解决其他社会矛盾，实现社会和谐。

以人为本是社会和谐的本质内容。科学发展观的本质和核心是以人为本。以人为本就是坚持人民群众在建设中国特色社会主义中的主体地位，坚持发展为了人民，发展依靠人民，发展成果由人民共享，实现人的全面发展。而社会和谐，归根结底也就是人的和谐。

全面协调可持续是社会和谐的可靠保障。科学发展观的基本内容是全面协调可持续发展。全面是指各个方面都要发展；协调是指各个方面的发展要相互适应；可持续是强调发展进程的持久性和连续性。实现全面协调可持续发展，社会和谐就有了可靠的保障。

统筹兼顾是实现社会和谐的一贯方法。科学发展观的根本要求是统筹兼顾。统筹兼顾就是总揽全局，科学筹划，协调发展，兼顾各方。把握全局，统筹兼顾，协调好各方面的利益关系，调动一切积极因素，加快经济社会发展，是我们党长期执政过程中的一条重要历史经验。

3. 和谐发展要求全面建设小康社会

构建社会主义和谐社会，当前就是要努力实现全面建设小康社会的目标，而县域发展在全面建设小康社会过程中起着关键作用。

全面建设小康社会关键在农村。温家宝在十届全国人大三次会议记者会上指出："没有农村的小康，就不会有全国的小康。没有农村的现代化，就不会有全国的现代化。"中共十七届三中全会通过的《中共中央关于推进农村改革发展若干重大问题的决定》也明确指出："实现全面建设小康社会的宏伟目标，最艰巨最繁重的任务在农村，最广泛最深厚的基础也在农村。"

全面建设小康社会必须加强社会主义新农村建设。2005年，中共中央、国务院发布了《关于推进社会主义新农村建设的若干意见》，要求各级党委和政府要始终把"三农"工作放在重中之重，切实把建设社会主义新农村的各项任务落到实处，加快农村全面小康和现代化建设步伐。提出要统筹城乡经济社会发展，推进现代农业建设，促进农民持续增收，加强农村基础设施建设，加快发展农村社会事业，全面深化农村改革，加强农村民主政治建设，动员全党全社会关心、支持和参与社会主义新农村建设。《意见》要求全面落实科学发展观，实行工业反哺农业、城市支持农村和"多予少取放活"的方针，按照"生产发展、生活宽裕、乡风文明、村容整洁、管理民主"的要求，协调推进农村经济建设、政治建设、文化建设、社会建设和党的建设。

全面建设小康社会要求县域和谐发展。胡锦涛在党的十七大报告中，对全面建设小康社会的奋斗目标又提出了新要求：增强发展的协调性，努力实现经济又好又快发展；扩大社会主义民主，更好保障人民权益和社会公平正义；加强文化建设，明显提高全民族文明素质；加快发展社会事业，全面改善人民生活；建设生态文明，基本形成节约能源资源和保护生态环境的产业结构、增长方式、消费模式。[①] 这些要求，都与县域和谐发展密切相关。

三、和谐发展是县域发展的永恒主题

县域发展是相对于城市发展而言的。由于我国长期处于农业社会时期，城市发展相对滞后，县域发展一度成为我国发展的主流形式。但不管是在什么时代，和谐都是县域发展的主题。

1. 和谐发展是县域发展的实践总结

我国自春秋建立县制以来，县域的发展虽因应不同时代有不同的重点，但和谐一直是县域发展的主题。"郡县治，天下安"是对这一主题最好的诠释。

和谐是中国传统县域发展的不懈追求。中国县域发展历经 2000 多年，其间不乏相对和谐的发展时期。后晋张昭远、贾纬等编写的《旧唐书》记载了这样一个故事：唐朝时，有个买卖人途经武阳，不小心把一件心爱的衣服丢了，他走了几十里后才发觉。有人劝慰他说："不要紧，我们武阳境内路不拾遗，你回去找找看，一定可以找到。"那人听后半信半疑地赶了回去，果然找到了丢失的衣服。后来，人们就把"路不拾遗"变成一个成语，用以说明国家安定，人们思想品德高尚，社会风气很好。这个故事也说明了我国自古对和谐社会的追求。

和谐是改革开放以来县域发展的目标。我国县域的一个明显特征是以农村为主要区域。这就决定了县域发展离不开农民这个主体。1978 年，安徽凤阳县小岗生产队的一份土地包干合同，催生了我国农村土地承包责任制，我国改革开放从此拉开了序幕。应该说，土

---

① 胡锦涛：《高举中国特色社会主义伟大旗帜，为夺取全面建设小康社会新胜利而奋斗》。

地承包经营是县域发展的一次伟大革命，它不仅使土地的价值得到了充分体现，而且使广大农民得到了第二次解放。"农民工"的诞生就是这种解放的最好证明。党的十六大以来，县域发展问题进一步得到空前重视。近年来，我国全面取消农业税，实行农村新型合作医疗，实施免费义务教育，开展农村社会保险等，有力地推动了县域社会和谐发展。

和谐是国内外县域发展的成功经验。由于县域的差异性很大，国内外县域发展的模式不一。我国目前普遍地是以经济增长推动县域发展的模式。如我国"百强县"排名就是对县域经济基本竞争力与科学发展开展的评价活动。这个评价是从"城乡、区域统筹"、"强县富民一致性"和"科学发展环境"三方面来开展的。在国外，县级政府的管理职能主要侧重于公共事务的管理方面，包括为产业的发展提供基础设施，提供教育、医疗等服务，对于县域内产业的发展，主要通过编制县级经济发展规划、制定相应的产业政策等措施来调整产业结构，促进经济增长。① 这点虽与我国不同，但从促进县域和谐来看，则完全一致。

2. 和谐发展是县域发展的理论导向

县域发展是一个老问题，也是一个新课题。因为县域发展自古就存在，但真正作为一个理论问题来研究，则刚刚起步。

和谐是县域发展的理想境界。早在西汉时期，长沙王太傅贾谊在《论积贮疏》中说："民不足而可治者，自古及今，未之尝闻。""古之治天下，至孅至悉也，故其畜积足恃。今背本而趋末，食者甚众，是天下之大残也；淫侈之俗，日日以长，是天下之大贼也。"② 改革开放以来，我国县域发展涌现了一大批典型。如广州增城的"主体功能区建设，推动科学发展"模式，成都双流的"统筹'三个集中'，统筹城乡发展"模式，江苏江阴的"强县富民基础上建

① 《国外政府如何促进地方发展》，《人民论坛》2009 年第 13 期。
② 贾谊：《论积贮疏》。

设幸福江阴"模式，湖南宁乡的"科学发展强实力，社会和谐惠民生"模式等，为县域发展提供了宝贵经验。[①] 从古今县域发展的实践不难看出，和谐始终是县域发展的理想境界。

和谐是国内外发展理论的共同取向。第二次世界大战后，先后出现了经济增长论、强调社会变革的发展观、发展极限论、综合发展观、可持续发展观等代表不同阶段的发展理论。1992 年，在巴西里约热内卢召开的联合国环境与发展大会上通过的《里约热内卢宣言》和《21 世纪议程》，标志着可持续发展观被全球持不同发展理念的各类国家所普遍认可。[②] 中国共产党在吸收人类文明进步新成果的基础上，更是提出了科学发展观，为实现和谐发展提供了新的指导思想。

和谐是中国特色社会主义理论的重要范畴。《中共中央关于构建社会主义和谐社会若干重大问题的决定》明确指出："我们要构建的社会主义和谐社会，是在中国特色社会主义道路上，中国共产党领导全体人民共同建设、共同享有的和谐社会。"必须"按照民主法治、公平正义、诚信友爱、充满活力、安定有序、人与自然和谐相处的总要求"，"推动社会建设与经济建设、政治建设、文化建设协调发展"。

3. 和谐发展是县域发展的历史趋势

不管是人类社会发展还是县域发展，都在朝着理想的目标迈进。党的十一届三中全会以来，我国县域发展不断实现新的目标。

县域发展的初级目标：温饱。解决温饱是中国人多少年的梦想。"安得广厦千万间，大庇天下寒士俱欢颜，风雨不动安如山！"杜甫的《茅屋为秋风所破歌》至今已吟唱了一千多年。一千多年后，随着中国改革开放和现代化建设的蓬勃发展，农村劳动生产力得到极

---

① 刘福刚：《新时期县域经济科学发展范例与新模式》，中共中央党校出版社 2008 年版。
② 全国干部培训教材编审指导委员会编写：《科学发展观》，人民出版社、党建读物出版社 2006 年版。

大解放，县域经济不断壮大，人们的衣食住行发生了翻天覆地的变化。到20世纪80年代末，中国已基本解决了过去几千年没有解决的温饱问题。

县域发展的中级目标：小康。早在1979年，邓小平就提出了"小康"概念以及在20世纪末我国达到"小康社会"的构想。从党的十二大到十七大，党中央对建设"小康社会"的构想不断完善。到20世纪末，我国实现了总体小康，但离全面小康还有一定差距。党中央及时提出了到2020年实现全面小康的目标，党的十七大还把全面小康社会的关键指标，即到2020年国内生产总值比2000年翻两番，改为人均国内生产总值翻两番。这一目标的实现，对我国县域发展来说，任务还十分艰巨。

县域发展的高级目标：大同。这里借用"大同"以表述和谐社会的最高境界。1987年，党的十三大提出了"三步走"的总体战略部署，第一步和第二步目标已经实现，我们现在正努力实现第三步战略目标。同时，我们还会有更高的发展目标，而所有这些目标的实现，都离不开县域发展。我们相信：随着全面小康社会目标的实现，我国县域发展的脚步将与中国特色社会主义一道，朝着人类最理想的社会——共产主义不断前进。

（执笔：王习加，中共宁乡县委常委、纪委书记，湖南师大科学社会主义与国际共产主义运动专业博士研究生。）

第一章　发展思想演化

1.1 发展模式

发展模式是社会发展的方式、方法与道路。人类社会发展的不同阶段、不同国家的发展模式各异。社会发展模式直接关系到社会发展的成败。

1.1.1 社会发展模式的内涵及特征

（一）社会发展模式的内涵

社会发展模式是指社会发展目标的方式、方法、道路的统一体，它在实质上是社会发展主体作用于社会发展客体、促使社会发展客体向着符合人的需要和理想的方向变化，从而达到主体自身目的的一种中介手段。

（二）社会发展模式的特征

一是合规律性特征。模式作为主体作用于客体的途径、方法与形式，在实质上是人对于主客体之间内在的本质、持续和必然性联系的一种自觉认识和转化形式，也就是说它是主体对于客观规律的一种主观反映形式和活动契合过程。任何社会发展模式只有真实地反映、契合、表现社会发展规律才可能是正确有效的，而那些悖逆了社会发展规律的发展模式其最终必将失败。因此，与客观内在的社会发展运动规律相契合是那些正确有效的社会发展模式的一个基本特征。

二是多样化特征。社会发展模式是人为了满足自身的需要与目的而创造出来的一种手段，它的数量多少、质量高低及其结构配置是同人的目的需要、社会规律以及社会客体现状相对应的。由于人的需要具有日趋复杂多样性和永无休止的加速持续增长特征，社会运动规律具有不可穷尽的深刻而丰富的内在本质及其日益复杂多样的表现形式，具体社会客体现状又是错综复杂和具有特殊性的，由此也就决定了人要满足自己持续增加和提高的需要，就必须不断地去探索、把握和利用社会运动规律，创造和实行更多、更好的发展途径与方式，从而使社会发展模式呈现出了日益丰富多样化的特点。

三是系统化特征。社会发展模式的系统性特征，首先表现在社会发展模式的目的性上，即所有的具体社会发展模式都是人根据具体客观条件以及自己的目的进行选择、为人的自身目的服务的。其次表现在社会发展模式具有鲜明的层次性。社会发展从内容上说包括经济、政治和文化等方面，而社会发展模式也相应地包括经济发展模式、政治发展模式和文化发展模式等层次；而若从发展的主体和空间上看，则包括人类社会发展模式、国家发展模式、社区发展模式等层次。第三，社会发展模式具有突出的整体性。社会发展的具体模式尽管丰富多样，但所有这些不同性质和类型的具体模式却都是一个紧密关联、功能互补、不可分割的统一整体。

1.1.2 几种主要的社会发展模式

（一）西方资本主义市场经济模式

1. 美国模式

美国模式，顾名思义是以美国为主的资本主义市场经济发展模式，英国、加拿大、澳大利亚、新西兰等国均属此模式。

国内外学者对美国的发展模式有着不同的称谓。诸如，股票资本主义模式、市场导向型资本主义模式、自由资本主义模式、盎格鲁—撒克逊模式、里根—撒切尔模式、新自由主义模式、美英模式等等。法国学者米歇尔·阿尔贝尔认为，当今的美国经济发展模式应当准确地称其为"新美国模式"。其实质内容主要是指，在四大经济主体（家庭、企业、银行和政府）相互之间的关系上，彼此施加于对方的限制较少，同时，对对方承担的责任和义务也较小。

2. 德国模式

德国模式是指二战以后形成的社会市场经济模式，以德国为代表，主要在欧洲大陆国家运作，包括荷兰、瑞士、奥地利、瑞典、法国等国。

德国模式属于以私人占有制为基础的市场经济体制，但它强调财产权的分散和社会平衡，主张实行多种所有制并存的混合经济体制，且国有和集体经济成分比重大，注重市场机制和国家调节（或计划）的结合，强调社会福利、社会保障和公平，企业内部实行劳资"共同决策制"。[①]

德国实行的是宏观控制的社会市场经济，既反对经济上的自由放任，也反对把经济统紧管死，而要将个人的自由创造和社会进步的原则结合起来。它既保障私人企业和私人财产的自由，又要使这些权利的实行给公众带来好处。在国家和市场的关系上，它的原则是国家要尽可能少干预而只给予必要的干预。国家在市场经济中主要起调节作用，并为市场运作规定总的框架。所以德国实行的社会市场经济，实际上是国家有所调节的市场经济，以保证市场自由和社会公平之间的平衡。[②]

---

① 国家发改委赴德社会市场经济考察团：《德国社会市场经济考察》（上），国研网，2004 年 6 月 18 日。

② 杨直：《"新社会市场经济倡议"——一场有关德国经济体制改革的大讨论》，《德国研究》2002 年第 2 期。

3. 日本模式

日本模式，即所谓行政导向型市场经济模式，又称"社团市场经济"。日本是一个高度竞争的市场经济国家。从所有制的角度看，日本的市场经济属于资本主义体系的市场经济。从市场与政府的关系看，日本的市场经济属于政府导向型市场经济。从大范围来看，具有西方文化背景的西欧和北美的市场经济大都属于市场导向型的市场经济，具有东亚文化背景的东亚地区的市场经济大都属于政府导向型的市场经济模式。而日本的市场经济则是东亚地区最典型的政府导向型市场经济。①·②·③

（二）传统社会主义模式（苏联模式）

苏联模式又称"斯大林模式"。斯大林认为，国家是万能的，国家应当拥有一切企业，安排企业的一切事务，这样便可克服市场经济的缺陷——巨大的浪费和生产过剩的危机，可消除生产的盲目性、自发性。通过政府计划，社会资源能按社会化大生产的客观要求进行配置，进行有计划按比例的发展，全国成为一个大工厂，以国有制为基础，国家可以有效地统一生产、统一分配、统一计划、统一工资标准。为此，政府必须构筑庞大的政企一体化的官僚组织，对企业进行繁多的行政管理；必须以无产阶级专政的强制力强行积累，达到高速度、粗放发展、重点发展重工业的目标。

从苏联建立第一个社会主义国家至今已有80多年的历史。苏联模式曾显示出它的优越性，使当时生产力较为落后的国家迅速摆脱了经济极端落后的状况，并在许多领域赶上甚至超过了世界发达资本主义国家，从整体上看，曾经一度较快地缩小了与西方老牌资本主义国家的差距。但社会主义极盛之时，也正是传统社会主义步入

① ［日］大内兵卫等：《日本经济图说》，吉林人民出版社1978年版。
② 金明善：《现代日本经济问题》，辽宁人民出版社1983年版。
③ 刘天纯：《日本产业革命史》，吉林人民出版社1984年版。

深刻危机的开始。20 世纪 50 年代传统社会主义模式就已暴露出严重的弊端，80 年代末酿成了苏联、东欧国家的剧变，使社会主义运动在一个较大范围内遭到挫折，在思想理论界和一些国家中对在落后国家建设社会主义发生了怀疑和动摇。当历史的风云一页页翻过，一个我们曾认为早已解决的问题又摆在了我们面前："什么是社会主义，怎样建设社会主义。"①

（三） 当代中国模式

"当代中国模式"简而言之就是：在实事求是的基础上，计划加市场，实验再推广——也就是在"科学发展观"的指导下，制定计划，调控市场，实验求证后再进行普及推广。

邓小平以巨大的政治魄力启动和推进改革开放，由此中国现代化进程又经历了一次新的模式转换。这种新模式的基本要素是：在维持基本政治制度和政治生活方式的稳定性、连续性的前提下致力于改变政治和经济的关系，促使革命意识形态从国家生活中淡出，确立以经济建设为中心的政策目标和政策纲领，启动国家政权力量从经济领域里大规模退出的进程，逐渐恢复和不断提高市场在资源配置和经济生活中的中心地位，培育经济的自组织力量，相应地弱化国家对经济生活的控制和干预，并迅速启动和强力推进加入国际分工体系和国际贸易体系的进程。从长期的历史角度看，这种模式是一种过渡性模式，表现出显著的持续变动性、开放性特征。最能说明这种情况、也是最重要的一个例子，是对计划和市场的相互关系的认识不断变化的过程。从开始认可市场法则的作用，进而逐步提高对市场法则作用的估价，逐步提高市场要素和非公有制经济成分在经济生活中的地位和活动空间，最终确立全面建设"社会主义市场经济"的目标。这种模式的另外一个特征，是对经济发展特别是增长速度的强调。邓小平提出的著名论断——"发展是硬道理"，

---

① 《列宁选集》，人民出版社 1995 年版，第 574—576 页。

以及他在南访谈话中关于不能推动经济发展的政府就不可能获得人民支持的论断，就是这种模式的标示性语言。①

1.1.3 中国社会主义建设在不同阶段的发展模式分析

（一）社会主义建设在探索中发展（1949—1976）

提出建设中国自己社会主义道路的历史背景。1956 年社会主义改造基本完成，标志着我国进入了开始全面建设社会主义的历史阶段，历史向以毛泽东为核心的党的第一代领导集体提出了在实践中进行探索的新的课题。经过一五计划实践积累的初步建设经验给党的第一代领导集体探索中国自己的社会主义建设道路提供了参考。同时，在学习苏联的过程中，我们发现，苏联的经验不完全适合中国，特别是苏共二十大，暴露了苏联社会主义建设中的缺点和错误。这就更加坚定了以毛泽东为核心的党的第一代领导集体探索中国特色社会主义建设道路的决心。

全面建设社会主义的开端。提出马克思主义和中国实际的"第二次结合"：新民主主义革命和社会主义改造的胜利是以毛泽东为主要代表的中国共产党人把马列主义的基本原理同中国的具体实践相结合的结果。在探索中国特色社会主义建设道路的问题上，毛泽东指出："……我们要进行第二次结合，找出在中国怎样建设社会主义的道路。"针对苏共二十大后的形势，提出"第二次结合"的两条原则：一是坚持马克思主义的基本原理，这是实现第二次结合的根本前提。二是坚持从中国国情出发，这是实现第二次结合的必然要求。

在社会主义制度下保护和发展生产力。社会主义制度的确立，为进一步保护和发展生产力创造了更为有利的条件。为调动全国人民进行社会主义建设的积极性，1956 年 1 月，毛泽东在最高国务会

---

① 梅多斯、福雷斯特：《增长的极限》，商务印书馆 1984 年版。

议上提出：我国人民应该有一个远大的规划，要在几十年内，努力改变我国在经济上和科学文化上的落后状况，迅速达到世界上的先进水平，为此党中央采取了诸多措施：一是公布《1956年到1967年全国农业发展纲要（草案）》，鼓舞了人民，特别是农民，掀起了社会主义建设的高潮。二是召开知识分子问题会议。搞建设需要文化知识。向科学进军的口号，鼓舞了科学工作者。三是提出"百花齐放、百家争鸣"的方针，成为我国科学文化艺术繁荣进步的指导方针，后来也成了发扬社会主义民主，正确处理人民内部矛盾的方针之一。四是制定了《1956—1967年科学技术发展远景规划纲要》。向知识分子提出了我国科学技术的空白，激发了他们的探索精神。

（二）伟大的历史转折（1978—1992）

邓小平反复思考"以阶级斗争为纲，还是以发展生产力为中心"和"靠什么来发展生产力"这两个问题，1978年9月，他访问朝鲜回国后多次说：揭批"四人帮"运动总有个底，总不能还搞三年五年吧！凡是结束了的单位，就要转入正常工作。10月11日，他在全国工会第九届大会致词中宣布："我们一定要把揭批'四人帮'的斗争进行到底。但是同样很明显，这个斗争在全国广大范围内已经取得决定性的胜利，我们已经能够在这一胜利的基础上开始新的战斗任务。""各个经济战线不仅需要进行技术上的重大改革，而且需要进行制度上、组织上的重大改革。进行这些改革，是全国人民的长远利益所在。"他的结论是：必须把发展生产力作为第一要务，而发展生产力必须依靠改革。这成为中共十一届三中全会的前奏曲。

（三）走向社会主义现代化建设新阶段（1992至今）

确立邓小平理论在全党的指导地位，坚定不移地把邓小平理论作为党和国家的行动指南。1989年9月，党中央明确提出，邓小平关于建设有中国特色社会主义的理论是指引我们继续前进的旗帜。《邓小平文选》第三卷出版后，全党兴起学习高潮。党的十四大确立了邓小平建设有中国特色社会主义理论在全党的指导地位，十五大把邓小平理论同马克思列宁主义、毛泽东思想一起作为党的指导思想写入党章，要求全党坚持并在实践中继续丰富和创造性地发展邓小平理论。这些重大决策，提高了全党学习贯彻邓小平理论的自觉性和坚定性。

坚持以经济建设为中心，促进经济和社会全面发展。党的十四大进一步作出抓住机遇、加快发展的决策。中央先后实施科教兴国战略和可持续发展战略，推动社会全面进步，努力实现社会、经济、人口及环境与生态的协调发展；果断地进行宏观调控，顺利地实现了经济发展的软着陆；面对亚洲金融危机的冲击和我国经济存在的突出问题，实施积极的财政政策和稳健的货币政策，保持了经济的较快发展，提高了我国的国际地位；适应经济全球化和科技发展的趋势，实行"走出去"战略，促进了外向型经济的发展；不失时机地提出实施西部大开发战略，进一步加快中西部地区改革开放步伐，为实现东西部地区协调发展和共同富裕，加强民族团结，保持社会稳定和边防巩固，展示了光明前景。

大力推进改革开放，使社会主义经济制度不断完善。中央适时提出建立社会主义市场经济体制的改革目标，逐步确立其基本框架。坚持公有制为主体、多种经济成分共同发展，加快推进国有企业改革和财政、税收、金融、外贸体制以及住房、社会保障制度等一系列改革，到2000年底，基本实现了大多数国有大中型亏损企业摆脱困境、大多数国有大中型企业初步建立现代企业制度的目标。党中央还坚持正确处理社会主义市场经济条件下出现的人民内部矛盾，采取各种措施确保社会稳定。国有企业下岗职工基本生活保障和再就业工作普遍加强，城市居民最低生活保障制度进一步健全。

1.2 发展理论的兴起

发展理论亦称发展研究，是一个以专门研究现代化问题为核心内容的跨学科的社会科学群。发展理论是当今社会科学的一门显学，发展理论在世界范围内的兴起，直接源于发展中国家进行现代化的实践。发展观是发展理论研究的核心问题。

1.2.1 发展理论兴起的时代背景

20 世纪 80 年代初至 80 年代末，是当代发展理论逐步走向成熟的重大转变阶段。这种新发展观的本质特征表现为：一是新发展观更注重人的主体性；二是新发展观已深入揭示到发展观的深层次的核心和实质问题，对人的本质又有了新的解读；三是新发展观具有广泛性。

当代世界的发展实践和发展理念是提出科学发展观的重要借鉴。第二次世界大战结束后，加快经济增长成为世界各国的共识，人类创造了前所未有的经济增长成就。但是，由于单纯追求经济增长，不重视社会发展和社会公平，忽视能源资源节约和生态环境保护，世界发展遇到了这样或那样的问题。有的国家走了一条先发展、后治理的路子，为解决生态环境严重恶化问题付出了高昂的代价；有的国家由于经济结构失衡、社会发展滞后，导致发展质量不高、后劲不足；有的国家则出现了贫富悬殊、失业增加、社会腐败、政治动荡等问题。世界各国的发展实践表明，发展绝不仅仅是经济增长，而应该是经济、政治、文化、社会全面协调发展，应该是人与自然相和谐的可持续发展。[①]

1.2.2 几种主要的社会发展理论

自 20 世纪五六十年代以来，面对广大发展中国家的现代化问题，发展社会学提出了三种不同的发展理论，即现代化理论、依附理论与世界体系理论。这三种理论具有不同的知识与时代背景，在

---

① 梅萨罗维克·佩斯特尔：《人类处于转折点》，三联书店 1987 年版。

不同的时期先后占据了发展理论研究与应用的主导地位。不过在此演变的过程中，前者并未被后者彻底代替，也没有因为后者的出现而最终消失，相反，仍然在发挥着一定的影响和作用，大致说来，它们之间有一种前后承转的关系。

（一）现代化理论

现代化理论处于发展理论的第一阶段，它产生于20世纪50年代，兴盛于60年代。现代化理论并非一个统一的理论体系，而是一个基于某种基本观点一致的理论流派。现代化理论在对欧美现代化发展进行抽象概括的基础上，试图将欧美的发展经验推广到发展中国家。它认为，发展中国家由于自身内部原因，而未能实现从传统到现代化的转化，仍处于传统社会阶段，而要实现这种转化，必须引进西方文化价值观。传统社会和现代社会的对立与转化是其分析的基本出发点。现代化理论运用关于欧洲社会变迁与社会进化的经典理论来解释和指导广大非西方不发达国家的现代化发展，不可避免地存在着许多欠缺和不足。诚然，在社会发展过程中，不同国家之间存在着一些共同之处，但是由不同地域、不同时代所带来的差异更令人瞩目。理论是从西方发达国家引进的，而进行现代化实践的却是非西方不发达国家。理论和实践的脱离带来了一系列的问题。

总之，脱胎经典社会学理论和结构功能论的现代化理论，基于传统社会与现代化社会的简单二分法，不仅没能很好地解释西方社会的发展，而且在研究广大非西方不发达国家的发展问题时暴露出了更大的不足与欠缺。

（二）依附理论

依附理论处于发展理论研究的第二阶段，与现代化理论利用传统社会向现代化社会的过渡与转化解释非西方发展中国家的社会发展不同，依附理论主要是用"中心"和"外围"之间的不平等关系来解释非西方发展中国家不发达的原因。如果说现代化理论是一种内因论，那么，依附理论便是一种外因论的欠发展观。依附理论的出现与发展取代了现代化理论在发展研究中的核心地位，但不久，依附理论又被世界理论取代。因此，可以把依附理论视为从现代化理论向世界体系论过渡的中间理论。

依附理论的缺陷在于：首先，依附理论批判了现代化理论"传统"与"现代"的二分法，自己却又陷入了简单的"发达"与"欠发达"、"核心"与"边陲"的二分法之中；其次，依附理论批判了现代化理论在价值观念即文化方面的内因决定论，同时又陷入了在政治经济方面的外因决定论；再次，依附理论基于"核心"与"边陲"的二分，在其外因决定论的前提下，认为发展与依附是不相容的。①

（三）世界体系理论

世界体系理论是发展理论的第三阶段，这一理论是沃勒斯坦及其同事在 20 世纪 70 年代中期提出的，被称为"抓住了新一代社会学家的想象力"。世界体系理论用体系观点来分析整个世界及其组成部分的发展与变化，它不像现代化理论那样只注重单个国家的现代化，也不像依附理论那样将世界简单地划分为"中心"与"边陲"，并从二者的关系中来分析发达与欠发达这一过程的两个方面，而是将整个世界视为一个统一的整体，探讨其总体的发展规律，并从其总体的发展过程中分析作为部分的国家和社会的发展。②

在世界体系研究中，沃勒斯坦探讨最多的是世界体系本身的整体发展规律。通过对 16 世纪以来资本主义的几百年发展历史的分析，沃勒斯坦提出了世界体系整体发展规律，即两种既相互联系又彼此不同的形式：周期性节律和长期性节律。世界体系理论是发展研究中的最新理论，它着重研究作为整体的世界体系发展的总体态

---

① 莱斯特尔·R. 布朗：《建设一个持续发展的社会》，科学技术文献出版社 1984 年版。
② 伊曼纽尔·沃勒斯坦：《现代世界体系》（第一卷），高等教育出版社 1998 年版。

势，并从中探求单个国家和社会的发展，尽管它与现代化理论和依附理论相比有诸多的进步之处，但依然存在着一些不尽如人意的地方。发展并没有像人们所预期的那样在短期内取得成功，这促使人们开始反思发展的基本含义，由此推动了理论的变化。经济学开始从微观转向宏观方面，并改变了对农业作用的看法。社区发展理论开始衰落。其主要原因是社区发展理论太注重消费和社会服务，而忽视了生产，在实践中社区发展被当地和村里的精英所控制和利用，这些人不能容忍发展所需要的变化，并且社区发展并没有取得预想的成效，尤其是一些项目难以得到当地的有效支持。

1.3 发展观的演进

发展，是当今时代的主题。随着人类社会的不断进步，人们对发展的认识和理解也在不断深化。正确认识发展观的历史演进，对我们在推进县域和谐发展中深入理解贯彻科学发展观有重要意义。

1.3.1 二战后国外发展观的演进

（一）单纯经济增长的"一维"发展观

最早形成的有关现代发展观的理论是发展经济学提出的经济增长论。二战后，许多亚非拉国家先后获得政治上的独立，如何振兴本国经济，摆脱经济落后的状况成为各国急需解决的问题。单纯经济增长的"一维"发展观就在这种背景下产生了。经济增长论，是发展观的最早形式，是资本主义工业化的历史进程在发展观上的表现。该理论认为经济增长就是社会发展，只有经济增长了，社会才能进步；只要经济增长了，社会就一定会进步。在这种发展观的指导下，GDP 成为衡量一个国家经济社会是否进步的最重要指标，人类也创造了历史上前所未有的经济增长奇迹。1961 年 12 月，第 16 届联合国大会一致通过并实施的"联合国第一个发展十年战略"，也将促进发展工作的重心放在了提高不发达国家的经济增长速度方面。

实践证明,如果经济增长是以资源的大量消耗和经济结构的失衡为代价取得的,则这种增长难以持续发展。[①] 第三世界国家,如巴西、阿根廷、巴基斯坦等由于片面追求经济增长,导致了严重的经济失衡、通货膨胀加剧、失业人口剧增、贫富悬殊等严重的后果。把发展问题归结到了单纯的物质财富积累上,这种发展观和评判发展实践的做法具有片面性,从一开始就受到了激烈的批判。

(二) 经济增长与社会结构变迁的"二维"发展观

经济增长带来了物质财富的增加,但贫困现象并没有被消除,新的问题不断出现,人们开始对经济增长观进行反思和再认识,逐渐意识到单纯的经济增长并不等同于社会发展。于是,经济增长与社会变革同步进行的探索开始了。经济增长通常仅仅是指纯粹意义的生产增长,衡量发展除了采用经济尺度外,还必须包括各项社会指标,追求社会的全面发展与进步。"发展不纯粹是一个经济现象。从最终意义上来说,发展不仅仅包括人民生活的物质和经济方面,还包括其他更广泛的方面,因此应该把发展看为包括整个经济和社会体制的重组和重整在内的多维过程。"[②] 即包括经济增长、政治民主、社会转型、自然协调、生态平衡等多方面的综合。可以概括为"发展 = 经济增长 + 社会变革"。

在这种发展观的影响下,1970 年 10 月联合国第二个发展十年报告指出,发展已不再是单纯的经济增长,社会制度和社会结构的变迁以及社会福利设施的改善具有同等重要的地位。经济增长与社会结构变迁的"二维"发展观不是将二者简单的结合,而是建立在整体之上,追求协调的发展,但这种发展观仍有其不尽如人意、尚待完善的地方。比如它强调人在社会发展中的作用,但未将人的发展

---

① 戴光中:《人类发展观的嬗变》,《心理教育》2006 年第 1 期。
② 托达罗:《经济发展与第三世界》,中国经济出版社 1992 年版,第 50 页。

置于发展的中心位置；它强调人与自然和谐统一的关系，但并没有采取有力措施来遏制全球性的能源、环境、资源、生态危机等既危害当代人类利益，又威胁子孙后代长远利益的严峻问题。

（三） 可持续发展的"三维"发展观

20 世纪 70 年代中期，欧美一些经济学家主张通过对生态的保护，使经济得以健康、持续地发展。所以他们又把自己的发展观称作"持续发展观"。联合国世界环境与发展委员会于 1987 年在《我们共同的未来》研究报告中，首次清晰地表达了可持续发展观，即既满足当代人的需求，又不对后代满足需求能力构成危害的发展。在这个定义中不仅体现了人与自然的关系，还体现了人类代际之间的关系，不仅是生态的可持续发展，还是人类自身的可持续发展。1992 年在巴西里约热内卢召开的联合国环境与发展大会，通过了《里约热内卢宣言》和《21 世纪议程》两个纲领性的文件，标志着可持续发展观被全球持不同发展理念的国家和地区所普遍认同。

可持续发展的"三维"发展观其核心内容是：要求当代社会的发展既能满足当代人的需要，同时又不对后代人满足其需要构成威胁和危害，达到经济、社会、生态环境三者的持续、健康发展。可持续发展的关键是"适度"发展。通过适度发展以保护资源、环境，使资源、环境得以永续利用，实现人和自然之间的和谐。它的基本内容和发展目标与传统的发展方式相比，最大的不同是扬弃了过去的片面的发展，或者是盲目的发展，而要树立起明确的增长意识、人口意识、资源意识、环境意识和发展意识。

1.3.2 党的三代领导人对发展观的探索

（一） 毛泽东的发展观

毛泽东发展观形成的时代背景。"二战"后不久，中国共产党领导全国人民建立了新中国，但是国内经济基础水平极其低下，主要工业产品产量极低，科学技术、文化教育都处于十分落后的境地。在这种内外交困的时代背景下，毛泽东的发展思想必然要求符合这个时代的特征。从建国初期到1956年，由于自身的不成熟，基本仿效苏联模式建设社会主义。苏联模式在社会主义建设的实践中暴露出一些问题，如基本建设规模过大、物资短缺、物价波动、群众不满等。这种照抄苏联模式的做法"缺乏创造性，缺乏独立自主的能力"①，在党的八大上，毛泽东提出了"以苏为戒，走中国自己的路"。中国从此开始了有本国特色的社会主义发展道路的探索。

毛泽东发展观的主要内容。毛泽东的发展思想主要体现在五个方面：一是提出《论十大关系》，以求社会总体的全面协调发展。《论十大关系》的前三条论述的是经济关系，毛泽东既强调了有重点的发展、全面的发展，也特别强调了协调发展、统筹兼顾的发展。第四、五两条论述的是国家、生产单位和生产者个人的关系，中央和地方的关系。毛泽东提出了必须兼顾国家、集体和个人三方面利益的思想。后五条论述了汉族和少数民族的关系、党和非党的关系、革命和反革命的关系、是非关系，这些实际上论述的是政治发展中的四大协调发展问题。最后一条论述的是"中国和外国的关系"，实际内容侧重于弘扬中华民族文化与广泛吸取世界文明成果的统筹兼顾、协调发展的问题。二是提出"双百"方针，以求思想文化领域内的全面发展。1956年4月的政治局扩大会议上，毛泽东要求"在思想文化领域，国家应该采取'放'的方针，即放手让大家讲意见，使人们敢于说话，敢于批评，敢于争论，不怕错误的议论，不怕有毒素的东西"。三是提出正确处理人民内部矛盾，以求社会领域内的以人为本的发展。1957年2月，毛泽东发表了《关于正确处理人民内部矛盾的问题》的重要讲话，首次提出了社会主义社会基本矛盾的概念，指出社会主义社会基本矛盾仍然是生产关系和生产力之间的矛盾，上层建筑和经济基础之间的矛盾，要解决这个矛盾，就必

---

① 《毛泽东著作选读》（下册），人民出版社1986年版，第831页。

须"发展我们的经济，发展我们的文化"，"由解放生产力变为在新的生产关系下面保护和发展生产力"①。四是提出民主集中制，以求政治领域内的协调发展。"民主是对集中而言，自由是对纪律而言。这些都是一个统一体的两个矛盾着的侧面。它们是矛盾的，又是统一的，我们不应当片面强调某一个侧面而否定另一个侧面。"② 这里我们不难看出在毛泽东的思想中，民主集中制是民主与集中的有机统一体。目标是"想造成一个又有集中又有民主，又有纪律又有自由，又有统一意志又有个人心情舒畅、生动活泼，那样一种政治局面"③。这追求的是一种政治上的全面协调发展。五是提出一系列和平外交的战略思想。1954 年周恩来根据毛泽东的多次谈话精神在中印、中缅联合声明中倡导形成了和平共处五项原则，并在 1955 年的亚非会议上完整表述了这一思想。自此，和平共处五项原则就成了我们对外发展和平友好关系、为我国发展创造和谐外部环境的基本准则。

（二）邓小平的发展观

邓小平发展观形成的时代背景。人类历史进入 20 世纪 70 年代以后，整个世界形势发生了根本性的变化，东西方社会主义和资本主义两种制度斗争的方式由过去以武力斗争和军备竞赛及意识形态为主转变为以和平发展、综合国力竞争为主。"现在世界上真正大的问题，带全球性的战略问题，一个是和平问题，一个是经济问题或者说发展问题。"④ 在中国，一场持续了 10 年之久的"文化大革命"，"使党、国家和人民遭到建国以来最严重的挫折和损失"⑤，这引起了以邓小平为代表的党中央领导的高度重视和深刻反思。如果

---

① 《建国以来毛泽东文稿》（第 6 册），中央文献出版社 1992 年版，第 326—330 页。
② 《关于正确处理人民内部矛盾的问题》，人民出版社 1957 年版，第 5—6 页。
③ 《建国以来毛泽东文稿》（第 6 册），中央文献出版社 1992 年版，第 543 页。
④ 《邓小平文选》第三卷，人民出版社 1993 年版，第 127 页。
⑤ 《关于建国以来党的若干历史问题的决议》，1981 年。

说毛泽东的发展思想是战争与革命的时代特点的必然产物，那么，时代主题转换到和平与发展就必然要有新的发展理论来适应新时代的要求。邓小平的发展理论正是在世界已经进入和平与发展的时代背景下的正确理论。

邓小平发展观的主要内容。邓小平关于发展的思想是在和平与发展成为时代主题的历史条件下，在我国改革开放和现代化建设的实践中，在总结我国社会主义胜利和挫折的历史经验并借鉴其他社会主义国家兴衰成败历史经验的基础上，逐步形成和发展起来的。[①]在和平与发展成为时代主题的历史条件下，邓小平提出了一系列十分符合时代特点的发展理论。在强调建设有中国特色的社会主义方向的同时，结合开放的世界这一形势，提出中国的发展离不开世界，世界的发展离不开中国，中国必须实行对外开放的基本政策，提出了必须实行社会主义市场经济体制的经济发展模式。邓小平十分重视发展的社会主义方向，且这种社会主义具有鲜明的中国特色。他指出："在改革中坚持社会主义，这是一个很重要的问题，我们要实现工业、农业、国防和科技现代化，但在四个现代化前面要有社会主义四个字，叫社会主义现代化"[②]，"一定要让我们的人民，包括我们的孩子们知道，我们是坚持社会主义和共产主义的，我们采取的各方面政策都是为了发展社会主义，为了实现共产主义"[③]。可见，邓小平的发展思想也是以坚持社会主义方向为前提的。邓小平对中国社会主义发展道路的探索，以1978年底十一届三中全会的召开为起点和标志。邓小平发展思想的另一个重要特点，就是在经济发展模式上，实现了由政府主导的计划经济模式向市场占主导地位的经济模式的重大转变。1987年邓小平指出："说市场经济只存在于资本主义社会，只有资本主义的市场经济，这肯定是不正确的。社会主义为什么不可以搞市场经济，这个不能说是资本主义。我们是计

---

① 《跨入新世纪的行动纲领》，《十五大文件学习回答》，党建读物出版社1997年版。
② 《建设有中国特色的社会主义》（增订本），人民出版社1984年版，第138页。
③ 《邓小平文选》第三卷，人民出版社1993年版，第110页。

划经济为主，也结合市场经济，但这是社会主义的市场经济。"① 邓小平对社会主义市场经济发展模式的提出，是和平与发展成为时代主题下的必然选择。

（三）江泽民的发展观

江泽民发展观形成的时代背景。20世纪80年代开始，经济全球化成为一个世界性潮流。经济全球化是一把"双刃剑"，一方面它给世界带来了积极变化，另一方面它的发展又不可避免地产生了一系列严重问题。② 20世纪80年代末90年代初，东欧剧变、苏联解体，两极格局正式解体，世界局势正向多极化方向发展。"总体和平，局部战争；总体缓和，局部紧张；总体稳定，局部动荡"③ 是当时国际形势发展的基本走势。世界在变化，我国改革开放和现代化建设在前进。我们党在总结我国社会主义胜利和挫折的历史经验并借鉴其他社会主义国家兴衰成败历史经验的基础上，坚持十一届三中全会以来的路线不动摇，实现计划经济体制向社会主义市场经济体制的转变，取得了改革开放新的历史性突破，打开了我国政治经济文化发展的新局面，社会生产力得到了巨大发展，国际影响力显著扩大，人民生活水平整体上达到小康。这些"迫切要求我们党以马克思主义的理论勇气，总结实践的新经验，借鉴当代人类文明的有益成果，在理论上不断扩展新视野，做出了新的概括"④。"三个代表"重要思想就是在当代中国实践基础上形成发展的。

江泽民发展观的主要内容。十三届四中全会以来，作为第三代领导集体核心的江泽民，高举邓小平理论的伟大旗帜，开拓进取，勇于创新，结合实践中出现的新情况、新问题，提出新观点，作出新决策。其突破性的成就表现为：在经济发展模式上，进一步丰富

---

① 《邓小平文选》第二卷，人民出版社1994年版，第236页。
② 江泽民：《在中国共产党第十五次全国代表大会上的报告》，人民出版社1997年版。
③ 《人民日报》，2002年2月10日。
④ 胡锦涛：《在中国共产党第十六次全国代表大会上的报告》，人民出版社2002年版。

和发展了社会主义市场经济的理论；在发展的源泉上，强调创新是一个民族发展的不竭源泉；在发展道路上，坚持走一条可持续发展的道路；在发展动力上，确认了发展科技和教育是立国之根本。[①] 1992 年 6 月，江泽民在中央党校讲话中，明确提出建立社会主义市场经济的思想。在党的十四大上，正式把建立社会主义市场经济体制确立为我国经济体制改革的目标。党的十四届五中全会又指出，2010 年我国要建立起比较完善的社会主义市场经济体制。党的十五大提出的基本纲领中关于中国特色社会主义经济的一系列重要论述，实质上是对社会主义市场经济的含义和特征的历史性概括。他还提出了区域经济协调发展的指导思想：在发展社会主义市场经济条件下，加快开发中西部地区，要适应建立社会主义市场经济体制的要求和新的对外开放环境，充分考虑国内外市场需求的新变化，按客观规律办事，要按照有所为、有所不为的原则，统筹安排，有计划有步骤地进行开发。[②] 以江泽民为核心的第三代中央领导集体，在认识邓小平"改革动力论"的基础上，紧密结合知识经济的时代特征和时代需要，创造性地提出了社会主义全面发展的"创新动力论"。江泽民强调指出，"创新是一个民族的灵魂，是一个国家兴旺发达的不竭动力"[③]。江泽民的"创新动力论"，主要包括理论创新、体制创新和科技创新，强调教育和科技在社会发展中的作用。1995 年 5 月，在《中共中央、国务院关于加速科技进步的决定》中，首次提出"科教兴国"战略，把经济建设转到依靠科技进步和提高劳动者素质的轨道上来，真正把教育摆在优先发展的战略地位，努力提高全民族的思想道德和科学文化水平。[④]

---

① 胡锦涛：《在"三个代表"重要思想理论研讨会上的讲话》，人民出版社 2003 年版。
② 江泽民：《在中央扶贫开发工作会议上的讲话》，1999 年 6 月 9 日。
③ 江泽民：《论"三个代表"》，中央文献出版社 2001 年版，第 46 页。
④ 《江泽民在全国教育工作会议上的讲话》，《人民日报》，1994 年 6 月 14 日。

1.4 科学发展观

科学发展观，是立足社会主义初级阶段基本国情，总结我国发展实践，借鉴国外发展经验，适应新的发展要求提出的重大战略思想。科学发展观的第一要义是发展，核心是以人为本，基本要求是全面协调可持续，根本方法是统筹兼顾。[①]

1.4.1 科学发展观提出的时代背景

科学发展观是时代发展的产物，我们只有站在时代的高度，以世界眼光和战略思维看问题，才能准确把握科学发展观的科学内涵和时代依据，牢固树立和自觉坚持科学发展观。

世界经济全球化和政治多极化是科学发展观提出的时代大背景。和平与发展是当今时代的主题，世界多极化和经济全球化，为我国发展和调整对外关系提供了许多有利因素。全球化在带来一系列的全球性问题的同时，将所有国家的发展都纳入到相互联系的体系之中，使各国的发展面临着更大的新问题与新挑战。正确地回答当代中国要什么样的发展、确立什么样的发展目标、坚持什么样的发展道路，已经成为一个必须解决的重大问题。正是这一重大问题推动着当代发展理论的更新，这是当代中国发展观形成和发展的内外动力。当代中国科学发展观就是在新形势的推动下，在探索中国发展新思路的过程中形成的。

科学发展观的提出是解决现实社会主要矛盾和问题的迫切需要。十六大报告指出，21 世纪头 20 年对我国来说是大有作为的重要战略机遇期。但是进入 21 世纪以来，我国也面临着很多的问题和挑战，随着社会主义现代化建设进程不断加快，全面建设小康社会进程顺

[①] 胡锦涛：《高举中国特色社会主义伟大旗帜，为夺取全国建设小康社会新胜利而奋斗》，《中国共产党第十七次全国代表大会文件汇编》，2007 年 10 月 15 日。

利推进，我国经济社会发展也出现了一系列新特征，遇到了一系列新问题。比如产业结构逐步升级，工业化进程加快，但人口、资源、环境和经济发展的矛盾日益突出；社会主义市场经济体制初步建立，社会市场化的程度不断提高，但生产力发展仍然面临诸多体制性、机制性障碍；科技事业不断发展，科学技术在经济社会发展中的作用越来越大，但自主创新能力亟待提高等等。我国经济社会发展中出现的这样一些阶段性的重大变化和面临的新问题，要求党和国家必须准确把握国情，把握国际化、市场化、工业化、城镇化进程，特别是这些进程加速推进，而且形成新特点的趋势，能够与时俱进，实现发展的新飞跃。

科学发展观的提出体现了当今世界各国对科学发展的认识和觉醒。第二次世界大战以后，人类创造了前所未有的经济增长的奇迹。但是一些国家由于单纯追求经济增长，不重视社会发展和社会公平，忽视环境保护和能源资源节约，导致出现了生态环境的恶化，经济结构失衡，两极分化严重，社会发展滞后，社会动荡加剧等问题，并形成严重的全球性问题。20世纪中叶，许多思想家、有识之士由此分析了人类面临的困境，人们逐步认识到，单纯的经济增长不能带来社会的全面发展和进步，发展不仅是个经济问题，还有社会、自然和人的问题。从20世纪70年代开始，在发展问题上，人们的认识逐渐加深，到20世纪末，逐步形成了"发展＝经济＋自然＋社会＋人"的发展观念，这个发展理论逐步被国际社会所认同。[①] 我国的科学发展观正是在汲取世界各国发展的经验教训，吸收种种发展理论的有益成果的基础上提出来的。

1.4.2 科学发展观的根本依据

胡锦涛同志提出："科学发展的理念，是在总结中国现代化建设经验、顺应时代潮流的基础上提出来的，也是在继承中华民族优秀

---

① 《深入学习实践科学发展观教育读本》，人民出版社2008年版，第39页。

文化传统的基础上提出来的。"① "科学发展观，是立足社会主义初级阶段基本国情，总结我国发展实践，借鉴国外发展经验，适应新的发展要求提出来的。"②

马克思主义的辩证法是全面、协调、可持续发展观的哲学依据。马克思主义的辩证法要求我们用联系的眼光看问题，要从事物固有的联系创造新的联系，整体与部分之间的辩证关系要求我们办事情从整体着眼，寻求最优目标，统筹全局。科学发展观认识到了城乡之间，地区之间，经济与社会发展之间，经济发展与人口、资源、环境之间，内部经济条件与外部环境之间是相互影响、相互制约的。从这些联系当中，我们找出了新的发展思路，以实现经济效益、环境效益和社会效益的统一。并且，马克思主义哲学要求我们用发展的眼光看问题，科学发展观的"走可持续发展之路"的要求，就是利用这一原理，统观事物的过去、现在和未来，统筹人与自然和谐发展，进而全面实现小康社会。马克思主义辩证法认为矛盾具有普遍性，事物都是一分为二的。矛盾分析法要求我们要坚持一分为二的观点。我们既要毫不动摇地坚持以经济建设为中心，又要努力促进经济、政治、文化、社会、生态与人的全面发展。主次矛盾辩证关系原理要求我们办事情既要抓住重点，又要统筹兼顾。科学发展观强调发展是第一要义，中国解决一切问题的关键在发展，要一心一意谋发展，用发展来解决发展中的所有问题；以经济建设为中心，全面推进经济、政治、文化建设，实现经济发展和社会全面进步。科学发展观坚持了矛盾双方在一定条件下相互转化的观点，促进矛盾向好的方面转化，真正实现全面、协调、可持续发展。

科学发展观是立足社会主义初级阶段基本国情提出来的。改革开放后，虽然我国的面貌发生了巨大的变化，但也必须看到，我国正处于并将长期处于社会主义初级阶段，现在达到的小康还是低水

---

① 《十六大以来重要文献选编》（下），中央文献出版社 2006 年版，第 428 页。
② 《中国共产党第十七次全国代表大会文件汇编》，人民出版社 2007 年版，第 13 页。

平的、不全面的、发展很不平衡的小康，人民日益增长的物质文化需要同落后的社会生产力之间的矛盾仍然是我国社会的主要矛盾。我国生产力和科技、教育还比较落后，实现工业化和现代化还有很长的路要走；巩固和提高目前达到的小康水平，还需要进行长时期的艰苦奋斗。要解决这些问题必须有新的思路、新的举措、新的政策。党中央着眼于谋全局、谋长远，着眼于破解发展难题而提出的科学发展观具有很强的现实针对性。

科学发展观是总结我国发展实践、借鉴国外发展经验、适应新的发展要求提出来的。十一届三中全会以来，我们党提出了以经济建设为中心、促进社会全面发展的战略思想，把着力点放在扩大经济总量上，突出 GDP 增长目标，实现了国民经济发展的目标，在加快经济体制转变的同时，开始促进增长方式由粗放型向集约型转变，更加注重增长的质量和效益。但在这期间，我们对发展的全面性、协调性问题把握得不是很好，出现过物质文明建设和精神文明建设"一手硬，一手软"的问题，也出现了经济发展和社会事业不协调的问题。科学发展观正是针对这些矛盾和问题而提出的，具有很强的现实性、针对性和紧迫性。

科学发展观顺应了新时期的发展要求。在 20 世纪以及之前的 100 多年里，占世界人口 15% 的发达国家相继完成了工业化，实现了现代化，但也消耗了世界上 60% 的能源和 50% 的矿产资源。在 21 世纪或更长的时期内，占世界人口 85% 的发展中国家将利用这剩下的有限资源推进工业化和现代化的进程。解决日益突出的能源、资源、环境与经济增长、社会进步的矛盾，是人类发展共同面对的问题，也是需要人类共同解决的问题。如果继续走传统工业化老路，人类能源、资源和环境将难以承受，唯一的选择，就是走出一条新型发展道路，提高发展的科技含量，降低资源消耗，减少环境污染，所以，科学发展观是唯一正确的选择。

1.4.3 科学发展观的重大意义

科学发展观是党中央领导集体对发展理论的重大突破和创新。现代发展观始于 20 世纪 40 年代，先由一些西方政治学家们提出"工业文明"；60—70 年代提出"增长极限论"，形成经济加自然的发展思想，紧接着提出"可持续发展观"；80 年代，由于多学科介入发展观的研究，产生了综合发展观；90 年代提出"以人为中心"的发展观。科学发展观是在以往发展观基础上由中国首次正式提出的。可以说，科学发展观是在全面把握我国经济社会发展阶段特征的基础上提出来的，是在总结我国长期发展实践经验，深化对社会主义建设规律认识的基础上提出来的，是在正确借鉴世界各国发展经验教训，吸收人类文明进步新成果的基础上提出来的。

科学发展观是马克思主义关于发展的世界观和方法论的集中体现。从根本上讲，科学发展观的理论基础是马克思主义哲学，是马克思主义唯物史观，是与时俱进的马克思主义发展观。科学发展观是完整的科学发展体系，提出并回答了"为什么要发展，怎么发展，发展什么"、"发展的目的是什么，发展的动力是什么，发展的主体是什么"、"为谁发展，靠谁发展"等问题。对发展规律、发展理念、发展战略、发展思路、发展模式等一系列重大问题在认识上有了新的飞跃。科学发展观是辩证的发展观，是历史唯物主义的发展观，是尊重规律的发展观。

科学发展观是与马克思列宁主义、毛泽东思想、邓小平理论和"三个代表"重要思想既一脉相承又与时俱进的科学理论。科学发展观是以胡锦涛同志为总书记的党中央大力推进马克思主义理论创新的重大成果。运用马克思主义的立场、观点和方法来思考和解决中国自身的问题，是中国化马克思主义理论创新的轨迹。辩证唯物主义和历史唯物主义，是马克思主义的世界观和方法论。辩证唯物论认为，想问题和做事情要坚持全面、联系、发展的观点，需要将两点论与重点论相结合，善于抓住主要矛盾和矛盾的主要方面。科学发展观的"全面协调可持续"这个基本要求和"统筹兼顾"这个根本方法，正是与辩证唯物论的这些原则相互联系和贯通的。

坚持以人为本理念，是符合马克思主义唯物史观的基本要求的。唯物史观的一个基本观点是：人民群众是实践的主体，是历史的创造者。既是社会物质财富和精神财富的创造者，是发展先进生产力和先进文化的主体，又是社会变革的主导力量，是改革开放和现代化建设实践的主体。科学发展观的第一要务和"以人为本"的核心，正是与历史唯物论的这些原理相互联系逐个贯通的。坚持以人为本，就是要以实现人的全面发展为目标，从人民群众的根本利益出发谋发展、促发展，不断满足人民群众日益增长的物质文化需要，切实保障人民群众的经济、政治和文化权益，使发展的成果惠及全民。①

从我国发展战略的全局出发，中央十六届五中全会在制定国民经济和社会发展第十一个五年规划建议中，以科学发展观为统领，强调要立足科学发展，着力自主创新，完善体制机制，促进社会和谐，开创中国特色社会主义事业的新局面。这是非常鲜明和重要的思想，是发展思路的亮点。树立和落实科学发展观是全面建设小康社会的必然要求，是提高党的执政能力和执政水平的迫切需要，是建设和谐社会的指导原则，是应对我国经济社会发展中各种风险和挑战的必然要求。我们只有树立和落实科学发展观，才能够促进经济社会全面协调可持续发展，才能够实现人与自然的和谐发展，才能够不断地提高广大人民群众的物质文化生活水平，提高广大人民群众的思想道德水平、科学文化素质和健康素质。

（执笔：苏继桃　徐灵超　闵爱辉）

---

① 摘自胡锦涛《在中央人口资源环境工作座谈会上的讲话》。

第二章 县与县域发展

"县积而郡，郡积而天下。郡县治，天下无不治。"县域是我国政治、经济、文化与社会系统的基本单元与基础层面。当前我国存在的工农差别、城乡差别和地区差别的现状，决定了我们要实现党的十六大提出的在 2020 年全面实现小康社会的宏伟目标的重点在农村，难点也在农村。而县域作为城乡结合部，自然就成为问题的关键环节所在。因此，分析县域发展的特点，研究县域在全面建设小康社会进程中的地位和作用，探讨在建设社会主义和谐社会背景下如何实现县域和谐发展具有重要的现实意义，同时也是一项迫切的重大任务。

2.1 县的历史沿革

中国历来就是县制的国度，早在春秋时期，就建立了县制。当时的"县"与"郡"是同一层级的行政组织，但县的建制要略早于郡。两者的区别在于："县"一般设在人口稠密、经济相对发达的地区，其职能主要体现在经济方面；而"郡"往往设立在相对偏远的地区，其主要职能是对边远地区进行军事控制。战国中后期，为了应对人口不断增长和生产规模的不断扩大，开始在"郡"内设"县"，从而逐渐完成"郡"统"县"的地方行政管辖格局。

县域制度的确立是中国政治制度史上一项划时代的变革，它既是土地私有制不断发展和世卿世禄制逐渐崩溃的产物，也是春秋战国时期诸侯争霸兼并战争的血与火催生的结果，是秦始皇审时度势的明智选择。秦代的地方行政以郡为一级行政区，县为二级行政区。汉承秦制，地方行政体制仍沿袭郡—县二级制，但是与秦朝的郡县制稍有不同的是，与郡同属地方一级政权的还有封国，称"郡国"，数目多达103个，不便统辖。汉武帝平定了"七国之乱"，并在郡国之上设立了14个实质上属监察区而非行政区的刺史部（或称州），使二级郡县制成为"虚三级制"。东汉末年黄巾起义后，朝廷委派了集兵权、财权和行政权于一身的州牧对各刺史部进行管辖，这样，州在无形中成为一级行政区，地方行政体制演变为州—郡—县三级制。西晋南北朝时期，州、郡数目增多，导致地方行政混乱。隋灭陈后，废除郡，由州直辖县，地方行政体系重回二级制。唐朝初期，州的数目过多，不易管理，开始设道，"安史之乱"后形成道—州—县三级行政。北宋惩五代藩镇割据之弊，州、县之上设行使单一行政或监察职能的"路"。元代设立有固定管辖区域的行省，之下置路、府、州、县等各级行政，而实行比较普遍的是省—路（府）—（州）县三级。明代地方行政体制实行省—府（直隶州）—（州）县三级制。清政府针对疆域广阔，内地和边疆地区民族成分、宗教信仰和社会发展情况差异甚大的具体情况，在各地实行不同的地方行政制度，但最为普遍的是省为一级行政区，省之下是府、直隶厅、直隶州，三级行政区是隶属于各府的属州、属厅和隶属于府、直隶州、直隶厅的州、县。①

中国县制经历过2000多年的变革，直到中华人民共和国成立之后，才对地方行政区划制度进行了统一的、根本性的调整，并写进了《宪法》，形成了中央、省（自治区、直辖市）、市（盟、自治州）、县（旗）、乡（镇）五级行政管理体制②，到2008年12月31

---

① 赵慧峰：《县制的历史沿革和社会功能》，《中国行政管理》2004年第10期。
② 杨荫凯等：《中国县域经济发展论》，中国财政经济出版社2005年版，第3—12页。

日，全国县级行政区划有 2859 个（香港特别行政区、澳门特别行政区和台湾省除外）①。

自秦统一六国后普遍推行郡县制以来，尽管其他行政区划的名称、地位发生了各种变化，但是县制基本保持稳定，大部分县域的行政区划和边界都延续了历史上的形成路径。县域内语言文化、风土人情、生活习惯等大致相同，形成了较为稳定的独特区域文化背景，构成了县域人文资源的重要要素。随着城市化和工业化的发展，某些靠近大城市的城郊县可能会改为市辖区，某些工业化进程较快的县可能会改为市（县级），传统的县制将面临着现代化的调整。但是，从长远来看，县制将继续稳定下去，现在和未来相当长一段时间仍是县域的社会，县域仍然承载着国家基本的时代和发展主题。

2.2 县与县域概念

2.2.1 县的概念

关于县的涵义，早已有学者进行研究。李家浩先生在他的《先秦文字中的"县"》一文中，明确将县分为"县鄙"之县和"郡县"之县。他说：据可考文字记载，"县"的出现至少可以追溯到西周。那时所谓的"县"系"县鄙"之"县"，指王畿以内国都以外的地区或城邑四周的地区。到春秋战国时期，就逐渐演变为"郡县"之"县"，指隶属于国都、大城或郡的一种邑。② 后来，虞云国先生对县的涵义进行了新的区分。他在《春秋县制新探》中将县的涵义划分为三个阶段，即："县鄙"之县、"都邑"之县和"县制"之县。虞云国先生对"县制"之县的界定，借用的是顾颉刚先生的说法，

---

① 中国行政区划网。

② 李家浩：《先秦文字中的"县"》，《著名中年语言学家自选集·李家浩卷》，安徽教育出版社 2002 年版，第 15 页。

即"直隶君主，没有封建的成分在内"①。20世纪90年代，周振鹤先生对县的涵义进行了新的研究。在《县制起源三阶段说》中，周先生认为"县"在春秋战国时期也有三个阶段的发展，即："县鄙"之县、"县邑"之县与"郡县"之县。周先生对"县鄙"之县与"县邑"之县的界定与虞云国先生相似，但在县的第三种涵义方面，周振鹤先生认为，"郡县"之县与"县邑"之县至少应该有四个差别：一是"郡县"之县不是采邑，而完全是国君的直属地；二是其长官不世袭，可随时或定期撤换；三是其幅员或范围一般经过人为划定，而不是纯天然形成；四是县以下还有乡里等更为基层的组织。对此，周群先生也提出了自己的看法。他认为有地方行政、财政、司法职能是认定区域性组织是否为地方政府的标准。"郡县"之县与"县邑"之县的区别还体现在它具有行政、财政和司法三个方面的职能。而这也是最为根本的方面。

由此可知，最初的县，只不过是被征服管辖的地区。"县"字的金文，作在树杪倒悬人首之形②。照这个字的结构来说，是枭首示众，含有征服、镇压之意。它与"国中"以至于城市附近的"都鄙"不同，它一般在偏远的农村地区。而城市国家对于县，主要是经济上的剥削和军事上的从属关系，也就是要被征服、占领地区承担服役的关系。随着城市国家的发展，县逐渐成为管理广大乡村地区的管理机构。

在当代中国的政治体制中，人们对"县"的理解是：县是地方政府中的一级，低于省，高于乡镇。1982年《宪法》第二十条规定："中华人民共和国的行政区域划分如下：（一）全国分为省、自治区、直辖市；（二）省、自治区分为自治州、县、自治县、市；（三）县、自治县分为乡、民族乡、镇。"但在实际政治运行中，县的直接上级不是省，而是地区或者市。

---

① 虞云国：《春秋县制新探》，《晋阳学刊》1986年第6期。
② 郭沫若：《两周金文辞大系》，载徐文镜《古籀汇编》。

2.2.2 县域的概念

县域，顾名思义，即与"县"相对应的区域。但是由于长久的历史积淀，县域已经不是纯粹的行政界限所划定的范围，还包含着丰富的经济、文化等内容。参考杨雪冬先生对"县"进行的深入分析，我们认为，对于县域的涵义可以从以下四个方面来理解。

（一）县域是一个"地理—文化"单位

像许多地理名词一样，地理上的县域，并不是一个一般的地理概念，而是一个既具有自然地理内容，又包括政治地理内容在内的多方面内容相统一的地理概念。从地理意义上讲，县是一定数量人口居住的地区；而从文化角度看，县又代表了不同的地域文化。"一方水土养一方人"的俗语，形象地指出了地理环境与文化之间的有机联系。中国"大一统"的悠久历史创造了富有同化力的文化和制度，但并没有完全抹杀地方的独特性，在共同的宏观制度和文化背景之下，各地走着不同的变迁轨迹。因此，从文化人类学角度看，中国2000多个县都是独具特色的"地理—文化"单位。

按照通行的经济地理标准，中国的县大体可以分为东部、中部和西部三大类。从地理环境看，又可以粗略地分为沿海和内陆两大类，然后再细分为：沿海平原、沿海山区、沿海丘陵；内陆平原、内陆丘陵、内陆山区、草原、高原、沙漠戈壁等。从地域文化的角度来看，其差别主要由四种力量决定：民族差别、自然地理环境、生产力发展水平、受政治中心控制和影响的程度。其中，尤其是受政治中心控制和影响的程度，直接决定了不同地域文化中的权威理念。不同地域距离权力中心越近，受到政治力量的控制和影响程度越深，其文化上的影响也越大。因此，虽然县域文化已经属于相当微观层次的文化，但是它同样发挥着重要作用。同一地域内的不同县之间、各县内部不同地方之间在文化上的差别，也成为了它们彼此之间政治运作方式和经济发展程度不同的重要原因之一。

（二）县域是一个区域市场概念

在长期的物质生产过程中，由于地理环境、历史渊源的不断影响，政治、经济、文化、宗教、自然等诸多因素的共同作用，使一些经济社会联系频繁的居民区逐渐形成各具特色的经济区域。从区域构成看，县主要包括县城、集镇和乡村三种社区。从经济构成来看，则主要包括城市社区经济和乡村经济两大部分。县城和其他集镇从经济作用来说均属于城市，它们的规模虽不是很大，但在一个县的范围之内却是经济、政治、文化的中心。乡村经济是国民经济发展的基础，是构成县域经济的主体，所以也是县域经济发展的基础。乡村经济的发展要靠城镇经济的领导、辐射和配合。

县域是最基础、最关键的一层，因为县一层直接面对基层群众，直接面对各种市场微观主体，并要为他们创造良好的环境，县市一级还要直接面对整个社会的管理和公共服务。只有加强县域建设，我们的国家才能站立得稳，经济才能根深叶茂。从宏观经济来讲，县不仅要承受整个国家宏观经济的控制，而且县是一个农、工、商、财、贸等方面的有机体，涉及工业、农业、商业等领域和科学、技术、教育等各个方面。从微观方面说，县包括许多大大小小的经济单位和经济实体，是由各部门、各环节、各种生产单位共同组成的多层次的立体经济结构。

（三）县域是一种行政层级管理范围

在人类发展的历史长河中，自从有了国家，就有了社会管理。"有人生存的地方，就有政治。"为了便于进行社会管理，国家就必须划分各级区域或地方，设置相应的国家行政机构进行管理。行政区划是国家统治需要的产物。在法律地位上，县是地方行政层级的第二级，位于省与乡之间。实际上，由于市在中国行政体制中地位的重要性，使得县在很大范围内成为市下面的一级，变成地方行政层级的第三级。到20世纪90年代，除浙江、海南等省外，市管县体制基本在全国得到了普及。这种变化实际上确立了省、地级市、县、乡镇四级地方行政组织体制，有利于发挥中心城市对农村发展的带动作用，推动城乡一体化。然而在"中央—地方"分权体制没有完善的情况下，层级的增加意味着控制层次的增多，下层管理权限的上移，实际上不利于县级政府财权与事权的对称。这个问题在1994年分税制改革之后变得非常突出。

县域发展的行政区域特性决定了不同的县域有不同的发展特点、不同的产业结构、不同的空间结构、不同的发展速度、不同的经济总量。或者说，不同县域的发展是不平衡的。但是，不能用"行政区"来代替"经济区"以及"社会发展区"，县域的发展不能以行政区划边界来界定。相反，应该明确指出的是：县域由于行政区范围的狭小，由于行政区内自然与物质资源的相对有限性，产生了县域府际开放，联合发展的必要性和紧迫性。尤其在社会主义市场经济条件下，行政区之间的封闭与地方保护主义将是县域政治、经济与社会发展的重要障碍因素。

（四）县域是一种利益主体的集合

在现行体制内，每一个县都是一个相对封闭的政治、经济实体或地方利益主体。县不仅是物质的存在、行政的层级和规范的结构，还是行动的主体，是社会经济发展的参与者和推动者。它是中国的政治体系中职能和机构最完备并拥有一定管辖层级的基层政治系统。党的机关、权力机关、行政机关、司法机关一应俱全，工、农、商、财、文功能齐备，管理着全县范围内的政治、经济和社会生活。它不仅是国家在地方的代表，贯彻着国家的意志，同时作为一级功能齐备的政权，它又是利益主体，因此它的行为不仅体现为执行者的角色，还带有能动者的色彩，具有鲜明的地方特色。这也是县域府际经济与行政壁垒产生的原因之一。由于县的这一特性使其成为矛盾的行为主体，既有大力招商引资、发展经济的冲动或者动力，也有因相互竞争施行地方保护的不合理行为。

2.3 县域发展的内涵

2.3.1 县域发展的概念

县域发展指的是随着社会时代的进步，县域在政治文明建设、物质文明建设、精神文明建设、生态文明建设等方面所取得的进步。这四个文明建设在县域发展中均发挥着重大的作用，构成县域发展统一而辩证的整体。任何一方面既不能忽略，也不能顾此失彼，有所偏颇。

2.3.2 县域发展包含的基本内容

正如县域是一个综合的区域一样，县域发展亦是一个综合的概念，其内容几乎涉及国防、外交之外的社会经济各个领域。只是不同的县情有着各自不同的发展内容。概括地说，县域发展包含政治文明、物质文明、精神文明、生态文明四大内容。四大文明建设是推进我国社会经济发展的重要方面。在县域范围内，四大文明建设是县域发展的基础性内容。

（一）县域政治文明建设

社会主义政治文明作为一种新型的政治文明，其本质是社会的进步始终与最广大人民群众政治环境的不断改善和社会地位的不断提高密切地联系在一起，社会管理者坚持站在有利于最广大人民群众根本利益的立场上，来寻求解决社会矛盾和促进生产力进步的最佳方式，逐步扩大公民的有序政治参与，以及构建政权良性运作的最佳制度。在社会主义初级阶段，政治文明建设的目标就是十六大报告中指出的："社会主义民主更加完善，社会主义法制更加完备，依法治国基本方略得到全面落实，人民的政治、经济、文化权益得到切实尊重和保障。基层民主更加健全，社会秩序良好，人民安居乐业。"

很长一段时期以来，在谈到政治文明建设时，人们大都关注国家层面高层政治理念的变革和政治体制的改革措施，而忽略基层，特别是农村政治体制的改革。他们没有认识到，县域政治文明是整个国家政治文明建设的重要内容和基础。

首先，推进县域政治发展是由其在中国政治发展中的基础地位所决定。中国是一个农业大国，农民占全国人口的绝大多数。据统计，目前，全国共有县级行政区面积占国土面积的90%以上，居住人口占全国总人口的70%以上。"中国社会是不是安定，中国经济能不能发展，首先要看农村能不能发展。"① 同样，中国政治能否取得实质性的发展，在很大程度上也要看县域政治是否能取得真正的发展。没有县域政治的大发展，就不会有全国政治发展的实质性进步。其次，推进县域政治发展，扩大基层民主，是广大人民群众学习民主知识、熟悉民主程序、体验民主生活的可靠途径。列宁说过，"文盲是站在政治之外的。"② 对于中国这样一个农村人口占绝大多数、整体文化素质不高、经济发展水平不强、自由民主文化传统不深的发展中大国来说，抽象的民主理论的灌输只会事倍功半。只有推进县域政治发展，才能收到事半功倍的效果，并最终推动我国的政治发展。再次，推进县域政治发展，扩大基层民主，是符合中国国情的政治发展的稳健之路。从基层做起，逐步向上扩展，既符合先易后难、风险小收益大的要求，又易于为制度供给者所接受，不致于出现政局失控的局面。

县域政治文明的内涵极为丰富，它不仅包括县级基层政权和政党制度的建设，而且涉及与民众政治生活相关的一切领域的制度建设。它将"以人为本"作为全部工作的价值取向，将发扬民主、保障人权、实行法治作为民主政治的重要内容，将自由、公平和效益

---

① 《邓小平文选》第三卷，人民出版社1996年版，第77—78页。
② 《列宁全集》第36卷，人民出版社1985年版，第150页。

作为社会发展的目标，并以逐步完善民主制度和扩大公民的自由范围作为社会秩序稳定的基础。

改革开放以来，我们不仅在广大农村实行了村委会村民直接选举制度和乡镇改革试点，而且在农村普遍实行政务公开、村务公开等制度，初步形成了以民主选举、民主决策、民主管理、民主监督等四项民主为基本内容的村民自治和直接民主制度。社区建设也取得了明显的进展。基层民主建设正在与改善民生为重点的和谐社会建设有机地结合起来。

县域政治文明的建设过程是一个不断摸索的过程。新时期县域政治文明建设的基本方向就是坚持科学发展观，处理好人与人、人与自然、人与社会的关系，改革和完善党的领导方式和执政方式，以及领导体制和工作制度，加强党内民主的建设，推进依法治国的进程，建成和谐社会。可以说，县域政治文明的建设是县域和谐社会建成的前提和基础。

（二）县域物质文明建设

物质文明是指人类物质生活的进步状况，主要表现为物质生产方式和经济生活的进步。县域物质文明建设的基本内容和根本任务就是要优化县域资源配置，提高县域工农业生产水平，发展县域经济，改善人民生产生活条件，努力促进和维护人民幸福和谐的生活。

县域物质文明建设是县域和谐发展的基本支撑。社会的本质属性是和谐，和谐社会的形成需要有雄厚的经济基础。政府构建和谐社会所进行的大量投入不仅需要一个好的理念，也需要雄厚的物质基础。唯有这样，才能将好的理念、好的制度和好的态度转化成物质、精神财富，给民众带来实实在在的利益。正如陈锡文先生所言："中国作为一个大国，在经济发展过程中，必须处理好一个重大关系：一方面，没有高技术，大都市和大企业的发展，就不可能有国际竞争力；另一方面，没有充满活力的县域经济和非公有制的中小企业，就不可能解决好绝大多数人的就业和收入问题。"只有发展好我们的县域经济，由下至上，我们的社会主义物质文明建设才能真正落实到实处。所以，县域经济的发展是我国经济发展的重要部分。县域经济包含城镇经济和乡村经济，连接城乡，是以县城为中心、乡镇为纽带、农村为腹地的区域经济，其发展直接影响着县域范围内广大人民的生活，只有县域经济实力增强了，广大人民群众的利益才能得到保证，才能从根本上实现社会的全面进步和人的全面发展，科学发展观和统筹城乡发展也才能真正落到实处。

县域物质文明建设是县域和谐发展的现实需要。在现阶段，我们的县域经济中存在产业结构不够合理、民营经济不强、城乡发展不平衡、县乡财政困难、"三农"问题突出、城镇就业增长缓慢等困难和问题，这既是县域经济发展中深层次矛盾的集中反映，也是当前县域经济工作的重点和难点。在现阶段解决这些困难和问题的突破口还在于县域经济。党的十六大提出要"壮大县域经济"后，党的十六届三中全会再次提出"要大力发展县域经济"，这为加快县域经济发展提供了新的历史机遇，进一步开创了改革开放和经济发展的新局面。谋求县域和谐发展必须全力优化县域经济结构，加快县域经济增长方式的转型，加快工业化、农业产业化和城镇化进程，增强县域经济实力，增加县域城乡居民收入，推动县域物质文明建设不断向前发展。

（三）县域精神文明建设

精神文明是人类在改造客观世界和主观世界的过程中所取得的精神成果的总和，是人类智慧、道德的进步状态。县域精神文明建设是社会主义精神文明建设的有机组成部分，它包括思想道德建设和教育科学文化建设，渗透在县域物质文明建设之中，体现在县域政治、经济、文化生活的各个方面，是县域范围内的人民群众根据县域经济发展实践，主动地学习和适应新的生产方式和生活方式的过程。通过这一过程，社会主义精神文明的普遍性要求和教育成果不断转化为人们的社会行为和习惯。

县域精神文明建设是县域和谐发展的重要组成部分。随着经济社会的发展，区域之间的竞争越来越激烈，各个县（市）之间的竞争，不仅仅是规模、实力和水平的竞争，也是一种环境、文化和人才的竞争，最终是软实力的竞争。实践表明，一个地方的文明程度，是一种可转化的生产力要素，是实现经济持续、快速、协调、健康发展的重要"资本"。县域精神文明建设是以县级行政区划为地理空间，以县域经济发展实践为物质基础的精神文明建设。一般地说，我国县一级行政区域是经济、教育、科技、文化比较落后，远离国家政治、经济、文化中心，文明程度远远落后于发达城市的边远地区。随着"工业反哺农业，城市支持农村"方略的确定，以县为单位，开展县域精神文明建设既是大势所趋，也是精神文明建设工作的实际需要。自古"郡县治，天下安"，加强县域精神文明建设，不仅能为县域经济发展提供精神动力和智力支持，促进县域经济的健康发展，而且还能促进社会的和谐与稳定，实现以社会风气、公共秩序、生活环境为主要标志的县域文明程度的显著提高。县域精神文明建设是覆盖全社会的系统工程，在制定和实施这个工程的过程中，政府起着主导作用，但不能只靠政府。家庭教育、学校陶冶、社会要求都起着极为重要的作用。对县域精神文明建设的投入应与这种建设格局相适应。

（四）县域生态文明建设

生态文明是指人类在改造客观世界的同时，主动保护客观世界，积极改善和优化人与自然的关系，建设良好的生态环境过程。县域生态文明建设既是在县域发展过程中，保护好、建设好县域生态环境，又要努力实现经济、社会和生态的协调发展。

生态文明建设是我国经济社会和谐发展的重要基础。经济发展对环境的冲击和对环境保护的需求都是巨大的。重产值、轻发展、重速度、轻质量，以牺牲后代利益为代价的发展思路已经难以为继，必须强调经济、社会和生态环境和谐、持续发展，走生产发展、生活富裕和生态良好的文明发展道路。目前，我国已进入全面建设小康社会、加快推进社会主义现代化建设新的发展阶段，在发展经济的同时，把生态环境建设也作为硬道理的时机已基本成熟。生态文明的提出，将人与自然的关系纳入到社会发展目标中统筹考虑，反映了政府执政观念更加成熟。2007 年 10 月，胡锦涛同志在党的十七大政治报告中，首次提出将建设生态文明作为实现全面建设小康社会奋斗目标的新要求之一。这既为我们进一步明晰有中国特色的生态文明概念内涵提供了理论指导，又为我国政府进一步强化生态管理职能提出了迫切要求。在 1984 年 2 月中国生态经济学会成立大会上，万里同志指出："经济发展关系到每一个人，生态环境也关系到每一个人。因此生态经济问题是一个群众性的问题。"这句话同样适用于县域生态文明建设。县域人口和面积占我们整个国土面积的大部分，大量的河流、植被等生态资源位于县域管辖范围之内，县域生态建设是整个生态文明建设过程中至关重要的基础。

县域生态文明建设是县域和谐发展的重要保障。县域生态文明建设在于通过对县域内自然资源的节约以及生态环境的保护与修复来提高资源利用效率和改善生态环境质量，满足生态环境生活条件的需要；也在于通过推进与发展生态经济来优化县域经济结构，促进经济增长，提高人民生活水平。所以，县域生态文明建设是促进县域经济、政治、文化、社会、自然统筹发展，人与人、社会、自然协调发展，全面建设小康社会和社会主义和谐社会的强劲动力和重要保障。当前，县域生态文明建设的主要内容在于形成节约资源和保护生态环境的产业结构、增长方式和消费模式，养成低碳生活习惯，扩大循环经济规模，提升可再生能源利用比重，控制主要污染物排放，改善生态环境质量，树立县域生态文明观念。

2.3.3 县域发展各项内容的关系

在党的十四届五中全会上，江泽民同志从社会主义现代化建设总体布局的高度，对物质文明建设和精神文明建设的关系作了深刻阐释，提出了在搞好物质文明建设的同时，"必须把精神文明建设提到更加突出的地位"，"要把物质文明建设和精神文明建设作为统一的奋斗目标，始至不渝地坚持两手抓，两手都要硬。任何情况下，都不能以牺牲精神文明为代价去换取经济的一时发展"。历史唯物主义认为，生产力是任何社会的生产关系和上层建筑的物质基础，是一切社会发展的最根本的决定性因素。社会主义革命归根到底是为了解放生产力，发展生产力。因此，建设好县域物质文明，是县域发展的根本任务。社会主义市场经济体制的建立与完善，不仅需要与社会化大生产相联系的一般社会文明，还必须以同社会主义制度相适应的思想观念和道德规范等精神文明的充分发展为条件。县域物质文明同样要求建设高度的县域精神文明。只有加强县域精神文明建设，才能促进具有本地特色的县域发展。县域精神文明本身是建设有县域发展特色的重要目标，又是建设县域物质文明、县域政治文明的文化条件和思想保证。

经济发展和政治发展是一种共生的社会现象，二者在发展的过程中互为前提、交互作用。当然，在更为本质的意义上，政治发展要受到经济发展水平的制约，经济发展是政治发展的先决条件。改革开放以来，党和国家把工作重心转向了经济建设，并取得了举世瞩目的成就，国民经济持续、健康、稳定增长，国家的经济实力逐步增强。尤其在县域发展进程中，农村的改革取得了突破性进展，废除了集体经营、集体管理的生产队体制，实行家庭联产承包责任制，广大农民获得了生产经营自主权，实现了经济上的自主和自由，成为独立的市场经济主体，从而极大地调动了广大农民的积极性和创造性，促进了乡村经济的发展。党的十六大以后，在"壮大县域经济"精神的指引下，经过全党、全国人民的共同努力，随着社会主义市场经济体制的逐步确立和县域经济的持续发展，广大民众的生活水平得到了较大提高，教育文化水平得到较大改善，政治观念发生了重大变化，要求当家作主、行使民主权利的愿望日益迫切，政治参与意识显著增强，主动性和积极性不断提高。由此可见，一方面，县域政治文明必须建立在一定程度的县域物质文明和县域精神文明的发展水平之上；另一方面，县域政治文明又为县域物质文明和精神文明建设提供制度和法制的保障，使之更加健康稳定协调地向前发展。

全面建设小康社会，最根本的是坚持以经济建设为中心，不断解放和发展生产力，把经济搞上去。加快经济发展，不仅是重大的经济问题，而且是重大的政治问题。离开了经济建设这个中心，物质文明上不去，政治文明和精神文明建设就有失去基础的危险。"在无产阶级专政的条件下，不搞现代化，科学技术水平不提高，社会生产力不发达，国家的实力得不到加强，人民的物质文化生活得不到改善，那么，我们的社会主义政治制度和经济制度就不能充分巩固，我们国家的安全就没有可靠的保障。"① 但是，经济发展不能等同于社会的全面发展，经济发展也不能代替其他方面的发展。因此，在县域和谐发展过程中，必须在大力发展县域经济的同时，推进县域政治发展，扩大基层民主建设，积极探索中国特色的社会主义政治发展之路，使我们的经济更加发展、民主更加健全、科教更加进步、文化更加繁荣、社会更加和谐、人民生活更加殷实。

生态文明建设也只有通过与其他文明建设相辅相成和协调发展才能得以有效展开和充分实现。加强生态文明建设，促进人与自然和谐发展，增强可持续发展能力，促进社会主义物质文明、精神文明、政治文明建设，构成了社会主义整体文明建设的系统工程。正确认识和把握生态文明建设的理论基础，是理解、探索和坚持生态文明建设道路的基本条件。

有学者提出"县域内县域经济关联因素"的概念，"县域内县域经济关联因素"主要是指与县域经济紧密关联的县域社会、县域文化、县域政治、县域生态等。县域经济发展不能以牺牲环境为代价，县域社会的建设也要与县域经济发展协调起来。县域生态文明、

---

① 《邓小平文选》第二卷，人民出版社 1994 年版，第 86 页。

县域政治文明、县域精神文明、县域物质文明，相互影响，相互制约，是一个完整而全面的文明体系，它们相互协调发展构成了县域发展的主体。其中，县域生态文明是系统中的前提，县域物质文明是系统中的基础，县域政治文明是系统中的保障，县域精神文明则是系统中的灵魂，在县域层面上强调"四个文明"共同发展、协调发展，是我们党科学发展、和谐发展理念在发展实践中的具体体现和运用，必将为推动县域新发展发挥不可估量的作用。

2.4 县域发展的意义

2.4.1 县域发展的历史意义

我国的县域制度"渊源于周，雏形于春秋，确立于秦"。两千多年来，世事沧桑，王朝更迭，治乱循环，地方制度屡经变化，而县域制度基本保持稳定，历行而不废。县级政府作为封建国家的基础，在社会政治、经济、文化各个方面都成为了具有团粒结构特性的社会结构单元，担负着贯彻执行朝廷的法规政令，向朝廷提供度支、物资及兵源任务，承揽着"平赋役、听诉讼、兴教化、劝农桑、敦孝道、整饬风俗、鼓励节俭、祈神祭天"等关系国计民生的一切具体事务。

县域制度的发展可以有效地治理国家，维护社会治安的稳定。由于我国地域辽阔、人口多、民族多，地区间差异较大，国家大事千头万绪，单单依靠一个人或一个权力核心，难以实现对地方的有效治理。从历史上看，县域的发展是中央与地方权力分割与转换的一种表现。疆域的辽阔以及政情的复杂，决定了中央政府不可能独揽从中央到地方的一切政务，所以从中央到地方必须适当分权，这是保证整个国家集中统一、上下协调、灵活运转的基本需要。从秦汉到明清的地方行政体制的演变中可以发现，不管当时的地方行政体制是在二级和三级，甚至是四级、五级之间往复交替，县都是最低一级地方行政组织和区划（清代出现过乡里组织），且数目变动不大，大致都在一千个以上；同时，历代封建王朝都通过设置职能官员来分解地方高级行政组织的职权，但县级行政却始终集财赋、司法、治安、教化为一体，功能完整。封建国家通过县级政府这些国家结构中最基本的政治单元，可以有效地实现对整个国家的控制与治理，维护社会治安，如身之使臂，臂之使指。①

县域制度的发展可以高效地完成赋税的征收。在封建社会，农业是国家赋税的重要来源，关系到封建王朝的命脉。县域是征集赋税的一个基本单位。中央通过国家的各级下设机构向广大农民和地主征收赋税，而税是按土地面积、财产多少、户丁数量来征收的，也就是以县为单位进行赋税统计和核算的。中国历史上行政单位几经变化，郡、州、道、省、府等不一而足，然而作为最低一级行政单位的县却一直延续到今天，县域范围也很少进行调整和变动，主要也是为了便于核算，保持人口、土地等数据的完备性和历史继承性，便于赋税征收。

2.4.2 县域发展的当代意义

随着社会主义市场体制的建立和完善，县域所具有的潜在经济功能大大释放，县域发展的舞台将空前广阔。

县域发展是增强国民经济总体实力的重要内容。新中国成立后，县是落实国家政策最主要、最直接的操作平台，也是劳动力资源的主要供应地，县域的经济发展不仅是整个国民经济的基础层次和重要的组成部分，也是国民经济最基本的运行单元，是宏观经济与微观经济结合的关键层次，在整合农村经济资源、推动农村工业化和现代化进程中起着特别重要的作用。

改革开放以来，县域范围内的经济活动内容有了极大的丰富，县域经济在社会主义现代化建设中起着越来越重要的作用。据统计，

---

①　武君婷：《中国县制的历史演进及社会功能》，《理论学习》2007 年第 3 期。

我国国民经济的大部分在县域经济范围内。县域经济的发展对大经济区乃至整个国民经济的发展都起着举足轻重的作用，只有县域的发展水平提高了，整个国民经济的综合实力才能增强。

当前，一部分经济强县首先发展起来，展现出县域经济发展的巨大前景。全国县域经济强县包含全国县域经济百强县、西部百强县、中部百强县和东北十强县，共计 300 个。这些强县或者具有区位优势，或者具有资源优势，是全国县域经济发展的中坚力量，是县域经济工业化和城镇化的主力军，在全国县域经济发展中形成了"7—4—3—2"格局，即县域经济强县的数量约占全国县域单位总数的七分之一，人口约占全国县域总人口的四分之一，而创造的国内生产总值超过全国县域总量的三分之一，提供的地方财政一般预算收入约占全国县域总量的二分之一。① 县域经济发展的差距逐步成为全国各省市区之间国民经济综合实力差距上的重要方面，一些经济发达省份正是由于其拥有一批经济强县、强市，才推动了整个区域经济突飞猛进地发展。因此，只有从基础做起，大力发展县域才能增强整个国民经济的综合实力。

县域发展是解决"三农"问题的根本出路。我国是个农业大国，农业、农村和农民问题始终是我国社会主义现代化建设的重大问题，解决好"三农"问题是经济和社会发展的重中之重。农业是国民经济的基础，农业兴才能百业兴，没有农业的持续稳定发展，就没有整个国民经济的持续快速健康发展。农民是最大的群体，农民富，才能全国富。没有农民收入的不断增长，就没有全国人民的安康富裕。农村是最大的市场，农村活才能全国活，没有农村的社会稳定，就没有整个国家的长治久安。"没有农村的稳定就没有全社会的稳定，没有农民的小康就没有全国人民的小康，没有农业的现代化就没有国家的现代化"，由于绝大部分人口生活在县域，因此"三农"

---

① 以上引用数字来源于中国县域经济网，www.china—county.org，《中国县域经济年鉴》（2005 卷）。

问题主要集中在县域。①

大力发展县域经济是解决"三农"难题的根本出路。总结理论界近几年的研究成果,解决"三农"问题的首要任务是"减少农民",通过减少农民,达到农业实现规模化经营、产业化经营和农村工业化、城镇化的目的。事实表明,在目前我国大中城市综合实力还不很强的情况下,其对农村剩余劳动力的吸纳能力是有限的;而同时,受农民自身素质等因素制约,对外劳务输出短时间内也根本难以实现规模化。因此,减少农民的途径就落在了农业产业化、农村城镇化的肩上,这两点又恰恰是县域发展的主要内容甚至关键战略。可以说,从一定意义上讲,县域发展的过程就是一个逐步解决"三农"问题的过程。

县域发展是我国小城镇建设与发展的重要阵地。当今世界是城市化的时代,从世界发达国家经济发展的历程来看,城镇化是我国社会经济发展的重要任务。我国城市发展方针历来突出小城镇的地位和作用,尤其是改革开放以来,农村经济的复苏和市场经济体制的确立大大激发了小城镇的发展,巩固了小城镇作为乡村地域增长及城乡纽带的局面。目前,经济欠发达地区小城镇建设存在着诸多问题:建设资金不足,盲目建设;缺少规划,布局不合理;基础设施薄弱,功能不完备;管理落后等等。这种状况严重影响了当地社会的发展,同时也不利于小城镇自身的发展和建设。从某种程度上讲,经济欠发达地区小城镇发展的快慢,直接影响当地社会经济的增长速度,进而影响到整个国民经济的发展。小城镇主要分布在县域范围内,县域是小城镇建设的主要空间,是城镇化进程的主要阵地。在县域发展过程当中,应该注重城镇化建设,使城镇建设与经济发展相互协调,相互配合。

县域发展是统筹城乡发展的桥梁。县域发展是统筹城乡经济社

---

① 张东生:《对县域经济特点和发展重要性的理解和认识》,《烟台职业学院学报》2006年第1期。

会发展的基本单元，作为城乡结合部，集政治、经济和社会功能于一身，是城乡统筹的基点，也是城乡统筹的落脚点；是城乡统筹最直接的操作平台，也是实现区域经济协调发展和社会稳定的重大举措和突破口。

统筹城乡发展的科学实践中，县域发展具有广阔前景和重要桥梁作用。江苏江阴市连续七年稳居全国县域经济百强县（市）的榜首。它以全国万分之一的土地，千分之一的人口，创造了二百分之一的国内生产总值，被称为江苏省的第一财神县。2008 年，全市GDP1530 亿元，财政收入 245 亿元，人均 GDP 达到 127662 元。[1] 一个县级市发展得这样快，重要原因是他们始终坚持从当地实际出发，坚持城与乡，人口、环境、资源统筹协调发展，按照农村集镇化、集镇城市化、城市现代化的发展方向，全速推进城乡规划一体化、基础设施一体化、经济社会发展一体化、科教文卫事业一体化的和谐发展，实现城乡联动发展、协调发展。[2] 当然，一个县的发展不仅要看经济指标，还要看人文指标、资源指标和环境指标；不仅要看农村经济发展水平，还要看城乡经济是否实现良性互动和一体化发展，人与自然是否实现和谐发展。因此，和谐发展县域，要改变传统思维，打破城乡壁垒，按照城乡统筹思路确立发展战略，确立经营县域的新理念，不要就农业论农业，就农村论农村，应该充分发挥县域在城乡经济体之间的桥梁作用，以市场为导向，抓住当地区域的突出优势，优化配置资源，将农村的资源、城市的消费和支柱产业、农民就业等有机结合起来，发展成具有地域特色和功能完备的城乡协调、良性循环的区域经济。

县域发展是全面建设小康社会的重要途径。从全国经济发展看，全面建设小康社会的重点和难点在县域，只有农村小康了，才能有全国的小康。党的十七大明确指出，我国已进入全面建设小康社会

---

① 以上引用数字来源于江阴市人民政府网 http://www.jiangyin.gov.cn。
② 张丽华：《略论县域经济发展战略》，《商业研究》1998 年第 7 期。

新的历史阶段。从现实基础与未来趋势看，县域发展的途径不外乎农村现代化、城镇化、工业化、产业化，而所有这一切都直接与县域居民密切相关。同时，需要明确的是，在目前县域居民自身积蓄不很充裕、市场风险承受能力依然较低、产业投入与发展力量分散以及文化素质差异的情况下，实现"全面小康"完全依靠其自身努力而放任自流的做法是绝对不可取的，还需要不断创新他们致富的组织方式和运行机制，而这一重任则又恰恰蕴含在如何发展县域之中。因此，全面建设小康社会，重点在县一级，难点也在县一级，只有促进县域的和谐发展，才能繁荣农村经济，增加农民收入，才能从根本上改变农村面貌，使广大农民过上殷实的小康生活，从而促进"三农"问题的解决，促进全面小康社会的早日实现。①

（执笔：姜文亮　朱伟　李玲）

---

① 朱万松：《论发展县域经济重要性和必要性》，《经济管理》2009 年第 4 期。

第三章　县域发展模式

县域发展所涉及的内容涵盖到县域的各个层面，适宜于各县域发展的模式也应因具体情况不同而各有差异。为了更好地研究县域发展模式，我们从宏观和微观两个层面来分析县域发展的模式。县域发展模式中宏观层面与微观层面的划分实际上是对当前我国县域发展模式中一般与特殊的定义，发展模式中的宏观层面涵盖各县域具有的共性因素，这些因素受到中央、省等上级领导部门和单位宏观政策的影响更为明显，因而具有较强的导向性；微观层面则指那些偏向于各县域具体县情的个性化因素，因为要适应地方发展，具有较强的灵活自主性。

3.1 县域发展模式的宏观层面

3.1.1 产业发展与产业结构调整

支撑县域持续发展的基础是产业。传统上将产业分为农业、工业和服务业，即第一、第二、第三产业。在世界范围内，随着经济的发展，大多数发达地区产业结构的调整呈现出"一二三"—"二一三"—"二三一"—"三二一"的演化过程，即第一产业比重下降，第二产业比重先升后降，第三产业逐渐成为经济支柱，某些发达城市的第三产业比重甚至超过90%。需要指出的是，产业的总体发展以人口规模、经济总量为支撑，而且离不开全球经济一体化和世界行业分工的大背景。而县域产业的发展与结构调整，离不开其上级地市的定位和自身资源的配置。

为了客观衡量我国县域社会经济综合发展、协调发展、可持续发展的状况，国家统计局连续多年根据全国 2000 多个县域的社会经济统计资料，从发展水平、发展活力、发展潜力三个方面对县域的社会经济综合发展进行测算并进行排名。百强县前十名的县域是我国县域经济发展的排头兵，其产业结构对我们有着很重要的启示作用。从表 1 可以直观地看到，在我国现阶段国情下，第二产业对于GDP 的拉动贡献尤为突出。

表 1　百强县前 10 名第一、第二、第三产业对 GDP 贡献的构成比例

	百强县排名	第一产业：第二产业：第三产业
江阴市	1	1.5：63.0：35.5
昆山市	2	1.0：66.2：32.9
张家港	3	1.1：62.7：36.1
常熟市	4	1.9：59.1：39.0
晋江市	5	2.1：65.9：32.0
吴江市	6	2.7：63.7：33.6
慈溪市	7	4.7：62.0：33.3
绍兴县	8	5.5：60.6：33.9
宜兴市	9	3.6：59.4：37.0
荣成市	10	9.5：60.8：29.7

数据来源：各县市政府发布的 2010 年国民经济和社会发展统计公报。

表中所列的十个经济强县中，荣成有着我国最长的海岸线，海洋资源优势突出，故第一产业比重相对较高。除去荣成县，其他县域产业结构平均值为 2.7：61.8：35.5。九个经济强县三大产业对 GDP 的拉动贡献如图 1 所示，其经济结构代表了县域经济发展的方向。

纵观这十个县域产业结构的优化过程，较为理想的是第一产业在 3% 以下，第二、第三产业比例小于 2：1，且第三产业比重有增加趋势。但需要指出的是，这十个经济强县集中在江浙，代表了我国

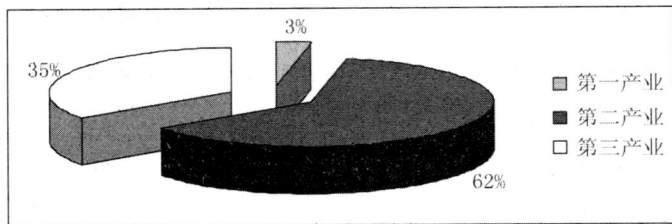

图 1　九经济强县产业对 GDP 的拉动贡献平均比例

东部沿海地区的发展进程，其产业发展和产业结构调整的经验是否适应于内地还需要在实践中进一步验证。

3.1.2 城乡统筹与全面协调发展

随着社会的进步，县域城乡统筹全面协调发展是我国县域发展的必然趋势。马克思说："中世纪（日耳曼时代）是从乡村这个历史舞台出发的。然后，它的进一步发展是在城市和乡村的对立中进行的；现代的历史是乡村城市化，而不像古代那样，是城市乡村化。"① 党的十五届三中全会提出"小城镇，大战略"方针，十六大进一步提出："全面繁荣农村经济，加快城市化进程，逐步提高城市化水平，坚持大中小城市和小城镇协调发展，走具有中国特色的城市化道路。"十六大将城乡统筹发展上升为国家发展战略，其主要目标是打破城乡分割的传统体制，构建新型的城乡关系，建立以工促农、以城带乡的长效机制，实现城乡经济与社会的和谐发展和良性循环。

城乡统筹发展是工业化、现代化的重要标志，它需要以城市化发展带动城镇化发展，涉及到经济、教育、就业、医疗卫生等多方面的全面协调发展。城镇作为城乡经济的结合部和交汇点，与农业、农村、农民是相互依托、互为依存、协调发展的关系，是统筹城乡经济发展的重要环节。经济发展是推动城镇化进程的原动力，而当

① 《马克思恩格斯全集》第 46 卷（上），人民出版社 1979 年版，第 480 页。

经济发展到一定阶段时又必然需要城镇化来进一步推动。① 2005 年 3 月推出的农村土地流转办法对于统筹城乡发展有着极为重要的意义。土地流转不仅能促进农业产业化，带动农业农村经济发展，使农村剩余劳力转移到城市二、三产业就业，更能增加农民收入，减轻农村人多地少等方面的压力，进而缓解城乡深层次的社会矛盾。城乡统筹全面协调发展有利于防止县域发展之中的粗放式，有利于整合城乡发展资源实现优化配置，从而增强县域发展的内生性动力。

3.1.3 现代农业与现代农村建设

我国的城乡经济发展很不平衡，特别是近年来，我国国民经济持续增长，工业化、城市化步伐相对农业、城镇发展速度大幅加快，城乡之间经济发展差距越来越大。城乡发展不平衡导致的结果是大量劳动力涌入城市、城市总人口数量急剧上升、粮食生产滑坡和农村经济发展滞后。党的十六届五中全会提出了建设社会主义新农村的目标和要求：新农村建设是在"三个代表"重要思想指导下，以全面落实科学发展观、构建和谐社会为目的，以"生产发展、生活宽裕、乡风文明、村容整洁、管理民主"为主要内容，协调推进农村物质文明、政治文明、精神文明、社会文明的四位一体的建设模式。

"三农"问题是社会主义新农村建设的主要内容所在，而县域发展的中心问题也在"三农"。在社会主义新农村建设推进农业和农村经济结构调整中，农业产业化水平不断提高，农村二、三产业逐步扩大。生产发展必须以科学发展观为指导，正确处理保持生态和可持续发展的关系，优化县域产业结构和区域布局，既保证农业用地和生态平衡，又要促进农业生产的持续、快速发展，为县域发展提供必要的物质基础。

同时，随着新农村建设的开展，农民以及村委组织自我管理以

---

① 杨正权、杨建林：《县域经济发展论纲》，云南大学出版社 2006 年版，第 182 页。

及民主参与的意识与能力得到锻炼与强化，讲求法制、民主的基层政治生活逐渐形成，这必然会促进县域政治的发展。而且，公共服务向农村覆盖、社会事业发展向农村延伸，作为社会主义新农村建设的重要内容，有利于县域社会公共事业的发展，将有力地推动政府职能转变和基本公共产品供给的均等化，推动县域教育、医疗、社会保障等事业的发展。总之，可以说，建设社会主义新农村是实现县域工业与农业、城市与农村协调发展，经济社会与文化环境协调发展，促进县域全面小康社会实现的重要契机与动力。

3.1.4 扩权强县与行政效率优化

我国的行政区分为省（自治区、直辖市）、县（自治县、旗）、乡（镇）三级。改革开放以来，为了实现以市带县，促进县域发展，推行了分税制改革以及相联系的"市管县"和"地改市"体制，形成了"中央—省—市—县—乡"五级行政体制。在发展中，逐渐形成了以地级市为中心的格局。地级市吸纳了县域的资源，并将压力通过行政层层分解，压到了县一级乃至最基层的广大农村，这也是造成城乡不能统筹协调发展的原因，严重制约了县域的发展。

为了促进县域社会的发展，增强县域自主发展的能力，众多省份当前都展开了扩权直管的试点工作。从2002年起，浙江、河北、湖北、河南、辽宁、湖南等省先后开始了"强县扩权"的改革，把地级市的经济管理权限直接下放到一些重点县，在经济管理领域形成了"省管县"的格局。

而进一步的"省管县"模式包括人事、财政、计划、项目审批等原由市管理的所有方面。随着改革的深入，也许有一天省管县模式会改变中国的区域政治格局。即地方三级政府（省、市、县）转变为两级政府（省、县，撤销地级市）。这将从体制上极大解放县域自主能力并优化县域行政效率。

3.2 县域发展模式的微观层面

3.2.1 依托优势资源，进行特色开发

这种模式是县域以自身的资源禀赋为依托，通过科学合理的策划和包装，从而实现项目开发并带动县域发展。其关键是要对县域的优势资源进行准确定位。优势资源可以是特色的自然资源、人文资源、区位资源，也可以是独具特色的产业基础等。立足特色资源进行谋划，并进行相关延续开发，在国际分工的背景下发展适合于县域的产业，并尽可能提升产业的科技含量、提高产业的附加值，将特色产业做大做强。产业差异化发展是县域实现快速发展的主要出路。

河北迁安有着 28 亿吨的铁矿储量，约占全国已探明储量的 1/25，且矿石品位高，素有"铁迁安"之称。迁安铁精粉产量曾连续十五年位居全国县级第一，属于资源输出型经济。但迁安并没有单纯依靠挖掘资源求发展，而是按照可持续发展战略的思路来重新安排全市产业经济格局，促进经济增长方式的根本性转变。如何依托资源优势、拉长产业链条？迁安抓住北京举办奥运会，实施产业转移的契机，制定了引进首钢前来迁安落户，再利用首钢示范带动作用，推进迁安实现产业升级的战略发展构想。首钢的到来带动了地方钢铁的产业升级，结束了迁安出卖初级矿产资源的历史，所有铁粉全部实现了精深加工，产业利税增长了数十倍。在"十五"期间，全市 GDP 从 2000 年的 89.9 亿元提高到 2005 年的 245.2 亿元，年均递增幅度为 22.3%；全部财政收入从 2000 年的 3.4315 亿元，增长到 2005 年的 33.6745 亿元，年均递增幅度为 57.9%。现在的迁安，提出了"钢铁迁安，中等城市"的奋斗目标，正在由一个县级城市向中等城市迈进。

3.2.2 回归传统农业，推动产业发展

农业的进步、发展是县域经济稳定发展的基础。在改革开放以前，我国绝大多数县域经济属于农业主导型。改革开放以后，各地进行产业结构调整，县域经济的发展才逐渐表现出多样性，目前许多县充分利用当地自然资源的优势，大力进行农业的深度开发，农业基础产业的地位得到强化，逐步开始以商品性农业生产为发展龙头，积极兴办农产品为原料的加工业，使得整个县域经济取得了长足的发展，比较成功的有吉林德惠、江西遂川、江苏射阳、山东寿光等。当然，农业主导型县域经济发展必须因地制宜地解决好农业产业化问题。

所谓农业主导型经济，就是指农业（包括畜牧业、水产业）份额在全县国民生产总值中占有绝对优势地位的一种经济形态，这种经济形态的产业构成一般属于一种低级产业。在农业主导型经济中，我们还可以细划分为种植业主导型、畜牧业主导型和水产业主导型等，但不管是哪一种类型都是根据当地自然资源和环境条件以及生产力发展水平来决定的。正因为如此，农牧渔业就不仅成为这类县域产业结构的基础，同时也成为产业结构的主导。经过 20 年的改革开放，我国多数的县域经济已经脱离了仅仅依靠农业推动经济增长的发展模式，但是目前我国县域经济仍有相当一部分基本上属于农业主导型，特别是在我国的老少边山地区的经济欠发达县更是如此。

辽宁阜新曾是新中国最早建立的能源工业基地之一。到 2006 年底，阜新累计生产原煤 5.6 亿吨，发电 1700 亿千瓦时，是一座典型的煤电之城。但自 20 世纪 80 年代起，随着资源的减少，矿井开始陆续关闭，下岗职工人数剧增。2000 年阜新的经济已经跌到谷底，经济总量连续多年排在辽宁省最后，近 20 万的城市人口处于最低生活保障线上。2001 年 5 月，阜新的新一届领导班子明确将现代农业和农产品精深加工作为阜新"经济转型"的发展方向。2002 年阜新

经济转型全面启动，确定从 2002 年到 2005 年建设一批现代农业示范区，2005 年到 2010 年基本建成全国生态农业建设示范区。据此建设了 50 个农业园区，以及 200 个以养殖为主的专业小区。2003 年阜新的 GDP 增幅为 20.4%，位居全省第一。目前阜新农产品深加工已经成为主导产业。综合来看，阜新是在依托农业园区的基础上，做长做大了整个农产品的相关产业链，从而实现了快速发展。

3.2.3 引导民营经济，充分推动经济活力

民营经济的发展是现阶段县域经济发展的主要动力之一。民营经济的主体可以是民有、集体所有、国有以及财产混合所有，但经营者是民间团体或者个人。因为民营经济的运行机制最接近于市场经济的运作机制，必须要尊重价值规律、供求规律和竞争规律，因此民营经济必须保持高度的运营灵活性，才能迅速融入经济全球化的浪潮并迅速成长。随着民营经济在我国经济结构中所占的比重逐步扩大，对于增加社会就业、培养能够适应市场经济规律运作的经营管理人才、丰富人民物质生活起到了重要作用。

位于江苏南部的苏州、无锡、常州三市所属县（市）的工业化带动县域发展被称作"苏南模式"。它是在传统的社队企业的基础上发展起来的，乡（镇）、村两级集体所有的比重占绝对优势，是通过大力发展乡村集体工业而使县域经济社会全面发展作为其主要路径。"苏南模式"对于集体资金的积累、大量的农业剩余劳动力的安置、土地的集中经营、当地农村商业化专业化和农业机械化水平的提升起到了积极的作用。

浙江省义乌市坚持"兴商建市"，发展小商品市场，极大解放和刺激了义乌市民营经济的发展，进而带动了全市经济发展，将义乌市建设成为了全球性的小商品集散中心。随着商品市场的发展，义乌市的商业积累逐渐向工业和农业领域转移，全市的综合实力迅速得到增强。这种第三产业直接跃居为主导产业的经济模式是在我国改革开放和市场体系成熟的过程中抢得先机形成的，对区域的地理

区位、从业人员及相关各要素的要求都比较高，相对属于较特殊的经济形态。

3.2.4 引进域外投资，带动县域全面发展

随着我国加入 WTO 和省直管县、扩权强县的推行，县域经济社会发展的开放度提高，县域发展的自主性也得到了增强，县域发展获得了前所未有的经济与政治机遇。但是，具有普遍性的问题是，县域工业化水平总体还比较低，国际竞争能力较差，县域工业化的外向型意识不足，县域府际存在着较多的资源与市场上的争夺，造成了有限资源的浪费以及不同程度上的重复建设，县域工业化的可持续发展能力亟须改善。而且，目前县域政府的市场经济调控能力与方式还较为落后，县域还没有改变"农业大县、工业小县、财政穷县"的现象，财政对于县域工业化发展的支持能力和引导作用尚显不足。

实现县域的跨越式发展，最直接的途径就是投入拉动，最核心的战略就是依托项目，借助外力，带动县域全面发展。这里的项目不单纯指投资项目、工程或工业建设项目，而是涵盖了一切促进县域物质文明、政治文明和精神文明协调发展的内容，包括基础设施项目、生态项目、城镇建设项目、重大生产性项目等。

20 世纪末，湖南宁乡经济发展缓慢，社会矛盾突出。当相邻的浏阳市、长沙县在向国家省市积极争取项目谋求发展时，宁乡却只能争取上级扶助资金保运转。2001 年，宁乡提出"招商引资是唯一选择，项目工程是唯一载体"。这个被称作"两个唯一"的发展战略，自此成为宁乡赶超的强大武器。连续几届县委、县政府，同声相应，一脉相承，高举"两个唯一"大旗不动摇。在这样的背景下，气势恢弘的宁乡大道、新一中、新人民医院、金洲大道、沿江风光带等一批大项目相继横空出世；青岛啤酒、兆山水泥、宏全食品、楚天科技、华良电器、凯瑞重工、三一重工、中财、湘电长泵、长高电器、超大农业、温氏集团、资源集团、豪德集团、通程国际、华天股份等一大批战略性投资项目落户宁乡。

3.3 县域发展的误区

县域发展问题始终是我国实现可持续发展的基础性问题与核心问题。县域发展模式上的不足往往成为全面建设小康社会以及实现科学发展观建设社会主义和谐社会的阻碍性因素。虽然，各具地方特色的发展模式在一定时期内促进了地方经济社会的发展，但是，这其中存在的显性的或隐性的诸多问题也不可忽视。

3.3.1 GDP 为纲，忽略全面发展

GDP 是一个较为量化的数值，很容易进行横向和纵向比较。[1]有些观点将社会发展简单地等同于经济增长，进而用 GDP 衡量地区的发展状态，因此导致一切以 GDP 为中心。在以 GDP 为纲的指导思想下，一方面容易导致盲目的、脱离了县域具体情况的招商引资和项目开发。通过招商引资和项目工程来提高 GDP，招商引资任务逐年递增，下达到各个职能部门甚至实行一票否决考核，导致有些地方不惜代价招商，导致了假项目圈地、国有资产的严重流失；或弄虚作假，项目工程、招商引资任务含有大量水分和泡沫；或者招来的项目和资金并不能发挥最大效益。另一方面单纯为了 GDP 增长，很容易导致高代价的投入。例如资源掠夺性开发、高能耗项目开发、以破坏生态环境为代价的开发、城市建设工程重复进行等等。这种以 GDP 为纲的思想破坏了县域经济社会的和谐和可持续发展，甚至有可能激化社会矛盾。

发展是一个综合的科学体系，经济增长只是发展的一种表现。发展经济学认为："经济增长"是指一个国家或地区的人均收入和产出的增长，而"经济发展"的含义则很广泛，包括经济结构的根本

---

① 闫思虎：《当前县域经济发展认识误区辨析》，《中国学术期刊网络出版总库》2007 年版，第 33—37 页。

变化、教育水平及其培养的英才、基础设施的完善、文化和民族意识的进步、体制和法律环境等。① 而 GDP 仅仅是一个经济学的统计指标，统计的对象类别之间差别巨大，不能简单进行加减比较，并进一步等同于发展指标。没有市场培育和拓展，没有劳动力素质的提高，没有科学的产业发展规划等基本保障，单纯的 GDP 难以衡量区域的持续发展。

以经济建设为中心，指的是以经济发展为动力促进社会和谐进步，而不是以经济增长为核心，更不是就增长论增长。目前，有关机构宣传所谓"县域经济竞争力排名"，内容也多是经济增量指标的累加，而对可持续发展和和谐文明的内容反映不足。② "经济发展不可缺的唯一的先决条件，既非政治也非社会结构，而是一国能否获得现代科学的新发现，以及是否拥有能将这些发现应用于市场的创新者。"不可否认，经济增长是发展的重要内容，但发展的核心是人的素质提升和社会公平环境的营造。1979 年诺贝尔经济学奖获得者西奥多·W. 舒尔茨认为："经济发展主要取决于人的质量，而不是自然资源的丰瘠或资本存量的多寡。"③ 同时，必须强调，社会综合发展是经济增长的基石和保障。和舒尔茨同时获诺贝尔经济学奖的刘易斯在其《经济增长理论》一书中强调："资源是经济增长的条件，但不是决定经济增长的唯一因素，经济增长率是人的经济观念、行为和制度决定的。"④

造成这一问题出现的原因有如下几点：一是目前政府绩效考评机制仍是以经济绩效为主导的，而且，这一标准也是显性的，更具有可测量性，因而就导致了县域政府发展中的唯经济性。县域政治与社会、文化发展明显滞后。二是在目前的理论研究上，对于县域

① 刘君德、舒庆：《中国区域经济的新视角——行政区经济》，《改革与战略》1996 年第 5 期。

② 刘君德：《中国转型期凸现的行政区经济现象分析》，《理论前沿》2004 年第 10 期。

③ 汪宇明：《中国省区经济研究》，华东师范大学出版社 2000 年版，第 280 页。

④ 杨龙：《中国经济政治的空间分布》，《学术界》2003 年第 1 期。

经济发展的研究较为充分，而对于县域政治以及以县域为中心的社会发展问题的研究明显落后于实践的需求，亦即在理论导向上存在偏差。三是目前农村社会农民的生活水平总体还比较低，农民最为关心的也是物质生活问题，而这又与经济发展直接相关，这样就导致了农民对政治参与、文化事业以及公共产品等方面需求意识的不足。

3.3.2 政绩驱动，忽略长远发展

政绩是政府及其行政人员天生的行为动力。由于集权行政体制下行政与政治上的向上的利益依附，"行政官员们已经习惯从政府总目标的高度甚至话语表达方式上来确认自己工作的重要性和显示自己的工作成就，并极力表明他们的工作确实是政府总的行政目标的不可或缺的一部分"[①]。加之传统上，政府政绩评价考核体系对政区发展进行的评价主要是 GDP 增长速度、投资规模、税收状况等，偏重反映经济数量和增长速度的指标，致使县域发展呈现出明显的短期化趋向，往往使得县域在发展中把政策、资金、精力用去打造亮点作秀，搞形象工程、面子工程、专供上级检阅的工程，县域发展实表虚里，短视的政绩心理阻碍了可持续发展的可能性。问题是由多方面的原因造成的，既有认识上的主观原因，也有机制、制度上的客观原因。解决这些问题要有的放矢，要多管齐下，标本兼治，其中最主要的是树立正确的政绩观和科学的发展观。胡锦涛总书记在党的十六届三中全会上强调，"要教育干部树立正确的政绩观，包括正确看待政绩、科学衡量政绩。"还指出，"真正的政绩观应是为官一任、造福一方的实绩，是为党和人民踏实工作的政绩，应经得起群众、实践和历史的检验，而不是做给上级看的，更不能出于自己的私利。追求什么样的政绩，是衡量一名领导干部能否正确对待群众、正确对待组织、正确对待自己的试金石。"这些论述，为领导

---

① 周庆智：《中国县级行政机构及其运行》，贵州人民出版社 2004 年版，第 124 页。

干部树立正确的政绩观指明了方向。当前，随着科学发展观和建设服务型政府改革发展目标的确立，政治环境的变化使得政府政绩的表征多元化，开始由单一的经济指标向政治与社会指标、经济指标并重转变。

3.3.3 城区为中心，忽略统筹发展

县域发展，事实上是县城、乡镇与村三级协调发展的概念。由于受计划经济体制的影响和城市化大趋势的影响，使得一些地方误以为县域发展就是发展县城，而忽略了跨县资源整合及其和城乡之间的协调发展。

当把发展的主导因素确定为县级政府或者县城市区的时候，往往使得县域的发展限定于城区，而没有将发展的内容扩展至乡镇和乡村。以县域政治发展为例，在省直管县的改革中，县级政府所获之发展权，并没有将其延展至乡镇乃至农村自治组织，这样就难以形成纵向的发展合力。从全国县域发展好的地方来看，都是县、乡镇、村三级协调有序发展的结果。

忽略统筹发展表现为：一是习惯于把行政中心和经济中心合二为一，以县域行政区划代替经济区划，制约着县域经济的扩张与发展；二是在发展县域经济的资源配置中，习惯于只在县域这个狭小空间中配置资源，而忽略了资源的综合统筹和市场经济是没有界限的，因而无法做到跳出县域这个范围来发展县域经济；三是一些地方靠建设区域经济中心或区域大都市来推动县域经济的发展，忽略了县域经济是基层单元经济和国民经济的细胞等特点。[①]

3.3.4 盲目跟风，忽略县域特点

在县域发展中，有些地方不因地制宜，不深入对本地的资源、

---

① 　熊必军：《发展县域经济的误区与对策》，《湖南行政学院学报》2005 年第 2 期。

区位、人文、发展态势等进行研究论证，而是盲目借鉴外地发展经验，制定了一些不切合本地现实实情、区位实情，没有充分挖掘本地优势资源的发展政策，造成了持续发展的被动局面。按照科学发展观的要求，各地应在充分调查研究的基础上找准本地的特色定位，因时因地制宜，加大比较优势，实行差别化竞争战略，树立和培育起有别于其他地区、有市场前景和竞争力的特色产业，努力把各种资源的存量优势变成现实的具有竞争力的优势，用好用足各种机遇，走出一条具有时代特色、区域特征、地方特点的发展之路。

重工轻农。目前，很多偏离县域自身的客观基础和优势条件，发展与大中城市相比没有任何资源优势和竞争优势的工业，热衷于"克隆"城市工业。这样，一方面造成农业资源和农村劳动力资源的长期闲置和浪费，使丰富的农业资源、农村劳动力优势得不到发挥；另一方面，导致能给农民带来真正实惠，能充分利用这些资源优势的农业、农副产品加工业、流通业以及服务农业和农民的第三产业，得不到很好的发展。而偏离县域自身优势办出来的这些小工业，由于市场竞争能力比较弱，几年内很可能会出现倒闭的浪潮。①

过度挖掘资源。区域经济发展战略一般是依据比较优势理论，针对本地比较优势即有形资源制定的。可以说，"靠山吃山，靠海吃海"成了区域经济发展普遍适用的基本规律，县域经济发展的思路也就被局限在有形资源的范围内。为此，很多县域过度挖掘现有自然资源谋求发展，却忽视了无形资源的巨大优势和潜力，不能让有形资源和无形资源同步发挥优势，相互促进，结果坐吃资源，在重大发展机遇面前错失良机。

忽视成本招商。近年来，很多县域把吸引外资、招商引资看成是振兴本地经济的重要举措，这本无可厚非，但目前区域之间对外资的争夺已经进入非理性状态，各种优惠政策、投资成本、资源价格的比拼愈演愈烈。有些地方政府认为以开发区为载体是发展县域

---

① 王平：《解读县域经济发展的几个误区》，《唯实》2005年第4期。

经济、推进工业化的捷径，本着"依托城镇建设园区，建好园区扩大城镇"的思路，明确提出"举全县之力兴办工业园区"的概念，把兴办工业园区、开发区作为县域经济总量扩张的有效载体。他们抱着"经营土地、以地生财"的观念，大搞工业园区、开发区建设，实行各项优惠政策，结果出现了很多投机商把土地低价圈了，利税却上不来的现象。

产业盲目集群而不求精。化工产业自行配套的能力较强，企业之间容易通过分工形成合作圈或产业链条，在招商引资中，具有显著的"葡萄串"效应，深受地方政府的欢迎。为此，一些县域为了上项目，无视国家有关规定，引进污染严重的化工项目，甚至对这些污染企业给予严格的保护，严重影响县域经济的可持续发展。有些地方把当地本来运转很好的企业强行搬迁到园区，以为把企业集中在园区里，就是产业集群了。其实，园区化只解决了企业、产业在空间地理位置上的扎堆儿，企业之间的产业关联并没有因此而加强。当然，特定产业的空间集聚是产业集群形成和发展的基础，但并非任何形式的企业集聚都一定能发展成为一个产业集群。园区化的最终目标是实现产业集群化。目前，许多县域大大小小的开发区和外资集聚地，仅仅形成一定规模的企业空间聚集，企业之间的产业和技术关联不强，大多不具备产业集群的特点，集聚效果不明显，工业园区建设离集群化要求还有较大差距。只有企业之间真正形成合作与专业化的分工，企业、政府、研究机构、中介机构在园区内共存形成创新网络，产业集群的效应才能真正释放出来。

3.4 县域发展的趋势

3.4.1 扩权强县，强化县域自主发展能力

所谓"扩权强县"，是指数年前就开始在浙江等地实施的一种政府财政体制改革。这一改革的核心内容就是通过下放、扩大县一级

政府的相关权力，以使县一级政府具有更大的自主权，从而为实现县一级政府的经济发展和社会管理职能奠定基础。①

扩权的实质是扩大服务。作为行政部门，应该转变观念，进一步精简机构，减少行政层级，提高行政效能。具体应从三个方面着手：

把握好市县分治界限。市县分治即城市只管理城市自身一块，县改由省级直接管理。实行市县分治有助于真正改变既有的城市过度汲取农村资源的体制，维护县域利益，也有助于市和县协调发展。实行市县分治后，市和县处于平等地位，二者通过市场力量进行要素的优化组合，才能真正实现城乡协调发展。

进行综合改革，扩大县域经济和社会发展管理权限。部分省会实行扩权强县试点最初主要是从财政体制入手进行的。在扩权强县中，可以考虑一步到位实行综合性改革。强县扩权的核心，并不只是县级拥有更大的经济自主权，而是通过财政体制的"扁平化"，渐进带动行政体制的"扁平化"。②

推进县域综合配套改革。扩权强县政策是县域发展的新机遇，能否抓住这一机遇，也需要县域积极推进改革，实现与扩权强县政策的有效衔接。县市要增强为县域经济发展服务的主动性，科学设定县域发展战略，进一步转变政府职能和经济运行方式，探索出新的经济增长方式和县域发展模式，改变城乡二元结构与社会管理结构，构建精干的行政机构，形成科学决策体制和责任机制，提升管理效能。政府主要扮演经济调控、市场监管、社会管理、公共服务的角色。构建政府与市场、社会各尽所能、各得其所，相互联系、分工协作的良性互动关系，促进县域社会经济全面发展。

"扩权强县"改革具有非凡的体制突破意义。在现行行政层次结构下，权力直接下放到县一级，有助于减少管理层次，降低行政成本，

---

① 刘卫东：《"扩权强县"与地区公共产品供给研究》，《学术交流》2007年第8期。
② 李婧、宋佳泽：《"扩权强县"为县域经济注入新活力》，《理论科学》2008年。

提高管理效率，带动县域经济"驶入高速发展的快车道"。它不仅为全国行政区划改革打下了基础，也为地方政府职能变革探索出了一条新路。中共中央的"十一五"规划建议指出，要"理顺省级以下财政管理体制，有条件的地方可实行省级直接对县的管理体制"。实际上，这是对近些年来一些地方政府探索扩权强县改革的积极回应，也预示着我国地方行政管理体制改革已经迈入了一个新的阶段。

3.4.2 统筹城乡，构建经济一体化

目前有调查称，我国城市化以年增长 1 个百分点的速度在加速增长膨胀，到 2020 年，城市化水平要达到 50% 左右，意味着将有大量的农村人口进入城市。在工业化城市化加速发展的同时，协调城乡经济发展刻不容缓。① 如何看待县域经济被边缘化问题，在城市化的同时使县域经济也得到较高速度的发展的确十分重要。

首先，中心城市和县域经济是相互联系、相互依存的矛盾统一体。如果采取不顾县域经济发展的城市化发展战略，必然导致县域经济的停滞，三农问题的激化，市场需求进一步趋冷。

其次，从区域上讲，要分类发展；从产业上讲，要有所为，有所不为。要重点发展一些优势行业，大胆放弃一些不具备发展优势的行业，容忍部分行业被淘汰，容忍部分县（市）不以工业化为经济发展主导战略；要因地制宜，不要面面俱到；要大胆放弃对一些边缘化了的、发展条件较差的区域经济增长要求，实施人口迁移战略，减少人口压力，缓解人地关系，以求得新的发展空间。

2008 年湖南宁乡提出"抢播先导区，决胜大河西，崛起中西部，挺进五十强"的发展战略，这就意味着宁乡要发展就必然要向城市发展靠拢。以宁乡经开区和金洲新区为龙头的工业发展平台快速壮大，融城效应彰显了宁乡价值；"金玉组团"纳入长沙大河西先导区，区域魅力大步提升，一批实力雄厚、技术先进的龙头企业竞相

---

① 　冯德显：《县域经济协调发展战略研究》，《地域研究与开发》2004 年第 8 期。

落子布局。县经开区从创业成长期进入快速发展期，入园企业达 132 家，建成区面积达 11 平方公里；金洲新区从一片荒芜之地强势崛起，三年引进工业项目 63 个，其中亿元以上项目 28 个，成为新型工业的优质平台和融城对接的前沿阵地。[①] 宁乡开始深度融入长沙，全面参与长沙产业分工；同时，来自全国各地的人流、物流和资金流大量聚集。

如何统筹城乡，构建经济一体化格局，应注意四个方面：

树立科学的发展观。在宏观区域政策上，以整体经济生活指标取得发展为前提，因势利导，让部分县（市）大胆地放弃一些不具优势的产业，大力发展那些适生产业。上级部门也不能单纯的以 GDP 等指标的量的大小为唯一政绩衡量指标，应重视增长的质的指标，重视绿色 GDP 核算体系的作用，重视此过程中居民生活质量的绝对提高等。

树立城乡协调发展互动观念。尤其在产业发展上，县域经济要善于和城市形成功能互补共同发展的局面；在专业分工上、技术水平上、生产联系上与中心城市建立紧密的共同体。

加速县域城镇化进程，形成城市化和工业化相互促进的局面。专家指出县域城镇化道路有两种：一种是人口转移型的城市化，强调的是农村人口向城市的空间转移，这是传统的城市化道路；另一种是结构转换型的城市化，强调的是社会经济结构由传统社会向现代社会转变的过程，这是新型城市化的道路。

树立科学的政绩观，科学看待可能出现的部分县乡人口或经济指标上的负增长。要及时研究因部分地区人口向中心城市转移，农村可能出现的生产要素如土地房产闲置、人地环境宽松等情况，调整现行的社会经济组织结构和资源与生产要素配置模式，建立一种新型的县域社会经济发展模式。

---

① 《坚定战略不动摇　强力攻坚求突破　为县域经济新一轮又好又快发展提供强劲动力》，宁乡人民政府公众信息网。

3.4.3 以人为本，完善社会保障体系

党的十五大明确提出，建立社会保障体系，实行社会统筹和个人账户相结合的养老、医疗保险制度，完善失业保障和社会救济制度，提供最基本的社会保障。社会保障的主要作用，是帮助人们降低生活和工作中可能遇到的风险，保障社会成员的基本生活，增强他们的生活安全感。

完善社会保障体系，需从三个方面进行：

推进社会保障制度建设。一是完善基本养老保险制度。主要包括：总结做实养老保险个人账户试点经验，继续扩大试点范围；适应农民工就业和收入特点，制定实施农民工养老保险办法；继续开展新型农村社会养老保险试点；配合事业单位分类改革试点工作，在部分省市开展事业单位养老保险制度改革试点。二是完善基本医疗保险制度。要将扩大城镇居民基本医疗保险和新型农村合作医疗制度覆盖范围作为长期工作。三是完善失业保险、工伤保险、生育保险制度，提高统筹层次。四是完善城乡社会救助制度。探索完善针对低收入群体的专项救助制度和临时救助制度，加大城乡居民医疗救助力度。

进一步扩大社会保障覆盖范围。要加大工作力度，积极改善管理和服务，重点扩大农民工、非公有制经济就业人员、城镇灵活就业人员和自由职业者参加社会保险；努力解决未参保困难集体企业退休人员的养老保障问题和困难国有企业"老工伤"问题，研究制定城市无工作老年居民养老保障办法；适度扩大社会救助范围。

不断提高社会保障待遇。继续调整失业保险金标准和工伤保险待遇，提高优抚对象的抚恤和生活补助标准。还要加大社会救助资金投入，提高农村五保、医疗救助等保障水平。

3.4.4 人才兴县，持续提升县域竞争力

科学技术是第一生产力。科技进步是经济大战的决定性因素。

要使县域经济上规模、上档次，必须加速科技进步和人才培养。不断提高产品的科技含量，作为加快县域经济大战的关键环节来抓。

坚持科技创新，实现县域产业结构升级。县域经济竞争力来自于县域产业的竞争力，县域经济发展的历程就是县域产业结构转换升级的过程，而科技创新正是实现县域产业结构升级的内在动力。① 科技创新使一些新的产业得以形成和发展，同时又加速了一些老产业的衰退。新老产业的交替，导致县域产业结构的变化。

科技创新使劳动生产率得到了提高，而各产业的劳动生产率提高的速度不同，又导致了各产业发展的速度不同，最终引起县域产业结构的变化。科技创新促使生产结构的变化，主要是通过技术进步速度不均等来实现的。由于各产业技术进步的速度不同，造成了各产业发展速度的不同，技术进步速度快的产业，由于成本下降、利润增加、资金涌入，发展速度也较快；反之，则成本上升、收益减少、资金流出，从而产业的发展速度也较慢。

科技创新改变贸易的结构，从而促进县域产业结构的变化。在技术不甚发达的时代，县域的市场竞争能力主要取决于该县市的资源状况，而在技术发达的时代，资源在竞争中的优势逐步减弱，技术则越来越显示出在竞争中的重要地位。技术进步可以改变一个地区在市场上的竞争能力，使贸易的结构发生变化，最终改变县域的产业结构。

要加大科技兴县的力度，实施科技兴农战略。高等院校和科研院所要面向农村，面向乡镇企业，面向县城经济，面向贫困县组织科技扶贫，推广先进科学技术。同时培养 21 世纪现代农业劳动者，加大农业人力资本投资。加大政府对农业科研、教育、科技推广、培训农民、信息服务的投入。培养农业科研和农业技术推广队伍，培养科技人才。

（执笔：鲁劲松　张毅　易勇）

---

① 朱志坚：《县域经济发展模式及趋势探析》，《市场周刊·研究版》2005 年第 32 期。

第四章　县域科学发展

　　科学发展观继承和发展了马克思列宁主义、毛泽东思想、邓小平理论和"三个代表"重要思想，是马克思主义中国化的最新成果，是全面实现小康社会宏伟目标的行动指南，反映了我国经济社会实现又好又快发展的现实要求。科学发展观的第一要义是发展，必须坚持抓好发展这个党执政兴国的第一要义，把发展作为解决中国一切问题的关键。科学发展观的核心是以人为本，实现人的全面发展。科学发展观的基本要求是全面协调可持续发展，全面推进经济、政治、文化、社会和生态建设，促进现代化建设各个环节、各个方面协调可持续发展。科学发展观的根本方法是统筹兼顾，总揽全局，科学筹划，协调发展，兼顾各方。

　　县域是城市与农村的结合部，理论与实践的转换点，落实科学发展观的前沿阵地，只有县域经济社会充分发展、充满活力，才能真正让人民群众安居乐业，才能从根本上提高综合国力，才能加快推动现代化建设进程和全面建设小康社会的步伐。中央提出的科学发展观能否转化为指导中国特色社会主义事业前进的强大思想武器，关键是县级政权对于科学发展观的落实程度。县域贯彻落实科学发展观，需要把科学发展观的基本原理与县域实情紧密结合起来，这要求我们着眼于解决问题，大胆地实践，大胆地创造。

4.1 坚持发展第一要义

科学发展观的第一要义是发展，就是要求我们牢牢扭住经济建设这个中心，科学发展，又好又快地发展。坚持以经济建设为中心，不仅坚持了马克思主义基本原理，而且抓住了我国现阶段社会的主要矛盾，符合历史进步和我国经济社会发展的客观要求，符合人民群众的新期待，对于全面建设小康社会、加快推进社会主义现代化建设具有重大战略意义。县域深入贯彻落实科学发展观，关键是要紧紧抓住发展这个第一要义，凡事都要着眼于发展、关注于发展，深刻认识到发展是解决我国当前县域发展问题的基础和关键，是加快推进我国社会主义现代化和新农村建设的保证。

4.1.1 发展第一要义的涵义

"第一要义是发展"，旗帜鲜明地指出了我们党在新时期的执政理念，是科学发展观理论内涵的逻辑起点，表明了与马克思主义理论及党的三代领导集体关于发展思想在概念上的延伸和逻辑上的递进关系，从而成为科学发展观理论体系的统领和基础。科学发展观把发展作为第一要义，"是基于我国社会主义初级阶段基本国情，基于人民过上美好生活的深切愿望，基于巩固和发展社会主义制度，基于巩固党的执政基础、履行党的执政使命作出的重要结论"。它继承和发展了党的三代领导集体关于发展的重要思想，进一步丰富了马克思主义的发展观。而"以人为本"、"全面协调可持续"和"统筹兼顾"等内容则分别是对发展的本质、要求和方法的具体阐述。以上几个部分内容相辅相成，构成了科学发展观严密而完整的逻辑体系。

科学发展观所讲的发展不是单一目标的发展，而是经济发展、政治发展、文化发展、社会发展乃至环境发展的综合与统一，它们之间既相辅相成又良性互动。"发展应该是又好又快的发展，要努力实现以人为本、全面协调可持续的科学发展，实现各方面事业有机统一、社会成员团结和睦的和谐发展，实现既通过维护世界和平发展自己、又通过自身发展维护世界和平发展。"有什么样的发展观，就有什么样的发展道路、发展模式和发展战略，就会对发展的实践产生根本性、全局性的重大影响。发展是以人为本的发展，是全面、协调、可持续的发展，是统筹兼顾的发展。[①]

　　发展是马克思主义最基本的范畴之一。邓小平指出："中国解决所有问题的关键是要靠自己的发展，发展才是硬道理。"党的第三代领导核心在改革开放的实践中认识到："党要承担起推动中国社会进步的历史责任，必须始终紧紧抓住发展这个执政兴国的第一要务，把坚持党的先进性和发挥社会主义制度的优越性落实到发展先进生产力、发展先进文化、实现最广大人民的根本利益上来，推动社会全面进步，促进人的全面发展。"应当看到，增强综合国力，要靠发展；增强国防实力，维护国家安全，履行维护世界和平与促进共同发展的责任，要靠发展；实现全面建设小康社会的奋斗目标，进一步提高人民物质文化生活水平，解决经济和社会生活中的各种矛盾，应对各种风险，维护社会稳定，要靠发展；解决人们的思想认识问题，坚定对中国特色社会主义的信念和国家前途的信心，也要靠发展。

4.1.2 发展要以县域经济建设为中心

　　县域经济是一个相对独立的基本的社会和经济单元，它的发展进程，其实就是工业化、城乡化、农业现代化"三化"联动的进程，是城乡一体化、经济社会统筹发展的进程。县域的发展需要保持适度较快的经济增长速度，增强财政收入、改善人民生活，为发挥其他各方面的积极性奠定基础。发展县域经济需要我们牢牢扭住经济

---

① 周延胜：《准确理解"第一要义是发展"的科学内涵》，《科学社会主义》（双月刊）2009 年第 3 期。

建设这个中心，坚持聚精会神搞建设、一心一意谋发展，摸清县域经济发展的特性，不断解放和发展社会生产力。

在县域经济发展的实践中，要把握其一般性规律和特殊性规律，依据和遵循县域经济发展的一些基本原则。从其发展的一般性考虑，应把握协调性原则、持续性原则和人本性原则。从其发展的特殊性考虑，县域经济发展应把握实事求是的原则和差异性原则。县作为特殊的领域，有其自身发展的规律，我们只有在认识了县域经济发展规律的基础上，遵循规律，按规律办事，才能使县域经济走上健康的发展道路。

4.1.3 发展是整个县域的科学发展

县域科学发展，一要统筹县域经济各领域的发展，做好农业现代化、新型工业化、城乡化和现代服务业等第三产业的协调发展工作；二要做好兴工促农，以城带乡等工作；三要突破县域经济概念，打破一般"县域经济＝县域"的工作思维，统筹县域经济、社会、文化、政治、生态等的发展；四要将科学发展基本理论与县情相结合，进行实践创新，走切合实际的发展道路。实现县域科学发展，广大县域工作者要在中国特色社会主义理论体系的指导下，积极探寻县域科学发展的新路径、新举措，将科学发展观的根本方法、宏观方法、主导方法加以精细化、具体化、层面化，使其更具针对性、灵活性、操作性，从而构建县域科学发展方法体系。[①]

县域的科学发展，必须坚持从实际出发，正视现实，审时度势，解放思想，更新发展理念，把握发展机遇，按照"优化工业发展环境，增强产业壮大富民"的科学思路，推动经济社会又好又快发展。一要紧扣"两型社会"主题，着力推进新型工业化。突出园区建设，壮大经济增长极；突出"龙头"带动，培育产业支撑点；突出自主创新，提升产品竞争力。二要紧扣"提质融城"主题，着力推进城

---

① 阎刚平：《县域科学发展方法论》，中央党校出版社 2008 年版，第 20—30 页。

市精品化。要优化空间布局，实现城市与自然的融合共存；要打造精品工程，实现外延与内涵的兼容并蓄；要实施精细管理，实现建设与管理的和谐互动。三要紧扣"现代农业"主题，着力推进农业规模化。加快现代农业建设，在规模效益上求突破；加快改善基础设施，在提高生产能力上求突破；加快示范点建设，在推进新农村建设上求突破。四要紧扣"消费升级"主题，推进产业特色化。着力促进旅游产业，打造独特景点；着眼于做活商贸流通业，催生专业市场；着力稳定房地产业，开发优质楼盘。五要紧扣"投入提效"主题，着力推进投入多元化。推动招商大提质，加快经济发展速度；推动项目大提效，项目建设是经济快速发展的主要载体和"助推剂"；推动信贷大投放，信贷投放是经济快速发展的主要途径和"催化剂"。六要紧扣"和谐惠民"主题，着力推进和谐社会建设。准确协调各方利益，大力改善民生；快速发展社会事业，全力促进民和；深入推进平安创建，强力保证民安。

4.1.4 发展是又好又快的发展

科学发展观强调第一要义是发展，是又好又快的发展。又好又快发展是有机统一的整体，"好"与"快"互为条件，既相互促进又相互制约。又好又快要求快以好为前提，才能实现长期持续地快速增长。县域发展要正确理解和把握好与快的辩证关系，要着眼于抓紧解决县域发展面临的突出矛盾和问题，要着力把握发展规律，创新发展理念，转变发展方式，破解发展难题，提高发展质量和效益，从而实现县域科学发展、又好又快发展。

必须加快转变经济发展方式。加快转变县域经济发展方式是关系国民经济全局紧迫而重大的战略任务，是提高我国经济国际竞争力和抗风险能力的根本举措，是实现全面建设小康社会奋斗目标的重要保证。加快转变县域经济发展方式，就必须坚持走中国特色新型工业化道路，促进经济增长由主要依靠投资、出口拉动向依靠消费、投资、出口协调拉动转变，由主要依靠第二产业带动向依靠第

一、第二、第三产业协同带动转变，由主要依靠增加物质资源消耗向主要依靠科技进步、劳动者素质提高、管理创新转变，推动产业结构优化升级，增强发展的协调性和可持续性。

必须坚持走中国特色自主创新道路。走中国特色自主创新道路，核心就是要坚持自主创新、重点跨越、支撑发展、引领未来的指导方针，走县域创新发展道路。自主创新，就是从增强国家创新能力出发，坚持把增强自主创新能力作为调整产业结构和转变发展方式的中心环节，大力推进原始创新、集成创新和引进消化吸收再创新，着力突破制约经济社会发展的关键技术。重点跨越，就是坚持有所为有所不为，选择具有一定基础和优势、关系国计民生和国家安全的关键领域，集中力量、重点突破，实现跨越式发展。支撑发展，就是从现实的紧迫需求出发，着力突破重大关键技术和共性技术，支撑经济社会持续协调发展。引领未来，就是着眼长远，超前部署前沿技术和基础研究，创造新的市场需求，培育新兴产业，引领未来经济社会发展。

必须坚持走中国特色农业现代化道路。促进农业农村经济又好又快发展，最重要的是要坚持走中国特色农业现代化道路，建立以工促农、以城带乡长效机制。走中国特色农业现代化道路，应科学把握我国农业现代化道路的基本特征和总体要求，认真研究解决事关加强农业基础全局的突出问题，加强农业基础地位，推进现代农业建设。一要全面加强农村生产力建设，加强粮食综合生产能力建设，加快农业科技进步，加快转变农业增长方式，加强农村基础设施建设，促进农产品有效供给和农民持续增收。二要挖掘农业内部增收潜力，广辟农村富余劳动力转移就业的途径，形成农民增收的长效机制。三要扩大农村基层民主，搞好村民自治。四要加快发展农村教育文化事业，倡导健康文明的新风尚。五要坚持以解决好农民群众最关心、最直接、最现实的利益问题为着力点，促进农村和谐社会建设。六要从破解城乡二元体制任务艰巨的实际出发，统筹城乡经济社会发展，形成城乡发展一体化新格局，统筹推进农村各项改革，充分尊重广大农民群众的首创精神，增强农业和农村发展的活力。七要完善强化惠农政策，着力构建农业支持保护体系。八要因地制宜、循序渐进，积极探索建设现代农业的多元模式，推动农业经营方式创新。

必须坚持走中国特色城乡化道路。城乡化是经济社会发展的必然趋势，也是工业化、现代化的重要标志。我国正处在城乡化发展的关键时期，坚持统筹城乡发展，在经济社会发展的基础上不断推进城乡化，可以加强城乡联系，在更大范围内实现土地、劳动力、资金等生产要素的优化配置，有序转移农村富余劳动力，实现以工促农、以城带乡，最终达到城乡共同发展繁荣。坚持走中国特色的城乡化道路，要按照循序渐进、节约土地、集约发展、合理布局的原则，努力形成资源节约、环境友好、经济高效、社会和谐的城乡发展新格局。要按照统筹城乡、布局合理、节约土地、功能完善、以大带小的原则，积极稳妥地推进城乡化。

必须坚持进一步完善社会主义市场经济体制。改革开放以来，我国已经初步建立社会主义市场经济体制，但经济体制改革的任务依然繁重，实现科学发展仍面临诸多体制障碍，尤其是县域市场经济体制的完善和发展。县域要深化对社会主义市场经济规律的认识，从制度上更好发挥市场在资源配置中的基础性作用，使社会主义市场经济焕发出更加蓬勃的生机活力。坚持和完善公有制为主体、多种所有制经济共同发展的基本经济制度，毫不动摇地巩固和发展公有制经济，毫不动摇地鼓励、支持、引导非公有制经济发展，坚持平等保护物权，形成各种所有制经济平等竞争、相互促进新格局。切实加强和改善宏观调控，综合运用财政、货币政策，发挥国家发展规划、计划、产业政策在宏观调控中的导向作用，提高宏观调控的科学性、预见性、有效性，形成有利于科学发展的宏观调控体系，充分发挥县域市场经济的灵活性。

4.2 坚持以人为本

科学发展观的核心是以人为本，体现了马克思主义历史唯物论的基本原理，体现了我们党全心全意为人民服务的根本宗旨和推动经济社会发展的根本目的。要始终把实现好、维护好、发展好最广大人民的根本利益作为党和国家一切工作的出发点和落脚点。

4.2.1 以人为本的涵义

坚持以人为本，既有着中华文明的深厚根基，又体现了时代发展的进步精神。以人为本，坚持了历史唯物主义的基本立场和基本观点，体现了我们党立党为公、执政为民的本质要求。以人为本的"人"是指人民群众，在当代中国，就是以工人、农民、知识分子等劳动者为主体，包括社会各阶层人民在内的中国最广大人民。以人为本的"本"，就是本源，就是根本，就是出发点、落脚点，就是最广大人民的根本利益。

以人为本就是以实现人的全面发展为目标，把人民群众作为经济社会发展的价值主体、利益主体和动力主体，从人民群众的根本利益出发谋发展、促发展，不断满足人民群众日益增长的物质文化需要，切实保障人民群众的经济、政治和文化权益，让发展的成果惠及全体人民，充分调动和发挥人民群众的积极性、主动性、创造性。坚持在全体人民根本利益一致的基础上，正确反映和兼顾不同地区、不同部门、不同方面群众的利益，妥善协调各方面的利益关系，走共同富裕道路。切实保障人民依法享有各项权益，维护社会公平正义，满足人们的发展愿望和多样性需求，关心人的价值、权益和自由，关注人们的生活质量、发展潜能和幸福指数，体现社会主义的人道主义和人文关怀，促进人的全面发展。[①]

---

① 《科学发展观学习读本》，人民网，2006 年 7 月。

4.2.2 建立县域科学发展评价体系

实现县域科学发展，最主要、最根本的是要全面理解和正确坚持以人为本这个核心。建立县域科学发展的评价体系，要充分反映科学发展的价值，满足人民的生存需求，实现好、发展好、维护好最广大人民群众的根本利益，真正让广大人民群众成为县域经济社会发展和各项工作的评价主体。

县域科学发展的评价体系的建立，要注意以下几点：一要看是否正视了人的地位。要把人民群众的意愿作为各级领导执政最重要的依据，把人民群众的要求作为县域科学发展最重要的标准，把人民群众的福祉作为县域科学发展最重要的归宿，把人民群众的评价作为县域科学发展最重要的动力。二要看是否发挥了人的作用，是否在保证充分就业的前提下，建立了良好的创业机制，营造鼓励人们干事创业、支持人们干成事业的社会氛围。三要看是否满足了人的利益，是否协调和处理好了区域之间、城乡之间，社会各阶层、各领域、各方面之间的利益关系，最大限度地实现和满足人们日益增长的经济、政治、文化利益。四要看是否体现了人的权利。县域科学发展中既要深化经济、社会体制改革，确保人民的基本权益；又要深化政治体制改革，为公民广泛参与县域社会事务的管理、监督创造必要的制度和体制保障，促进县域政治文明。五要看是否珍惜了人的生命，是否自觉把人民群众的生命和健康放在至高无上的地位，强化安全生产意识和生产管理，高度重视人的医疗卫生和生存环境，高度重视生态建设，提高人们的生活质量和幸福指数。六要看是否促进了人的发展，是否不断提高了人的文化素质、技术技能、创造才能、道德水平和文明程度，不断提升了社会道德风尚、优化社会文明风气，推动整个社会不断走向文明进步。七要看是否在发展中正确处理了公平与效率的关系，是否在生产和分配过程中贯穿了公平原则的社会公平保障体系，是否有维护权利公平的制度保障，是否高度重视解决收入分配差距过大的问题，是否建立了正确处理各种利益关系的利益协调机制。

4.2.3 坚持发展为了人民、发展依靠人民、发展成果由人民共享

在县域科学发展过程中，要充分调动和发挥最广大人民群众的积极性、主动性和创造性，坚持以人为本，充分体现和代表人民的利益，坚持发展为了人民、发展依靠人民、发展成果由人民共享，不断使人民群众得到更多的实惠，使全体人民朝着共同富裕的方向稳步前进。

坚持发展为了人民，就是要着力解决人民群众最关心、最直接、最现实的衣食住行、医疗卫生、教育、就业和保险等利益问题，把发展的目的真正落实到满足人民需要、提高人民生活水平上。在经济建设上，要着眼于创造更丰富的社会物质财富，全面改善人民生活，不断提高人民生活水平。在政治建设上，要着眼于保障人民当家作主的权利和合法权益，不断发展社会主义基层民主、健全社会主义法制。在文化建设上，要着眼于满足人民群众精神文化需求，提高人民群众精神生活质量，不断丰富人们的精神世界，增强人们的精神力量。在社会建设上，要着眼于协调好各方面的利益关系，不断建设全体人民各尽其能、各得其所而又和谐相处和安定团结的社会局面。

坚持发展依靠人民，就是要尊重人民的主体地位，发挥人民的主体作用，密切联系群众，始终相信群众，紧紧依靠群众，落实发展任务靠人民群众，衡量发展成效由人民群众评判，最大限度地集中全社会的智慧和力量，使我们的事业获得最广泛最可靠的群众基础和最深厚的力量源泉。要全面贯彻尊重劳动、尊重知识、尊重人才、尊重创造的方针，鼓励创业，保护合法权益，激发和调动各方面的积极性。要切实转变思想作风和工作作风，改进领导方式和工作方法，深入了解民情、充分反映民意、广泛集中民智，始终坚持党的群众路线，使我们的各项决策和全部工作更好地体现人民群众的利益。

坚持发展成果由人民共享，是坚持发展为了人民、发展依靠人民的具体体现和最终目的。要把改革发展取得的各方面成果，体现在不断提高人民的生活质量和健康水平上，体现在不断提高人民的思想道德素质和科学文化素质上，体现在充分保障人民享有的经济、政治、文化、社会权益上。要不断提高人民物质文化生活水平，切实保障人民各项权益。要更加注重发展成果的普惠性，正确处理效率与公平的关系，统筹兼顾全体社会成员的利益，促进创造财富和公平分配的协调。要把保障和改善民生放在更加重要的位置，下大气力解决好群众反映强烈的突出问题，努力使全体人民共享经济社会发展的成果。

4.2.4 把县域经济社会发展与人民群众全面发展统一起来

以人为本坚持了马克思主义的社会理想，同时又为实现远大理想和最终目标指明了现实途径。坚持以人为本，就要把促进人的全面发展作为经济社会发展的最终目的，既着眼于人民现实的物质文化生活需要，又着眼于促进人民素质的提高，要在经济社会不断发展的基础上，不断提高人的素质和能力，不断推进经济社会的发展。

要把县域经济社会发展与人民群众全面发展有机统一起来。经济社会发展是人民群众全面发展的前提和条件，没有经济社会的发展，人民群众的全面发展就失去了基础和保障。人民群众的全面发展是经济社会发展的根本目的，又是推动经济社会发展的最重要的力量，离开了人民群众的全面发展，经济社会发展就失去了目标和动力。经济社会发展和人民群众的全面发展相互联系、相互促进，人民群众发展越全面，社会的物质文化财富就会创造得越多，人民的生活就越能得到改善；物质文化条件越充分，就越能促进人民群众的全面发展。因此，县域经济社会发展必须要与人民群众全面发展统一起来，要把促进人民群众的全面发展作为不懈的追求，不断增强工作的紧迫感，加快各项事业的建设，不断满足人们的多方面需要，同时又要考虑现阶段的实际情况，不能提出超出现实可能的要求。坚持从具体事情做起，把以人为本贯穿到经济社会发展的各个方面，促进社会全面进步和人民群众的全面发展，缩小城乡居民的差距，尊重他们的权益和地位，以加快全面建设小康社会的步伐。

4.3 坚持全面、协调、可持续发展

科学发展观的基本要求是全面协调可持续，这是从全局高度把握中国特色社会主义事业的重要体现，反映了我们党对社会主义现代化建设规律的深刻认识，揭示了把科学发展观贯彻到各个方面的切入点。

4.3.1 全面、协调、可持续发展的涵义

坚持全面、协调、可持续发展，这既是马克思主义发展观的重要体现，又是人类文明进步的重要体现，更是实现全面建设小康社会和现代化目标的必然要求。因此，全面、协调、可持续发展的提出，拓展了发展的内涵，确立了发展的基本原则，构成了科学发展观的基本内容。

科学发展观所倡导的发展，之所以是科学的，就在于它是全面协调可持续的发展，即又好又快的发展。"全面"是科学发展观关于发展范畴的认识，是指经济、政治、文化、社会、环境等各个方面的发展，既要坚持以经济建设为中心不动摇，又要推动社会全面进步，使物质文明、政治文明、精神文明、社会文明和生态文明全面发展。"协调"是科学发展观关于发展形态的认识，是指社会系统内部各个子系统之间以及社会系统与自然、人等其他系统之间在发展的速度、比例、顺序等方面的合理安排，既有侧重，又兼顾各方。"可持续"是科学发展观关于发展时效的认识，是指发展进程要具备持久性、连续性，不仅当代人要实现发展，而且要尊重后代人的发展权利，给子孙后代留下充分的发展条件和发展空间。全面协调可持续作为一个互相联系、互相制约、互相促进的有机整体，抓住了

发展的内在规律，是科学发展观的基本要求。只有实现全面协调可持续发展，才能保证经济社会又好又快发展，从而实现好、维护好、发展好最广大人民的根本利益。

4.3.2 要促进县域各个方面、各个环节协调发展

社会进步是通过协调发展来实现的，是城乡、区域、经济社会、人与自然各个方面和环节协调发展的结果，是经济、政治、文化、社会协调发展的结果。实现县域协调发展，涉及经济社会发展的各个领域、各个方面、各个环节，必须从构建和谐县域出发，准确认识经济社会发展中出现的新矛盾和新问题，正确把握和处理好各种关系。县域协调发展主要应协调好以下几个方面：

工业和农业协调。一是加快发展工业，大力整合区域资源，用新技术改造传统技术，利用优势资源引进新型工业，延长产业链条，充分发挥比较优势，引进大项目，发展大产业，培育特色产业。二是加快农业现代化，通过优化农业结构促进农业增长方式转变，加强传统农业向现代农业跨越。

城镇和乡村协调。城镇协调发展，就是要实现以城带乡，以工促农，城乡互动，逐步缩小城乡差别，共同繁荣，找准城乡协调发展的着力点。要优化城乡建设政策，包括土地政策，建设工程管理政策，教育、卫生、道路等公共基础设施建设投入政策等；要加强农村社会保障制度建设，建立农村医疗保险制度和最低生活保障、贫困救助、灾害救助等社会保障制度，完善农村社会保障体系；要统筹城乡教育和就业，实行城乡居民教育和就业平等。

人与自然协调。要保持县域协调发展，必须处理好经济发展和自然资源的关系，实现人与自然的和谐发展。在实际工作中，要按照"加快经济发展，合理利用资源，有效保护环境，严格控制人口"的工作方针，做到科学规划、严格管理、正确引导、加强治理。要把保护环境贯穿于开发、建设的始终，树立"保护环境也是发展，发展是为了更好地保护环境"的理念，努力使经济发展各个环节的

生态实现良性循环，构建具有地方特色的、可持续发展能力强的经济发展格局。①

经济与社会协调。当前，人民群众对精神文化、健康安全等方面的需求日益增长，这就要求我们在注重发展经济的同时，要注意其与社会的共同发展。从全面建设小康社会的要求来看，县域经济和社会的发展速度和水平，都还不能满足形势发展的需要。因此，要坚持经济与社会协调发展的思想，在积极推进经济发展的同时，要大力发展教育、科技、文化、广播电视、卫生体育等社会事业，特别要大力发展农村社会事业，保障人民群众安居乐业。

4.3.3 建设资源节约、环境友好型社会，实现县域可持续发展

2005 年 10 月，党的十六届五中全会明确提出了"建设资源节约型、环境友好型社会"，并首次把建设资源节约型和环境友好型社会确定为国民经济与社会发展中长期规划的一项战略任务。建设资源节约型社会和环境友好型社会是我国实现可持续发展的必由之路，是构建社会主义和谐社会的内在要求。如果人类在社会经济活动中过度使用资源和排放污染，就会违背自然生态系统中物质循环、能量流动和信息传递规律，导致生态系统结构破坏和功能下降，从而削弱和破坏经济社会发展的基础，人与人的和谐、人与社会的和谐就不可能在人与自然的协调、和谐中得到实现。② 因此，建设环境友好型、资源节约型社会，走可持续发展之路更是构建和谐中国的必然选择。

县域走可持续发展之路，必须加强能源资源节约、生态环境保护，建设资源节约型、环境友好型社会。一要大力推进节能降耗，建立较完善的节能降耗法规标准体系、政策支撑体系、监督管理体

---

① 吴开锋：《保持县域经济协调发展应坚持的几个原则》，《领导科学》2006 年第 10 期。

② 宋岭：《循环经济、可持续发展与和谐社会的构建》，《北京师范大学学报》（社会科学版）2008 年第 3 期。

系、技术服务体系和节能型产业体系，全面推进节能、节水、节材、节地和资源综合利用。二要强化环境准入和环境管理，淘汰落后的生产工艺和设备，依法关闭污染严重的企业，严格控制发生新的污染和生态破坏，逐步实现污染防治由末端治理向全过程控制转变。三要大力推进循环经济发展，加快推广各种循环经济模式，从一次性和单一性利用资源转向循环利用和综合利用资源，努力以最小的资源消耗和环境代价实现最大的发展效益。

4.4 坚持统筹兼顾

科学发展观的根本方法是统筹兼顾，这深刻体现了唯物辩证法在发展问题上的科学运用，深刻揭示了实现科学发展、促进社会和谐的基本途径，深刻反映了坚持全面协调可持续发展的必然要求。深入贯彻落实科学发展观，必须坚持运用统筹兼顾的根本方法，善于把握经济社会发展全局，处理好各方面的重大关系。

4.4.1 统筹兼顾的涵义

统筹兼顾，就是要求我们在工作中要做到总揽全局、协调各方、统筹谋划、兼顾全面，充分调动一切积极因素，妥善处理各种利益关系，着力加强经济社会发展的薄弱环节。从现代化建设的全局出发，统筹兼顾就是要统筹城乡发展、区域发展、经济社会发展、人与自然和谐发展、国内发展和对外开放，统筹中央和地方关系，统筹个人利益和集体利益、局部利益和整体利益、当前利益和长远利益，统筹国内国际两个大局，其实质就是总揽全局、科学筹划、协调发展、兼顾各方，要抓住牵动全局的主要工作、事关群众利益的突出问题，着力推进、重点突破，以解决好改革发展所面临的深层次矛盾。

把握统筹兼顾是我们党领导社会主义建设的一条重要经验。党的十六大以来，党中央围绕解决经济社会发展面临的突出矛盾和问题，提出"五个统筹"的要求，使统筹兼顾成为推动协调发展的基本方针。十七大把统筹兼顾作为科学发展观的根本方法，提出"八个统筹"的要求，赋予这一重要方针和原则更为重要的战略意义，是对我们党关于统筹兼顾思想的继承和发展，是对社会主义建设经验尤其是改革开放新经验的科学总结，标志着我们党对社会主义现代化建设规律的认识更加深刻。统筹兼顾是正确处理经济社会发展中重大关系的方针原则，是全面建设小康社会、加快推进社会主义现代化必须坚持的根本方法，是实现科学发展、促进社会和谐的基本途径。

4.4.2 县域统筹兼顾的重点

县域统筹兼顾就是要立足县域，正确认识县域经济社会发展中的重大关系，从县域全局出发，兼顾各方，把县域建设各领域各环节统筹好、协调好，把社会各阶层各群体的利益关系统筹好、协调好。目前，城乡统筹发展的理念在国家发展中被提到前所未有的高度，以县城为中心，以集镇为纽带，联结广大乡村，城乡协同发展的新经济、社会网络正在加速形成。

统筹土地利用和城乡建设规划。这是实现资源合理配置、促进县域经济社会发展一体化的重要前提。过去，长期受城乡二元结构的制约，重城市发展规划、轻乡村发展规划，而且城乡发展规划相互脱节，导致农村发展滞后、城乡差距拉大，而且也使得城乡建设不合理扩展，降低了土地资源配置效率。因此，必须切实改变城乡分割的行政管理体制，理顺规划体系，通盘考虑和安排县域内城乡发展，统一制定土地利用总体规划和城乡建设规划。在制定统一的城乡发展规划中，按照自然规律、经济规律和社会发展规律，明确分区功能定位，合理安排县域范围内城乡建设、农田保护、产业聚集、村落分布、生态涵养等空间布局。

统筹产业发展。这是促进县域经济社会发展全面协调的重要环节。要统筹规划和整体推进县域产业发展，引导资金、技术、人才、管理等生产要素向农村合理流动。要按照第一、二、三产业互动、城乡经济相融的原则，促进各产业有机联系、协调发展。要以现代工业物质技术装备改造传统农业，以现代农业的发展促进第二、第三产业升级，以现代服务业的发展推动产业融合，促进三产业在城乡科学布局、合理分工、优势互补、联动发展。要积极推进农业专业化生产、集约化经营和区域化布局，引导农村工业向城乡集聚，鼓励乡镇企业转型升级，加快农村服务业发展，引导劳动密集型产业从城市向农村转移和扩散，着力形成城乡分工合理、区域特色鲜明、生产要素和资源优势得到充分发挥的产业发展格局。

统筹城乡基础设施建设。这是改变农村面貌、促进县域和谐发展的着力点。目前，农村水利、电力、交通、通信等公共设施落后现象普遍存在，要针对目前县域内基础设施差异大、功能布局不合理、设施共享性差等突出问题，切实把县域作为一个有机整体，加大农村基础设施投入力度。要加快公路建设，实施各乡镇之间、乡镇与城市之间交通一体化。要加快水利基础设施建设，实行水资源统一管理，统筹解决县域内全饮水、生态用水和发展用水。要加快公用设施建设，加快大、中型变电站建设，改造城乡电网。合理布局城乡天然气管网，提高城乡气化率。加快农村沼气建设。加强信息基础设施和安全建设，稳步推进有线电视、电信业务和计算机网络业务"三网融合"。

统筹构建城乡社会保障体系。这是保持社会和谐稳定、促进县域全面发展的重要基础。建立健全城乡社会保障制度，要贯彻广覆盖、保基本、多层次、可持续原则，巩固和发展城乡义务教育制度，健全覆盖城乡的公共卫生体系和基本医疗制度，加快健全覆盖全体居民的社会保障体系，积极解决好农村教育、卫生、文化、社会保障、住房等关系农民群众切实利益问题，全面提高财政保障农村公共事业的水平，使广大农民学有所教、劳有所得、病有所医、老有所养、住有所居，共享改革发展成果。

4.4.3 县域统筹兼顾的原则

县域统筹发展任务艰巨，具有长期性、综合性和复杂性，在实践中应把握好重点、抓住关键，应坚持以下几个原则：

坚持"以人为本"。统筹兼顾就是兼顾人民群众的整体利益和局部利益，长远利益和当前利益，其落脚点是通过统筹谋划、统筹规划、统筹安排、统筹协调，最终维护好人民群众的根本利益，使人得到全面发展。因此在统筹兼顾经济社会发展的过程中，把实现好、维护好、发展好最广大人民的根本利益作为基本出发点和归宿。

坚持以经济建设为中心。以经济建设为中心是党的基本路线的基石，是我国经济社会发展的一条主线。县域经济发展是实现城乡统筹发展的基础和关键。县域统筹兼顾既不能因为经济发展中出现的一些问题，而怀疑甚至否定以经济建设为中心这一指导思想，又要防止在强调以经济建设为中心时忽略统筹兼顾，造成经济社会等各方面失调，必须在坚持经济建设这个中心的基础上，统筹各方面发展，促进全面发展，真正做到全面协调可持续发展。

坚持公平性。"统筹"就是既要坚持经济的又好又快发展，还要推动社会事业文明进步，以经济发展推动社会进步，以社会进步提高全民的生活质量，二者共同推进，不可偏废。"兼顾"就是既要求效率，促进发展，又要讲公平，维护稳定。社会公平主要指的是权利公平、机会公平、规则公平、效率公平、分配公平、社会保障公平相互联系的一个完整的社会公平体系。我们必须按照市场讲效率、政府保公平，经济讲效益、社会促和谐的理念，在讲求公平、稳定社会的前提下追求市场效益的最大化和经济发展的高速度，而不能以丧失公平、公正为代价追求经济的片面发展，这是我们县域统筹兼顾必须始终坚持的一个原则。

坚持科学性。统筹兼顾并不是在处理各种矛盾时平分气力、四面出击，"眉毛胡子一把抓"，而是要坚持"全面论"与"重点论"的辩证统一，以战略的眼光去研究问题、分析问题，用战术的手段来解决问题，谨防"平均主义"的出现。统筹兼顾要求从错综复杂的问题中，抓住影响全局的主要矛盾或矛盾的主要方面，抓住当前县域建设中面临的突出问题，运用科学的方法，着力推进、重点突破，有效推动县域的统筹发展。

4.4.4 县域统筹兼顾的方法

统筹兼顾作为科学发展观的根本方法，深刻反映了科学发展观所集中体现的马克思主义关于发展的世界观和方法论，是辩证唯物主义思想方法在现代化建设中的具体运用。我们要牢牢掌握统筹兼顾的科学思想方法，不断增强统筹兼顾的本领，更好地推进科学发展。

立足县域，统筹规划。把县域作为一个整体，坚持以经济建设为中心，全面推进经济建设、政治建设、文化建设、社会建设和生态建设，把促进科学发展、社会和谐与加强党的建设有机统一起来，使之相互促进、相互支撑，实现良性互动。坚持以宽广的胸怀把握全局，审时度势、与时俱进；以辩证的思维分析全局，顺势而为、因势利导；以系统的方法谋划全局，瞻前顾后、统筹安排。

立足当前，着眼长远。把县域当前发展和长远发展联系起来，既考虑现在发展需要，又考虑未来发展需要；既遵循经济规律，又遵循自然规律；既讲究经济社会效益，又讲究资源和生态环境效益。坚持实现阶段性目标和促进可持续发展的有机统一，满足人民物质文化需要和促进人的全面发展的有机统一。坚决防止急功近利的短期行为，努力实现经济与社会、物质与精神、人与自然的协调发展，保证世世代代永续发展。

全面推进，重点突破。把县域发展中的各项工作看作辩证统一的整体，正确处理中心与全面、重点与非重点的关系，注重加强薄弱环节，善于抓住和解决牵动全局的主要工作、事关长远的重大问题，把工作的着力点真正放到解决改革发展稳定中的重要问题上，放到解决群众生产生活中的紧迫问题上，放到解决党的建设中的突出问题上。努力提高观察形势、分析问题的能力，善于在纷繁复杂的矛盾中抓住根本，在不断变化的形势中把握方向。

兼顾各方，综合平衡。把县域经济社会发展看作动态过程，深刻认识平衡是相对的，不平衡是绝对的，把握经济社会发展中平衡与不平衡的辩证关系，既善于调动各方面发展的积极性，鼓励抓住机遇加快发展，又努力实现均衡发展，注重发展的协调性和稳定性。坚持因地制宜，因人制宜，因时制宜，不强求一律，不搞齐步走、一刀切，防止顾此失彼。正确认识和妥善处理重要利益关系，充分考虑不同地区、不同行业、不同群体的利益要求，善于把握各方利益的结合点，使各个方面的利益和发展要求得到兼顾。

（执笔：陈骁　李娜　伍叶梅）

第五章　县域和谐发展

5.1 和谐发展的内涵

所谓"和谐发展"，就是以心和、人和、天和为特征和指向的发展模式。心和，是身心和谐发展的调适力；人和，是社会和谐发展的协和力；天和，是人与自然和谐发展的自然力。和谐发展就是根据社会——生态系统的特性和演替动力，遵照自然法则和社会发展规律，利用现代科学技术和系统自身控制规律，合理分配资源，积极协调社会关系和生态关系，实现生物圈稳定和繁荣。和谐发展是社会—生态系统的竞争、共生和自生机制的完善结合，环境合理、经济高效、行为合拍、社会文明、系统健康地发展。和谐发展强调系统物质、能量、信息的高度综合和合理竞争，共生与自生能力的结合，生产、消费与还原功能的协调，社会、经济、环境的耦合，时、空、量、构、序的统筹，以及哲学与工程学的完美结合，实现社会关系和生态关系的协调，达到"天人合一"、"人地共荣"的目的。因此，和谐发展可以归纳为：资源共享，适时协同，按需生产，和谐共荣。

5.1.1 和谐发展是构建和谐社会与科学发展观的有机统一

党的十六届三中全会提出了坚持以人为本，全面、协调、可持续的发展观，十六届四中全会通过的《中共中央关于加强党的执政能力建设的决定》把构建"和谐社会"的目标列为中国共产党全面提高执政能力的五大能力之一①，十六届六中全会又提出构建社会主义和谐社会。党的十七大报告指出："科学发展、社会和谐是发展中国特色社会主义的基本要求。"和谐发展与科学发展相辅相成，但又有所区别。科学发展观作为指导发展的世界观和方法论的集中体现，回答的是"什么叫发展、怎么样发展"这一根本问题；社会主义和谐社会则是关于社会主义社会建设的总目标和总任务，回答的是"什么叫和谐社会、怎样建设和谐社会"的问题。科学发展观与构建和谐社会都以"全面协调可持续发展"为基本要求，有利于社会建设又好又快发展。

由此可见，和谐发展是构建和谐社会与科学发展观的有机统一，它是对马克思主义和谐社会理论的丰富和发展，是马克思主义不断地同各国的实际和时代特征相结合，与时俱进，不断创新的丰硕成果。落实科学发展观是构建和谐社会的必然要求，构建和谐社会则是落实科学发展观的具体实践。落实科学发展观与构建和谐社会相辅相成、相互促进。

5.1.2 县域和谐发展是"四个文明"有机结合的全面发展

发展是以经济建设为中心的发展，同时又包含政治、文化、科技、教育、社会等诸多领域在内的整个社会的全面发展。马克思主义认为，生产方式和交换方式的变革是"一切社会变迁和政治变革的终极原因"；物质生活的生产方式决定着社会生活、政治生活及文化生活的一般过程；经济发展是社会发展的基本动力和主要表现；一个社会如果经济不能有效发展，其他方面的发展就失去了依托和基础。在列宁看来，发展经济是最大的政治。无产阶级取得政权以后，它的最根本的需要就是增加产品数量，大大提高社会生产力。

———————————

① 余运才：《新农村实践》。

毛泽东对生产力的发展是一贯重视的。他在1945年中共七大的政治报告中指出："中国一切政党的政策及其实践在中国人民中所表现的作用的好坏、大小，归根到底，看它对于中国人民的生产力的发展是否有帮助及其帮助之大小，看它是束缚生产力的，还是解放生产力的。"1956年1月，毛泽东在最高国务会议上的讲话中明确指出："社会主义革命的目的是为了解放生产力。"毛泽东强调，在社会主义建设时期，党和国家应当把工作重心转向经济建设，集中精力发展生产力。要实现从农业国向工业国的转化，走具有中国特色的工业化道路，即在优先发展重工业的同时，应注重发展轻工业和农业，实行工农业同步并举。要发挥商品和价值规律的作用，使其更好地为社会主义经济建设服务。邓小平说："抓住机遇，发展自己，关键是发展经济。""同心同德地实现四个现代化，是今后一个相当长的时期内全国人民压倒一切的中心任务，是决定祖国命运的千秋大业。"江泽民反复指出："经济是基础，解决中国所有的问题，归根到底要靠经济的发展。"胡锦涛从担任党的总书记开始就表达了"聚精会神搞建设，一心一意谋发展"的决心。

邓小平认为："现代化建设的任务是多方面的，各个方面的，各个方面需要综合平衡，不能单打一。"他提出必须坚持一手抓物质文明建设，一手抓精神文明建设，同时还提出了其他一系列需要"两手抓"的内容，包括：一手抓建设，一手抓法制；一手抓改革开放，一手抓惩治腐败；一手抓坚持对外开放和对内搞活的政策，一手抓打击经济犯罪活动；一手抓改革开放，一手抓思想政治工作。这一系列"两手抓，两手都要硬"的思想，在不同时间、不同场合有不同的表述，但其精神实质都是强调在重视物质文明建设的同时，也要重视精神文明建设；在抓好经济建设的同时，也要抓好其他各方面的建设，使社会的各个方面都不断进步。

江泽民根据邓小平"两个文明都要搞好，才是有中国特色社会主义"的指导思想，高度重视社会主义精神文明建设，指出："社会主义不仅要实现经济繁荣，而且要实现社会的全面进步"，"建设有中国特色社会主义，应是我国经济、政治、文化全面发展的进程，是我国物质文明、政治文明、精神文明全面建设的进程。”这就揭示了经济、政治、文化是人类社会实践的三个主要领域，“三个文明”是这三个领域的主要成果，阐述了“三个文明”在社会整体发展中的重要地位与作用。

以胡锦涛为总书记的党中央在新世纪、新阶段从我国的发展现实和发展战略出发，鲜明地提出了：“构建社会主义和谐社会，同建设社会主义物质文明、精神文明、政治文明是有机统一的。要通过发展社会主义社会的生产力来不断增强和谐社会建设的物质基础，通过发展社会主义民主政治来不断加强和谐社会建设的政治保障，通过发展社会主义先进文化来不断巩固和谐社会的精神支撑，同时又通过和谐社会建设来为社会主义物质文明、政治文明、精神文明建设创造有利的社会条件。”党的十七大首次提出建设生态文明，强调要“共同呵护人类赖以生存的地球家园”。从社会主义物质文明、精神文明，到社会主义政治文明，再到生态文明，这是我们党科学发展、和谐发展的理念经历了又一次升华。

5.1.3 县域和谐发展是一般性与特殊性的辩证统一

实现现代化是人类社会发展的共同目标和共同选择，但实现现代化发展的具体道路却是多种多样的。通观人类现代化历史与现状，实现现代化的道路主要有源于英国的西方资本主义道路和以苏联为代表的社会主义道路。近百年来的实践表明，传统资本主义道路不适合中国国情，而传统的苏式社会主义既无效率又欠公平。由此得出的：中国必须走一条既不同于传统资本主义道路，又不同于传统社会主义道路的新型现代化道路。新型现代化道路最首要的是指新型社会主义道路，也即由邓小平所倡导和设计的有中国特色的社会主义道路，它已被证明是中国实现现代化与和平崛起的必由之路和必然选择。

我国是一个经济文化比较落后的社会主义国家，基础差、底子薄、人口多、经济文化发展水平较低等是基本国情。在这样的基础上建设社会主义，其他国家也不可能提供现成的经验，只能靠自己在实践中摸索、探索。

在探索中国社会主义建设道路的过程中，毛泽东作为党和国家的领导核心，在理论与实践的相互激荡中，确立了把马克思主义与中国实际相结合，建设具有中国民族特色、民族形式、民族风格的社会主义的基本原则，逐步形成了建设现代农业、现代工业、现代国防和现代科学技术的总体战略构想。邓小平站在时代主题的高度，总结中国发展的经验教训，提出"应当把发展问题提到全人类的高度来认识，要用这个高度去观察问题和解决问题"，中国的主要目标是发展。党的第三代领导核心江泽民指出："发展是党执政兴国第一要务。"只要是代表先进生产力发展的要求，代表先进文化前进的方向，代表中国最广大人民群众的根本利益，我们就要大胆地去实践。新世纪，以胡锦涛为总书记的党中央，以新的视野审视世界和中国的发展变化，丰富和发展了毛泽东、邓小平、江泽民关于社会主义建设目的的一系列重要思想。提出"以人为本，全面、协调、可持续"的科学发展观，是我党经过多年对社会主义发展道路的探索而提出的适合中国特色社会主义建设道路的指导思想。

发展是硬道理，科学发展更是硬道理。我国的县域情况千差万别，不可能有完全相同的发展模式，必须根据实际情况来确定具体发展模式，否则将是南辕北辙、事倍功半。由于县域经济发展受政府、市场、区位条件、自然资源条件、发展水平和发展阶段、政策、人文环境等多种复杂因素影响和制约，并且在不同地区和不同发展阶段，制约发展的主要因素不同。因此，县域和谐发展没有固定的发展模式，是一般性与特殊性的统一。

5.1.4 县域和谐发展是统筹与协调兼顾的发展

工业革命在带来经济高速发展的同时，也给人类的生存带来了危机。诸如资源枯竭、环境恶化、生态破坏等一系列问题，迫使今天的人们不得不重新审视经济建设与资源、环境的协调发展，以更高、更远的视角来解决经济、资源、环境与发展的问题。

胡锦涛指出："把经济建设搞上去，实现全面、协调、可持续发展，是全面建设小康社会的必然要求，是解决中国一切问题的基础，也是当代中国最大的政治。"当前，资源型经济已经没有太大的发展空间，要把过去那种单一依赖当地资源发展经济的思路调整到依赖自然生态系统效益的释放来促进经济增长上来，从而变生态效益为经济效益，变生态优势为经济优势，促进产业结构的调整与升级，实现经济发展与自然生态系统的良性循环。在实现生态资源经济化的过程中，坚持打青山绿水牌，走生态产业路，唱绿色经济戏，大力发展生态农业、生态工业、生态旅游和生态家园，致力于资源的持续开发与综合利用，逐步实现县域经济生态化。

温家宝指出："促进区域经济协调发展，逐步扭转地区差距扩大的趋势，是全面建设小康社会的一项重大任务。"社会发展是经济发展的重要目的和有力保障，改变目前社会发展和经济发展不够协调的状况，必须加快推进社会领域的各项改革。经济的发展不能以牺牲资源环境为代价，要为子孙后代着想，必须努力保持人与自然的和谐相处，这是实现可持续发展的必要条件。县域经济的发展如果以牺牲生态环境为代价，造成生态破坏和环境污染，甚至掠夺性地进行资源开发，最终只能导致地方经济的持续落后。因此，一定要遵循先保护，后开发，开发与保护并重的原则。一方面，从产业布局、产业政策和产业技术构成上科学调节，对不符合生态环境建设要求的项目，不符合可持续发展的产业、产品，要按计划逐步退出；另一方面，以结构调整为主线，加快传统产业生态化进程，提高生态产业比重，延长现有生态产业链，推动生态产业、产品迅速成为县域经济增长点；三是生态建设必须纳入国民经济发展的整体规划中，依靠地方生态建设发展总体规划和环境规划，科学、系统、全面地指导生态工业、生态农业和生态村镇建设。

因此，县域和谐发展要大力倡导循环经济理念。即以循环经济理念为指导，建立循环经济发展模式，可以最大限度地使物质和能源在整个生产活动中得到合理利用，最大限度地提高资源环境配置效率，达到统筹与协调兼顾可持续的发展。

5.2 统筹城乡发展

5.2.1 城乡统筹的内涵

关于城乡关系和城乡统筹的内涵，马克思说过："城乡关系的面貌一改变，整个社会的面貌也跟着改变。"① 但是"城乡统筹"还处在一个探索阶段，目前尚缺乏一个统一的内涵。现在理论界普遍认为，城乡统筹发展是指作为相对独立的主体"城"和"乡"，在一定的时代背景中，互动发展，以实现"城"、"乡"发展双赢为目的的发展格局，充分发挥工业对农业的支持和反哺作用、城市对农村的辐射和带动作用，建立以工促农、以城带乡的长效机制，促进城乡协调发展。

在党的十六届三中全会上，中共中央作出了《关于完善社会主义市场经济体制若干问题的决定》。《决定》中将党的十六大关于"统筹城乡经济社会发展"的提法演绎为"五个统筹"，即："统筹城乡发展、统筹区域发展、统筹经济社会发展、统筹人与自然和谐发展、统筹国内发展和对外开放"②，"统筹城乡发展"居于"五个统筹"的首位，意味着"统筹城乡发展"这一新理念在全党的确立。

统筹城乡发展的产生和确立，不仅有其历史必然性和现实必要性，同时也有其指导实践转化为现实的可能性。胡锦涛总书记在党的十六届四中全会上指出："农业是安天下、稳民心的战略产业，必须始终抓紧抓好。纵观一些工业化国家发展的历程，在工业化初始阶段，农业支持工业、为工业提供积累是带有普遍性的趋向；但在

---

① 高志仁、朱波：《城乡统筹发展与建设和谐社会》，中国社会出版社 2009 年版。
② 《完善社会主义市场经济体制若干问题的决定》，新华网，2003 年 10 月 21 日。

工业化达到相当程度以后，工业反哺农业、城市支持农村，实现工业与农业、城市与农村协调发展也是带有普遍性的趋向。"① 胡锦涛总书记提出的"两个趋向"的重要论断，充分揭示了统筹城乡发展的现实可能性，为我们科学地把握经济社会发展规律，正确处理工农关系、城乡关系，进一步做好"三农"工作指明了方向。

统筹城乡发展新理念，是我党对发展理论的重大创新，既涵盖经济的发展、社会的发展，更涵盖人的全面发展。城乡统筹，思想深刻，内容广泛，但简单讲，就是要改变和摒弃过去那种重城市、轻农村，"城乡分治"的观念和做法，通过体制改革和政策调整削弱并逐步清除城乡之间的樊篱，在制定国民经济发展计划、确定国民收入分配格局、研究重大经济政策的时候，把解决好农业、农村和农民问题放在优先位置，加大对农业支持和保护的力度。城乡统筹的关键在于利用城市带动乡村的发展。

5.2.2 城乡统筹发展的主要内容

县域发展作为一个相对独立的经济社会体，与城乡统筹密不可分。县域是"城"、"乡"结合的一个整体，在这个整体中，城乡关系直接影响着县域政治、经济、社会、文化、生态的结构和发展。通过调整县域范畴内城市和农村的关系，逐步清除城乡之间的隔阂，维护社会稳定，协调经济发展，重塑生态平衡，有利于县域和谐。而县域政治、经济、社会、文化、生态的结构和发展，反过来也影响着城乡统筹的发展进程。

城乡统筹发展的主要内容包括：

统筹城乡规划建设。即改变目前城乡规划分割、建设分治的状况，把城乡经济社会发展统一纳入政府宏观规划，协调城乡发展，促进城乡联动，实现共同繁荣。统筹城乡规划建设必须坚持空间布局一体规划。统筹城乡应规划先行，通过布局优化增强带动力。与

---

① 《学习贯彻党的十六届四中全会精神》，新华网，2004 年 11 月 18 日。

城乡统筹发展密切相关的规划主要有三类：经济社会发展规划、城镇体系规划和土地利用规划。规划要把城市和农村作为有机整体来考虑，统筹推进城乡交通、水利、电力、通信、供电、供水、供热、供气、环保等重大基础设施建设，强化城乡之间的衔接和互补，努力实现城乡共建、城乡联网、城乡全覆盖。

统筹城乡产业发展。经济基础决定上层建筑，城乡统筹决定着县域经济的结构。城乡二元化结构的矛盾集中体现在经济领域，城市和农村经济水平的巨大差距，直接导致了县域范围内的城乡对立。只有打破城乡二元结构，统筹城乡发展，以工业反哺农业，加快工业化和城市化进程，促进农村劳动力向二三产业转移，农村人口向城镇集聚，以城市带动农村，推动城乡经济互动发展，打造城乡经济双赢模式；大力发展现代农业，积极发展农产品深加工，将城市经济与农村经济并入同一条发展轨道，让两者互为条件、互为因果，才能营造出县域经济和谐发展的良好氛围。

统筹城乡管理制度。长期以来，我国实行城乡二元化结构，导致我国农村在政治民主和谐等方面远远落后于城市。民主选举、民主决策、民主管理、民主监督等村民自治机制等在许多地方还没有得到实施。实现城乡统筹，就是要使城市与乡村不断吸取对方的精华，并且去其糟粕，从而促使彼此快速的增长。因此，必须突破城乡二元经济社会结构，保护农民利益，建立城乡一体的劳动力就业制度、户籍管理制度、教育制度、土地征用制度、社会保障制度等，促进城乡要素自由流动和资源优化配置。

统筹城乡收入分配。社会和谐是中国特色社会主义的本质属性，县域社会和谐是县域城乡统筹发展的直接体现。县域社会和谐强调县域社会的城乡一元化管理，公平普适性的社会保障体系，以及团结和睦的城乡社会关系。因此，要实现县域社会和谐，必须统筹城乡社会管理，完善收入分配制度，加大对"三农"的财政支持力度，在就业、教育、卫生、财政等方面适当向农村地区倾斜，加快农村公益事业建设，建立城乡一体的财政支出体制，将农村交通、环保、生态等公益性基础设施建设都列入政府财政支出范围，逐步完善覆盖全县的社会保障体系，保障人民的基本生活，实现基本公共服务城市农村均等化。

5.2.3 建设城乡统筹长效机制

统筹城乡发展的最终目的，是要建立起城乡的一元化结构，实现城市和农村发展的良性循环。要建立一种长效的发展机制，必须深化改革，通过体制改革和政策调整来实现工业反哺农业、城市带动农村。农村、农业和农民的发展，反过来又为城市的发展提供可持续的动力。

统筹城乡发展，就是要调整国民收入分配结构，财政支出、固定资产投资和信贷投放都要切实向"三农"倾斜。扩大公共财政覆盖农村的范围和领域，进一步加强农业基础，增加农村公共产品供给。建立城乡统一的劳动力市场和公平竞争的就业制度，取消对农民进城就业的各种限制，开展农村劳动力转移就业培训，解决拖欠农民工工资、工伤事故缺乏保障等突出问题。明确各级政府对农村义务教育的责任，逐步建立城乡统一的义务教育管理体制。加大国家财政对农村合作医疗体系的投入力度，在农村建立大病、重病统筹机制。建立城乡衔接、公平统一的社会福利制度，建立和完善农民最低生活保障制度，健全农村社会救济制度。

5.2.4 城乡统筹的典型案例

（一）成都市统筹城乡综合配套改革试验总体方案①

2009 年上半年，国务院正式批复成都统筹城乡综合配套改革试验总体方案有关情况。国土资源部、教育部、人力资源与社会保障部等国家部委已和成都市签订了部省市三级联动合作的协议，共同

———————

① 《成都市统筹城乡综合配套改革试验总体方案》，新华网，2009 年 5 月 21 日。

推进成都试验区的改革创新。

《成都市统筹城乡综合配套改革试验总体方案》是根据《国家发展改革委关于批准重庆市和成都市设立全国统筹城乡综合配套改革试验区的通知》要求，在国家发改委和国务院有关部门的指导下，在省委、省政府的领导下，结合成都实际，制定出的总体方案。国务院批复的《方案》将成为指导成都试验区进行统筹城乡综合配套改革的纲领性文件，由四个部分组成：第一部分为发展改革的总体思路；第二部分为统筹发展的主要任务；第三部分为改革创新的主要任务；第四部分为方案实施的保障措施。

成都市统筹城乡综合配套改革的指导思想是：深入贯彻落实科学发展观，坚持统筹城乡发展的基本方略，把解决"三农"问题作为重中之重，以体制机制创新为动力，以产业发展为支撑，大力推进新型工业化、新型城镇化、农业现代化，探索统筹城乡协调发展的新路子，形成城乡经济社会发展一体化新格局，开创科学发展、社会和谐的新局面。

其主要目标是：努力把成都试验区建设成为全国深化改革、统筹城乡发展的先行样板、构建和谐社会的示范窗口和推进灾后重建的成功典范，带动四川全面发展，促进成渝经济区、中西部地区协调发展，圆满完成试验区建设任务。把成都建设成为西南物流和商贸中心、金融中心、科技中心及交通枢纽、通信枢纽；把成都建设成为中国重要的高新技术产业基地、现代制造业基地、现代服务业基地和现代农业基地。

其主要任务：一是建立三次产业互动的发展机制；二是构建新型城乡形态；三是创新统筹城乡的管理体制；四是探索耕地保护和土地节约集约利用的新机制；五是探索农民向城镇转移的办法和途径；六是健全城乡金融服务体系；七是健全城乡一体的就业和社会保障体系；八是努力实现城乡基本公共服务均等化；九是建立促进城乡生态文明建设的体制机制。

（二）重庆市统筹城乡改革和发展试验方案[①]

2009 年初，国务院出台《国务院关于推进重庆市统筹城乡改革和发展的若干意见》，为推进重庆市统筹城乡改革和发展给出了指导性意见。

重庆市统筹城乡改革和发展的指导思想为：高举中国特色社会主义伟大旗帜，深入贯彻落实科学发展观，深入实施西部大开发战略，进一步解放思想，锐意进取，加快推进统筹城乡综合配套改革，着力解决"三农"问题；加快推进结构调整和自主创新，着力发展内陆开放型经济；加快推进基础设施和公共服务设施建设，着力改善城乡人居环境；加快推进环境保护和资源节约，着力构建长江上游生态屏障；加快推进社会事业发展，着力做好库区移民和扶贫开发工作，形成有利于科学发展与社会和谐的新体制，促进经济社会又好又快发展，努力把重庆建设成为西部地区的重要增长极，长江上游地区的经济中心和城乡统筹发展的直辖市，在西部地区率先实现全面建设小康社会的目标。

其基本原则为：（1）坚持城乡统筹，促进城乡协调发展。始终把解决好"三农"问题作为全部工作的重中之重，加大以工促农、以城带乡力度，把基础设施建设和社会事业发展的重点放在农村，促进城乡经济社会一体化发展。（2）坚持科学发展，着力转变发展方式。加快推进产业结构优化升级，提高自主创新能力，形成产业新格局和竞争新优势。把节约资源和保护环境放在突出位置，实现经济社会发展与人口资源环境相协调。（3）坚持以人为本，推进和谐社会建设。把改善人民生活作为一切工作的出发点和落脚点，解决好群众最关心、最直接、最现实的利益问题。大力发展社会事业，促进基本公共服务均等化，保障社会公平正义。（4）坚持改革开放，

---

① 《国务院关于推进重庆市统筹城乡改革和发展的若干意见》. 新华网，2009 年 2 月 21 日。

推进体制机制创新。以统筹城乡综合配套改革试验为工作抓手，在重要领域和关键环节率先突破，破除制约经济社会发展的体制机制障碍。全面提高对内对外开放水平，加快建立内陆开放型经济体系。

其具体措施有：（1）通过落实移民扶持政策、支持库区产业发展、加强库区生态环境建设来促进移民安稳致富，确保库区和谐发展；通过优化农业结构和布局、改善农村生产生活条件、加快渝东南等地区扶贫开发来发展现代农业，推进新农村建设；（2）通过加快国有企业改革和非公有制经济发展、着力构建特色优势产业集群、积极发展生产生活性服务业、促进科技进步和自主创新、增强"一圈"的辐射带动作用来加快老工业基地改造，大力发展现代服务业；（3）通过加快北部新区和保税港区建设、进一步扩大对外开放、积极开展区域经济合作、改善内陆开放的政策环境来大力提高开放水平，发展内陆开放型经济；（4）通过加强水利设施建设、加快综合交通运输枢纽建设、加强能源开发建设、提高基础设施规划、建设和管理水平来加快基础设施建设，增强城乡发展能力；（5）通过大力推进节能减排、加强城乡污染综合治理、积极建设长江上游生态文明区来加强资源节约和环境保护，加快转变发展方式；（6）通过优先发展教育事业、完善城乡医疗卫生体系、加强文化体育事业建设、健全社会保障制度来大力发展社会事业，提高公共服务水平；（7）通过建立以城带乡、以工促农的长效机制、建立统筹城乡的土地利用制度、建立统筹城乡的金融体制、建立城乡统一的劳动就业制度、建立城乡统一的社会管理体制来积极推进改革试验，建立统筹城乡发展体制；（8）通过切实加强指导协调、健全改革试验推进机制来加强组织领导，落实各项任务。

5.3 建设社会主义新农村

5.3.1 社会主义新农村建设的必要性

社会主义新农村建设是落实科学发展观的必然要求。科学发展观的核心内容，就是要坚持以人为本，实现经济社会全面协调可持续发展。全面落实科学发展观，必须保证占人口大多数的农民参与发展进程、共享发展成果。因此，必须深刻认识建设社会主义新农村和落实科学发展观的内在联系，加快促进农村经济社会尽快转入科学发展观的轨道。

社会主义新农村建设是推进城乡协调发展的必然要求。城市与乡村是一个有机联系的整体系统，相互不可分割。当前我国经济社会进入了新的发展阶段，2006 年我国人均 GDP 已接近两千美元①，进入工业化中期阶段。根据国际经验，这是工农协调、城乡协调发展的阶段，也是实行工业反哺农业、以城带乡的转折点和好时机。因此，必须把握建设社会主义新农村的良好机遇，及时调整工农关系、城乡关系，注意城乡协调发展，统筹解决城市和农村经济社会发展中的各种问题，从而加快推进城乡一体化进程，打破城乡"二元"结构。

社会主义新农村建设是全面建设小康社会的必然要求。党的十六大在肯定我国人民生活总体上达到小康水平的同时，进一步指出建设社会主义新农村，是全面建设小康社会的重点任务。因此，要通过建设社会主义新农村，加快农村全面建设小康的进程。

社会主义新农村建设是构建社会主义和谐社会的必然要求。我国是一个农业大国，农业和农村的发展直接影响着我国构建社会主义和谐社会的最终成果。随着构建社会主义和谐社会的推进，这些年来我国农村社会有了较大的改观，但是农业生产水平长期停滞不前、农村经济社会发展缓慢、农民收入水平远远落后于城市居民、农村基本保障缺失、社会管理体制落后等深层次的矛盾还很尖锐。我国农村各种社会矛盾的长期积累，严重制约着我国社会主义和谐社会的进程。只有通过社会主义新农村建设，切实将农村的发展问题摆在首位，以发展的方法解决前进中的问题，从根本上改善农村

---

① 　刘斌、张兆刚、霍功：《中国三农问题报告》，中国发展出版社 2004 年版。

面貌、提高农业水平、增加农民收入，才能最终构建农村社会和谐。

5.3.2 社会主义新农村建设的总体要求

生产发展。生产发展是社会主义新农村建设的经济基础和物质条件。只有农村生产发展了，农村经济搞上去了，社会主义新农村建设的各项指标才有可能实现。否则，农民生活水平很难提高，农村面貌根本不可能得以改善。目前，我国农村传统的生产方式已经难以满足新形势下我国农业发展的要求，急需进行农业产业升级和改造。只有加快农业科技进步，切实转变农业增长方式，大力发展现代农业，广辟农村富余劳动力转移就业的途径，才能全面繁荣农村经济，奠定农民收入持续增长的扎实基础。

生活宽裕。社会主义新农村建设的出发点和落脚点在于提高农民生活水平。我们进行社会主义新农村建设，必须保证发展过程有农民参与，发展成果归农民共享。因此，社会主义新农村建设，必须坚持以人为本，着力解决农民生产生活中最迫切的实际问题，切实让农民得到实惠，确保经济发展的成果能转变为农民生活水平的提高，使大部分农民从小康走向宽裕。

乡风文明。乡风文明是新农村的和谐动力和思想基础，是农村精神文明建设的核心。文明乡风主要包括文明、科学、健康的生活风尚，良好的环保、卫生、生态意识。社会主义新农村建设在发展农村物质文明的同时，必须保证农民群众的思想素质、文化、道德水平不断提高，社会风气健康向上，教育、卫生等社会事业逐步适应农民的需求，实现农村经济社会发展的可持续。

村容整洁。村容整洁是建设社会主义新农村的重要条件。村容整洁，是指环境优美、生态和谐、人与自然和谐相处的社会主义新农村的新面貌，村舍整洁卫生，布局科学合理，社会治安良好，农民安居乐业。村容整洁也是社会主义新农村经济、文明、环保、生态、和谐的综合体现。

管理民主。管理民主是社会主义新农村建设的体制保障。管理民主是指在农村党组织领导下，健全和完善民主选举、民主决策、民主管理、民主监督等村民自治机制，不断增强农民群众的自我教育、自我管理能力，使广大农民群众真正拥有知情权、参与权、选择权、监督权，真正让农民当家作主，不断推进农村民主法治建设、不断促进农村各项决策的民主化、程序化、制度化，从而实现好、维护好、发展好农民群众的各项权益。① 只有实现农村民主管理，社会主义新农村建设才能真正做到以人为本，尊重农民的主体地位，确保发展成果转变为农民群众的切身利益。

5.3.3 社会主义新农村建设的基本原则

规划先行，分步实施。社会主义新农村建设是一项长期而艰巨的工程，必须坚持科学规划，有步骤、有计划、有重点地逐步推进。要搞好总体规划和具体部署，统筹兼顾、合理布局、互相配套，防止重复建设、分散投入，要集中力量解决农民生产生活最关切的问题。社会主义新农村建设必须坚持科学发展原则，强调发展的科学性、规划性、有序性，统一规划，分步实施。

因地制宜，分类指导。我国农村分布广泛、土地广阔、特色各异，因此我国的社会主义新农村建设不可能有固定模式和统一标准，各地要发挥主动性和创造性，根据当地经济社会发展水平和农民群众的现实需要，合理确定目标和任务。要注重立足乡村特点，突出地方特色，尊重各地的传统、习惯和风格。② 针对不同的民族特色、文化传统、地域特色，我们要采取不同的新农村建设模式，因地制宜，因时制宜，分类指导。

积极引导，群众参与。社会主义新农村建设的主体是农民，必须尊重农民的主体地位，尊重农民群众的首创精神。在依靠农民辛

---

① 《中共中央国务院关于推进社会主义新农村建设的若干意见》，《人民日报》，2006 年2 月22 日。

② 许忠海：《农村现状与建设社会主义新农村》。

勤劳动的基础上，坚持积极引导，发挥各方面积极性，强调国家扶持和社会力量的广泛参与，使新农村建设成为全党全国的共同行动。要加强对新农村建设的领导和支持，充分调动广大农民的积极性，广泛动员社会各界力量，形成推进新农村建设的合力，确保社会主义新农村建设取得实效，真正造福亿万农民。

突出重点，整体推进。建设社会主义新农村，是党中央从全局出发，总结经济社会发展经验，分析农村改革发展形势，按照全面建设小康社会的要求，高瞻远瞩、审时度势、与时俱进作出的战略决策，也是新时期发展农业、繁荣农村、富裕农民的必然选择。我们要按照"生产发展、生活宽裕、乡风文明、村容整洁、管理民主"的20字方针，立足当前，着眼长远，统筹安排，科学规划，突出重点，分步实施。既要有重点，又要抓整体，要把握重点性与全面性的统一，以点带面，扎实推进新农村建设。

5.3.4 社会主义新农村建设的实现途径

推进农业产业化、现代化。现代农业建设，是建设社会主义新农村的主要内容和物质基础。总的要求是：加快农业科技进步，加强农业设施建设，调整农业产业结构，转变农业增长方式，提高农业综合生产能力。[①] 要努力提高农业综合生产能力，不断优化产品结构，提高产品质量，确保农产品质量安全，形成总量平衡、品种多样、安全可靠的农产品生产格局。要加快发展农区和牧区畜牧业，保护和利用好渔业资源，加强农田水利基本建设，加快农业机械化，加强农业标准化建设，积极发展节地、节水、节肥、节药的节约型农业。

加快城镇化进程。城镇化进程，是建设社会主义新农村的重要途径。城镇化进程包括两个方面，一方面是农村土地集镇化，另一方面是农业人口非农业化。因此，在推进城镇化进程中，我们要加

---

① 潘维：《新农村建设的新思路》，北京大学中国与世界研究中心，2006年10月15日。

强中小城镇建设，更为重要的是要加快农村富余劳动力向非农产业和城镇转移，加强农村劳动力培训。把拓宽农村劳动力转移渠道作为一项重要工作来抓，创新工作思路，采取有力措施，促进农村富余劳动力的有效转移，努力实现进城农民的充分就业。加强农村劳动力转移服务，为农民工提供良好的就业服务，是改善农民进城就业环境、推进农村劳动力转移的重要保障，也是推进城镇化进程，建设社会主义新农村的有效途径。

全面深化农村改革。农村改革，是建设社会主义新农村的动力支撑。要坚持稳步完善以家庭承包经营为基础、统分结合的双层经营体制。进一步明确土地经营权的法律性质，全面落实二轮土地承包政策，依法确权、确地到户。稳定土地承包关系。在此基础上，按照自愿、有偿的原则，建立土地使用权依法轮转的机制。[①] 要进一步巩固和发展农村税费改革成果，加快推进以乡镇机构为主的行政管理体制改革、农村义务教育体制改革和县乡财政体制改革，稳步推进乡村债务化解工作。要推进农村金融体制整体改革，深化粮食流通体制改革，加快推进土地征用制度改革，发展农村多种形式的联合和合作，提高农民进入市场的组织化程度。

发展农村公共事业。农村公共事业，是社会主义新农村建设的重要组成部分。要通过坚持不懈的努力，不断加大工作力度，不断增加投入，大力发展农村教育、卫生、文化等社会事业，力争经过多年的努力，明显改变农村社会发展滞后的局面。

千方百计增加农民收入。增加农民收入，是社会主义新农村建设的基本出发点和归宿。增加农民收入，既要从"三农"本身考虑问题、寻找出路，更要跳出"三农"，从经济社会发展的全局思考问题、研究对策。既要大力挖掘农业和农村内部的增收潜力，又要在农业和农村外部寻求增收途径。既要从当前出发采取尽快见效的具体增收措施，又要着眼于长远寻求解决农民增收问题的治本之策。

---

① 余运才：《新农村实践》。

在中国现代化建设的伟大进程中，最薄弱的环节是农村，最困难的群体来自农村，最多的社会隐患也来自农村。[①] 如何解决农村、农业、农民问题，不仅影响到国民经济的持续稳定健康发展，也影响到和谐社会的构建，更直接关系到全面建设小康社会的进程。鉴于中国农村问题的复杂性，农村长期落后的现实以及农村人口众多的现象，建设新农村将是一个长期的过程，不可抱有一日之功的想法，更来不得"多快好省"的大跃进，必须一步一个脚印扎实稳步推进。

（执笔：邓旺华　李灿辉　王亚新）

---

① 梅克保：《中国县域经济发展研究》，湖南人民出版社 2008 年版。

第六章　县域政治和谐

6.1 政治和谐的内涵

6.1.1 政治和谐的概念

何为政治和谐？政治和谐主要指在人类的政治生活中各政治行为体之间，政治系统内部各子系统之间协调统一的一种状态。

共产党人对政治和谐有着执著的追求，毛泽东、周恩来和邓小平等老一辈领导都有对政治和谐的探讨。毛泽东首先从民主与集中角度指出，"我们的目标，是想造成一个又有集中又有民主，又有纪律又有自由，又有统一意志，又有个人心情舒畅、生动活泼，那样一种政治局面……"① 又从正确处理人民内部矛盾入手提出实现政治和谐的途径，对于人民内部矛盾要通过"团结—批评—团结"的方式来解决，通过"统筹兼顾、适当安排"的方针解决物质利益矛盾。

周恩来在党内关系和谐上，提倡发扬党内民主，"党内民主及批评与自我批评必须发展，党内任何干部必须无例外地受到党组织和人民群众的监督"②。在党际和谐上，周恩来始终坚持共产党与各民

---

① 《建国以来毛泽东文选》第 6 册，中央文献出版社 1992 年版，第 26 页。
② 《周恩来选集》（下），人民出版社 1984 年版，第 119 页。

主党长期共存思想，周恩来明确指出："民主党派在中国革命中是有贡献的，不论民盟或其他民主党派都应该继续存在下去。如果纷纷合并，人民就不能理解……今天不能取消党派。"① 在阶级阶层和谐上，周恩来认为，工人阶级是中华人民共和国的领导阶级，但是民族资产阶级在现阶段的中国依然有它重要的作用，团结民族资产阶级使其积极地参加经济的恢复和发展事业，也就是工人阶级自己的利益。② 在民族和谐上，周恩来坚持民族平等，主张通过实施民族区域自治实现民族平等。在党群和谐上，周恩来非常注重中国共产党与群众的关系问题，他是中国共产党历史上最早提出并第一个明确使用"群众路线"概念的领导人。③

邓小平在第一代领导集体对政治和谐探讨的基础上进一步推进政治和谐论述。政治系统和谐与经济发展有着很强关联性，"现在经济体制改革每前进一步，都深深感到政治体制改革的必要。不改革政体，就不能保障经济体制改革的成果，不能使经济体制发展继续前进，就会阻碍生产力的发展，阻碍四个现代化的实现。"④ 政治和谐也离不开社会文化环境的发展，社会文化影响政治的和谐发展。邓小平的政治和谐思想突出了民主的重要价值，1979 年 3 月，他在《坚持四项基本原则》的重要讲话中强调指出："我们过去对民主宣传得不够，实行得不够，制度上有许多不完善，因此，继续努力发扬民主，是我们全党今后一个长时期的坚定不移的目标。"⑤

6.1.2 政治和谐的内容

政治和谐具体包括哪些内容？在学术界有不同观点，笔者整体

---

① 《周恩来统一战线文选》，人民出版社 1984 年版，第 155 页。
② 《周恩来选集》，人民出版社 1984 年版，第 39 页。
③ 王德木：《周恩来最早提出"群众路线"的概念》，《毛泽东思想研究》1992 年第 2 期。
④ 《邓小平文选》第三卷，人民出版社 1994 年版，第 176 页。
⑤ 《邓小平文选》第二卷，人民出版社 1994 年版，第 162 页。

上赞同南京政治学院蒋建新教授的观点，即政治和谐包括：政治权力和谐、政治制度和谐、政治关系和谐和政治秩序和谐。

政治权力和谐。政治就其实质上是政治主体基于各自利益，以国家政治权力为原点而展开的各种社会活动。可见，政治权力是政治的核心要素。因此政治和谐的核心内容必然就是政治权力的和谐。政治权力的和谐包括两个方面：一是权力配置的和谐；二是权力运行的和谐。权力配置和权力运行实际上就是分权和制衡两方面，关于分权和制衡的观点自古就有，早在希腊时期，亚里士多德就把政府的权力分为讨论、执行和司法三要素，后经过启蒙思想家洛克与孟德斯鸠的进一步发展，形成了系统的三权分立相互制衡的学说，成为近代资本主义民主国家普遍采纳的宪法原则。作为社会主义国家，我们不能照搬西方政治制度，但是西方国家在政治权力的结构和设置上所体现的制衡原则，反映了权力运行的普遍性规律，对我们有着重要的参考借鉴价值。

政治制度和谐。根据马克思主义的观点，政治制度是统治阶级用来组织政权实现统治的原则、方式和规范。政治制度和谐内容包括两个方面：一方面是制度设计与经济基础之间的和谐。由于制度一旦形成就具有相对的稳定性，当经济基础和社会实践已经发生变化的时候，制度就必须随之而变革与创新，与经济基础的发展相协调相配套相适应，否则就会阻碍经济和社会发展。另一方面是不同层次政治制度之间的和谐。政治制度可分为根本政治制度、基本政治制度、具体政治制度和政治运行机制。各层次政治制度之间的和谐就是具体政治制度的设计和架构都要围绕着国家制度和根本政治制度来进行，体现其价值理念，并有效地为之服务。我国的根本政治制度是人民民主专政和人民代表大会制度。因此各项制度的设计都必须充分体现、实现和保障人民当家作主的地位。

政治关系和谐。政治关系是指政治体系中政治主体之间在政治生活中基于某种政治利益，围绕着国家政治权力而形成的相互作用、相互影响的关系。政治关系是政治的本质内容，在现实社会中，政治关系的状况及其与政治体系的关系状态，不仅直接影响到政治主体的利益实现程度，而且关系到政治主体的政治权利拥有程度，以及特定政治体系中政治权力的配置合理程度。[①] 政治关系包括阶级阶层之间、政党之间、政府与民众之间、国家与社会之间、国家权力机构之间、中央与地方之间、各民族之间的关系。政治关系和谐的标准是，各阶层和谐相处、社会阶层分化与阶层建构比较科学合理、阶层差距适度并在人们可理解和接受范围之内、各阶层群体之间能够开放流动、阶层之间的矛盾与冲突能够得到及时合理的疏导与化解。各机关各部门和谐相处，中央和地方的权力配置合理，国家机构之间、党政之间权责清晰、相互监督、相互制约、协调配合。各党派相互尊重、相互监督、协商共处。

政治秩序和谐。政治秩序是通过国家机器对社会的调控而形成的一种政治秩序。政治秩序和谐是通过国家机器对社会调控形成的秩序良性有序，现代社会的政治秩序的和谐必然是建立在法治和宪政的基础上。不同于历史上的人治秩序、礼治秩序。通过合理、公正和民主的法律加以规制的政治秩序能克服人治的随意性。各种政治关系只有通过一系列机制的调节形成一种动态性、开放性的和稳定性局面，整个社会的政治秩序才会井然。

6.1.3 政治和谐的价值目标

价值目标或价值取向是政治和谐的哲学考量，不解决该问题就很难真正实现政治和谐。当下中国政治和谐的价值追求应从两个维度进行思考，即普世的价值追求和特殊的价值追求。政治和谐与人类其他追求一样，包含对普世价值的追求，作为现代政治文明，中国特色政治和谐也必然会反映当代人类政治文明的成果，如公平正义、民主理性、法治秩序和人本关怀等普世价值追求。从特殊价值

---

① 蒋建新：《论我国阶级阶层关系变动与政治稳定》，《南京政治学院学报》2002 年第 1 期。

维度看，中国政治和谐从中国实际出发坚持社会主义方向、坚持共产党的领导、坚持人民民主、坚持依法治国战略。

6.2 乡村治理的演变

6.2.1 传统社会的乡村治理

在传统中国社会，经济上的自给自足，社会结构上的"差序格局"，政治上的中央集权，是其重要特征。与西方集权国家不同的是，中国中央集权国家形成的动力不是来自社会，而是国家自上而下地统合社会的政治需求，不是通过经济的发展、社会的成熟和组织化，而是由于地方势力的强大和分裂倾向迫使中央采取集权的应对措施。

虽然传统的专制政体对乡村社会来说可以自由地聚集并行使整个权力，但是由于缺乏社会的经济与组织基础，由于专制国家的"强权力弱能力"[1] 的现实状况，它难以具备充分的配置性和权威性资源来构造一个统一的"权力集装箱"[2]，使传统中国演化成一种"有限官僚制"形式。国家对乡村社会的监控处于相对松懈的状态。国家只能依靠地方权威实现国家在乡村社会征兵、收税、进赋的目标，从而带来国家管理乡村社会上的变形走样，使乡村社会事实上处于一种"部分管理"的状态[3]，存在着两种政治秩序和政治力量，一种是"官制"秩序或国家力量，一种是乡土秩序或民间力量。广大的乡村社会，除了与国家进行资源和人员的交流以外，几乎和国家处于相对分离的局面。国家通过乡村社会的乡绅，达到间接治理的目的。传统社会的乡村治理实行的是一种"官督绅办、乡绅治乡"的模式。

---

① 刘晔：《乡村中国的行政建设与中介领域的权力变迁》，《中国社会科学季刊》（香港），2000 年（春季号）。

② 王铭铭：《国家与社会关系史视野中的中国乡镇政府》，《中国乡镇组织变迁研究》，华夏出版社 2000 年版，第 40 页。

③ 魏特夫：《东方专制主义》，中国社会科学出版社 1989 年版，第 4 页。

6.2.2 近代社会的乡村治理

晚清的国际环境和内部社会的变化，实质性地改变了政府的任务和形式，它要求政府"必须采取新的方式借助地方力量来发展经济，加强国力"①，以一种新的、比较严密的形式来统治社会。传统的治理模式下从乡村社会提取的资源数量，已经越来越不能满足国家的需求，"国家需要以更好一些的方式来控制地方社会，以便从那里获得更多的资源"②。为了增强对乡村社会的资源汲取能力，政府企图将国家权力伸入到社会基层。中国几千年来的国家—乡村社会关系的格局渐渐解体，国家权力逐渐下沉，政权机构逐渐下延，原来由乡绅实现的自我管理和国家通过绅士完成的"部分管理"开始被打破。

在当时，经济发展的水平所提供的剩余资源以及国家可以控制的资源数量，还不能满足乡村生活官僚化的要求。虽然国家利用所谓的"地方"为其服务，但又不能提供必要报酬。国家不得不与乡村社会领袖实行妥协与合作，通过培植和拉拢等办法，通过庄内人来控制自然村落。此时乡村领袖和原有的乡绅有了明显区别。他们的权力和地位并不取决于乡村社会，而是由上级官僚机构任命。因此，一方面他们逐渐脱离了乡村社会的传统文化网络，他们可以避开乡村社会的约束，拒绝服从于乡村社会的共同利益；另一方面，由于国家不能将其纳入正式的官僚队伍，又无法提供必要的经济报酬，国家也缺乏对乡村领袖的有效约束。乡村领袖的保护型经纪人角色逐渐演变成赢利型经纪人角色。

由于政权的内卷化和赢利型经纪人的巧取豪夺，阻隔了国家对乡村社会的资源汲取和动员能力，而且加重了农民的负担，使乡村社会陷入国家和乡村经纪人的双重盘剥，加剧了近代中国乡村社会

---

① 柯文：《在中国发现历史——中国中心观在美国的兴起》，中华书局1989年版，第69页。

② 孔飞力：《地方政府的发展》，《剑桥中华民国史·第二部》，中国社会科学出版社2008年版，第360页。

的破产和衰败。国家迫切希望摆脱对这一类型经纪人的依赖，通过乡绅领导的基层自治，使国家在乡村的统治走出困境，彻底改变"国家政权的内卷化"现状。1908 年，晚清政府颁布了《钦定宪法大纲》、《城镇乡地方自治章程》和《城镇乡自治选举章程》。1929年，国民政府先后颁布了《县组织法》、《区自治施行法》和《乡镇自治施行法》，抗日战争爆发后，国民政府迁至重庆，为加强一党专政和政府的控制，国民党通过了《关于改进党务并调整党政关系案》，并颁布了《县各级组织纲要》和一系列附属法规，开始推行新县制，将保甲融入地方自治，将党治与自治紧密结合起来。

6.2.3 建国后的乡村治理

中华人民共和国的成立开辟了中国历史的新纪元，中国社会发生了根本的变化。出于当时极其错综复杂的国际国内形势和极其严峻困难的经济形势，为了实现优先发展重工业的赶超战略和维护社会稳定的需要，中国共产党加大了对乡村社会的权力渗透，对乡村社会权力进行重组，建立了一种新型的乡村治理模式。

通过土地改革，平均地权，重新构建乡村权力网络。中国共产党始终把解决农民土地问题作为党的一项"最基本的历史任务"和"一切工作的最基本的环节"①，并制定了土地改革总路线。通过土地改革运动，传统乡村精英在土地改革过程中不仅失去了财产方面的优势，而且在历次批斗会中威望扫地，甚至性命不保。与此同时，通过土改工作队将农民组织起来，将一部分积极分子吸收为共产党员，取代传统乡绅和旧的乡村精英，成为国家深入乡村社会的一支主要力量。通过这些新崛起的乡村权力精英，国家政治权力延伸到村庄。

通过"村社合一"农业合作化运动，国家权力直接渗透到乡村社会，以集体化的"经济组织"取代或统领乡村社会的各种政权组

---

① 《刘少奇选集》（上），人民出版社 1985 年版，第 378 页。

织和社会组织，实现村社合一，从根本上改变了基层政府对乡村的治理，国家权力在乡村进一步扩张。

通过"政社合一"的人民公社体制，国家权力完全控制乡村社会。北戴河会议肯定了人民公社是"一大二公"，是过渡到共产主义社会的一种最好的组织形式，并作出了《中共中央关于在农村建立人民公社问题的决议》。会后，全国开始了人民公社化运动。国家权力以前所未有的强度深入到了村庄，对农民实行直接的、全面的、刚性的控制 。它完成了政治的一体化，将乡村社会的广大民众纳入了无所不包的政治体系之中。

6.2.4 改革开放以来的乡村治理

20世纪70年代末，迫于生存压力，安徽省凤阳县小岗村冒着风险，悄悄实行"包产到户"。1982年1月，中共中央转发的《全国农村工作会议纪要》对包干到户的经济性质作出了新的论断，指出它是"社会主义农业经济的组成部分"。随着农村经济体制改革的不断深入，广大农民群众开始以极大的热情关注自己的切身利益，要求用政治上的民主权力来保障经济上的物质利益。1979年9月，四川广汉县向阳人民公社开始了"政社分开"改革试点，"社改乡"拉开序幕。1980年底，广西河池地区的宜山、罗城两县农村基于社会管理的需要，自发组建了一种全新的管理组织——村民委员会，取代了已经瘫痪的生产大队。1982年12月召开的第五届全国人民代表大会第5次会议通过的《中华人民共和国宪法》以宪法的形式确定了乡镇取代人民公社和以村民委员会取代生产大队。

6.3 完善县域政治架构

6.3.1 充分发挥人大和政协的作用

人民代表大会制度是我国的根本政治制度，是党领导人民执掌政权的根本途径和最好形式；中国人民政治协商会议是中国人民爱国统一战线的组织，是中国共产党领导的多党合作和政治协商的重要机构，是我国政治生活中发扬社会主义民主的重要形式。因此，县域政治和谐的形成离不开发挥人大和政协的作用。

县级地方人大及其常委会要充分依法行使干部任免权以促进县域政治和谐。坚持党管干部和人大依法行使任免权的有机统一，把那些政治上靠得住、工作上有能力、作风上过硬的干部经过法定程序选举、任命为机关领导人员，为构建社会主义和谐社会提供坚强的组织保障。严格把好任前调查关、任中审议关和任后监督关，促进人事任免工作规范化、制度化、法制化。把好任前调查关要坚持深入基层、深入群众，全面调查了解被提请任命干部的德、能、勤、绩、廉等方面的情况，准确地掌握任命人员的基本情况。把好任中审议关要在审议拟任人选时，认真审议，实事求是、客观公正地作出评价，不搞形式，不走过场，坚持条件，坚持原则，严格把好审议关。把好任后监督关要把任免权与监督权有机结合起来，把对人的监督和对事的监督有机结合起来，通过定期述职、诫勉免谈话等监督方式，强化干部任后监督。

县级人大及其常委会要充分行使好监督权以促进县域政治和谐。要围绕解决以权代法、以言代法的问题，切实解决告状难、执行难、关系案、金钱案等群众反映强烈的问题，进一步督促行政管理体制改革的力度，转变政府职能，理顺依法行政体制；抓好执法责任制和执法公开工作，切实提高内部监督制度的力度和有效性；严格办案程序，保证诉讼参与人的权利具体化、标准化、理性化。不断加强法律法规的监督检查，集中对事关全局和群众关心的法律法规进行深入检查，切实解决法律实施中带普遍性、倾向性的矛盾和问题，有针对性地提出建议和意见，督促政府和有关部门认真整改。

经过 30 多年的发展，中国社会结构和利益结构发生了深刻变化，呈现利益多元化、组织多样化和阶层结构复杂化的特点。而县级政协组织联系不同政党、不同阶层、不同行业和不同利益集团代表，通过发挥政协的政治协商和民主监督作用有利于促进县域政治和谐。

发挥政协的政治协商作用促进政治和谐。政治协商是对国家和地方的大政方针以及政治、经济、文化和社会生活中的重要问题在决策之前和决策执行过程中的重要问题进行协商。政治协商要围绕改革、发展和稳定的全局和党政中心工作及群众关心的重大问题来开展，要采取规范化的形式郑重而经常地进行，要充分发挥政协的政治协商作用，要规范并区分对待政治协商的内容。政治协商在协商形式上进行规范，运用多种形式完善政治协商。

发挥政协的民主监督功能促进县域政治和谐。要促进县域政治和谐，政协的民主监督要在监督的内容、形式和机制上创新。民主监督的内容要健全和规范，主要内容应包括：党政机关及其工作人员遵守法律法规的情况，贯彻执行各级党委的路线、方针、政策和决议、决定的情况，办理政协提案、建议案的情况。人民政府及其职能部门执行政府工作报告、财政预算、经济社会发展规划的情况，实施重大建设项目、经济开发方案和改革措施的情况，解决人民群众迫切需要解决的重要问题的情况。党风、党纪和廉政、勤政情况，司法机关的执法、执纪情况。在监督形式上，要根据监督的内容和需要采取灵活的方式，可采取通报会、意见听取会、专题协商座谈会，或政协的全委会、常委会或主席会议向各级党委、人民政府提出建议案，政协专门委员会提出建议或有关报告。

在监督机制上，要完善对提案的反馈答复制度。政协各种会议提出的意见、批评和建议，政协建议案和组织委员视察、调查形成的报告，分别以委员会、常委会、主席会议、专门委员会或办公室的名义转送党政领导和有关部门，受理机关要在一个月内研究办理完毕，并将结果答复政协。党政有关部门对政协提案要由主要负责人亲自阅处，认真研究，及时答复。答复中要有情况说明、研究结果、解决问题的措施。对含糊不清、草率应付的答复，由政协提案办公室转送答复办理机关的领导人重新研究办理，重新答复提案人。

6.3.2 加快行政管理体制改革

党的十七大报告指出，政府要着力"转变职能、理顺关系、优化结构、提高效能"，这也是对县级行政管理体制改革提出的四项要求。

加快职能转变，进一步规范政府行政行为，形成"权责一致、分工合理、决策科学、执行顺畅、监督有力"的县级行政管理体制。为促进政治和谐，县级政府要在改革行政审批制度、健全政府职责体系、完善公共服务体系和强化科学民主决策上有所突破和创新。

县级政府要按照《中华人民共和国行政许可法》的有关规定，认真清理不合法、不合规、不合理的行政许可项目，该取消的坚决取消，能下放的尽快下放，杜绝执法扰民问题的发生。对处罚、收费、资质、资格审批项目要严加清理、严加审批、严加管理；对涉及多个部门的审批项目，要协调一致，统一口径，防止政出多门，多头收费；对日常监管项目，采取事中检查、事后稽查、违规处罚等办法，加大监管力度；对关系国计民生和社会公众利益的重大审批事项，积极推行社会听证制度；对专业性、技术性较强的审批事项，要建立专家咨询论证制度。按照"谁审批，谁负责"的原则，建立完善行政审批责任追究制度和信息反馈机制；建立行政项目审批公示制，将审批项目的名称、依据、条件、程序、期限、收费标准、审批结果等向社会公开；建立操作性强、透明度高的审批操作规程，减少审批环节，简化审批手续，改进审批方式。

十七大报告提出要健全政府职责体系。县级政府职责体系应包括行使政府管理事务的基本职责、维护国家基本利益的政治职责、维护经济稳定和对经济活动进行管理的经济职责、满足人们文化需要对文化事业进行管理的文化职责，通过行政管理体制改革，建立健全政府职责体系，使其各负其责，各尽所职，保障国家正常运转。

十七大报告提出要完善公共服务体系。县级政府要以建设服务型政府为目标，不但要履行调节社会分配和组织社会保障职责、保护生态环境和自然资源职责，还要按照建设服务型政府要求，强化政府社会管理职能，创新公共服务体制，改进公共服务方式，加强公共设施建设，提高公共服务质量，提升社会管理水平，增强政府公信力。当前，县级政府重点应解决好就业、就学、就医、发展经济、社会保障、社会治安、安全生产、环境保护等人民群众最关心的民生问题，提供惠及全民的公共服务体系。

县级政府及各职能部门要改革和完善决策机制，使决策进一步趋向科学化、民主化、规范化，这是政治和谐的基础。为此，首先要建立健全决策程序。在决策前，对涉及经济社会发展全局性重大事项，要广泛征询意见，力求协调一致；对专业性、技术性较强的重大事项，要认真进行专家论证、决策评估；对同群众利益密切相关的重大事项，要通过公示、听证等制度，扩大人民群众的参与度。按照民主集中制原则，建立健全集体领导和集体决策制度，保证所有重大决策事项都应在深入调查研究、广泛听取意见、充分协商论证的基础上，集体讨论决定。其次，要建立决策公开制度。一般情况，除依法应当保密的事项外，要对决策内容、决策方式、决策过程、决策结果在适当范围予以公开，尤其是涉及群众利益的重大决策，要通过公示、听证等形式了解各方面的意见和看法，倾听群众的愿望和需求，集中智慧，凝聚共识，取得理解。最后，要建立决策问责制度。政府要开展执行决策绩效评估工作，建立以行政首长为重点的行政问责制，做到决策必须落实，失误必须追究。有关部门对决策执行情况要进行跟踪检查，坚持"谁决策、谁负责"的原则。如是集体决策出现的严重失误，既要追究直接责任人的责任，也要追究主要领导人的责任，从而保证决策的准确性、落实的彻底性。

为实现政治和谐，要通过行政管理体制改革理顺政府与党委、政府与企业及上下级政府间的关系。政府与党委关系要形成党委统一领导、党政职能分开的科学化、规范化、制度化的执政机制。坚决制止党政之间明争暗斗、争权争利，形成统一思想、统一意志、齐心协力、相互配合、各负其责的工作氛围。政府与企业的关系总体上要实现"政企分开"，政府不再直接管理企业，不干预企业生产经营，不截留企业权利，不代替企业招商引资，不层层分解考核指标。县级政府要把主要精力放在为企业提供良好的发展环境、进行宏观调控和提供服务上来。县政府与乡镇政府要明晰职责，相互配合。

6.3.3 构建和谐司法局面

和谐司法是县域政治和谐的保障，构建和谐社会的过程必然要求妥善处理各种矛盾，依法进行利益分配，消除不和谐因素。司法则是解决社会矛盾的最终途径。司法要真正有效地化解矛盾，增进和谐，不仅要时时处处体现社会公正，而且需要在当事人之间、法律规定与案件事实之间、乡土民情与法理的相互冲突与对立中寻求一种平衡，寻求一个适当的结合点。

和谐司法局面的出现首先要求司法公正，只有公正的裁判才能赢得广大群众的支持和拥护，才会有社会的和谐。司法公正是个古老的话题，论者观点如云，有人注重制度，有人注重从业者素质，笔者认为两者都重要，但更倾向于加强制度约束。公正执法更依赖于建立和完善执法制度体系，要提升公正执法能力，就必须实现执法的规范化、程序化和制度化。

我们也要清醒地看到，和谐司法局面的出现还需要发挥其他纠纷解决机制作用，传统的调解制度既可以节约司法资源、简化纠纷解决程序、缩短纠纷解决时间，还可以实现情、理、法的融合，胜败皆服，从根本上解决纠纷，真正促进司法和谐、社会和谐。

此外，各级司法机关在实践基础上总结出来的一些经验做法，特别是近年来备受关注的刑事和解的出现，对促进司法和谐具有重要作用。湖南省宁乡县于 2006 年开始刑事和解改革试点，3 年来的实践证明，该举措对促进司法和谐和社会和谐具有重大意义。

6.3.4 加强和改善党的领导

中国共产党作为中国革命和中国特色社会主义建设事业的领导核心，也是政治和谐建设的领导核心。中国共产党的成长壮大并始终保持旺盛活力的历史充分证明，坚持中国共产党的领导就必须不断改善和加强党的领导，以改革创新精神加强自身建设。只有"把党的执政能力建设和先进性建设作为主线"，不断提高党的领导水平和执政能力，才能为社会主义政治和谐建设提供可靠的思想保证和组织保证。

加强和改善党的领导是个综合型的课题，各级党委应按照十七届四中全会的精神安排部署，深入学习贯彻科学发展观。《中共中央关于加强和改进新形势下党的建设若干重大问题的决定》（下文简称《党建若干决定》）明确提出，要建设学习型党组织。在全党营造崇尚学习的浓厚氛围，积极向书本学习、向实践学习、向群众学习，优化知识结构，提高综合素质，增强创新能力，使各级党组织成为学习型党组织、各级领导班子成为学习型领导班子。学习型党组织的建设可以提高党驾驭全局的能力和执政能力。《党建若干决定》也明确要坚持和健全民主集中制，积极发展党内民主。党内民主是党的生命，集中统一是党的力量。对于县域党组织建设，一要完善党内民主决策机制，党委会要按照集体领导、民主集中、个别酝酿、会议决定的原则决定重大事项。发挥全委会对重大问题的决策作用，完善常委会议事规则和决策程序，推行和完善党委讨论决定重大问题和任用重要干部票决制，健全和规范党委常委会向全委会定期报告工作并接受监督制度。二要保障党员主体地位和民主权利，以落实党员知情权、参与权、选举权、监督权为重点，进一步提高党员对党内事务的参与度，充分发挥党员在党内生活中的主体作用。县域党建要按照《党建若干决定》要求深化干部人事制度改革，建设善于推动科学发展、促进社会和谐的高素质干部队伍。在用人标准上要坚持德才兼备、以德为先。要完善干部选拔任用机制，扩大选人用人民主，建立健全主体清晰、程序科学、责任明确的干部选拔任用提名制度。正确分析和运用民主推荐、民主测评结果，增强科学性和真实性。鼓励多种渠道推荐干部，广开举贤荐能之路，扩宽党政干部选拔来源。县域党建要按照《党建若干决定》对廉政建设进行重要部署，开展反腐倡廉工作，一要加强对党政干部廉洁从政教育，有针对性地开展示范教育、警示教育、岗位廉政教育，改进教育方式，提高教育效果。二要加大查办违纪违法案件工作力度，保持惩治腐败高压态势，健全反腐协调工作机制，加强查办大案要案组织协调，形成整体合力。三要健全权力运行制约和监督机制，以加强领导干部特别是主要领导干部监督为重点，建立健全决策权、执行权、监督权既相互制约又相互协调的权力结构和运行机制，推进权力运行程序化和公开透明。严格执行和不断完善领导干部述职述廉、诫勉谈话、函询、质询、罢免或撤换等制度。推行党政领导干部问责制、廉洁承诺制、行政执法责任制。

6.4 完善基层群众自治制度

党的十七大报告明确提出："要坚持中国特色社会主义政治发展道路，坚持党的领导、人民当家作主、依法治国有机统一，坚持和完善人民代表大会制度、中国共产党领导的多党合作和政治协商制度、民族区域自治制度以及基层群众自治制度，不断推进社会主义政治制度自我完善和发展。"基层群众自治制度被确立为我国基本政治制度之一，因此要把坚持和完善基层群众自治制度作为实现县域政治和谐的重要方面。

6.4.1 加强基层自治组织建设

基层自治组织是基层群众自治的载体，是基层自治制度完善的基础，基层自治组织建设主要应从以下三个方面着手：

一是对基层自治组织进行重新划分。经过改革开放 30 多年的发展，县域经济政治发生巨大变化，原来的管理模式已远远滞后于经济社会的发展需要。城区面临"一变四增"：即大量"单位人"向"社会人"转变；新兴的多种所有制成分的"无主管"企业增多；以农村进城务工人员为主的流动人口增多；下岗失业人员增多；老龄人口增多。同时，由于城市建设扩容提质，存在大量管理失控的区域和人员，对社会治安和计划生育，以及居民的生活需求都造成不便。由于城市化的推进和农业现代化的要求，农村村级区划越来越表现出不适应性。社区划分整合应按照有利于服务管理、有利于整合社区资源、有利于社区自治、有利于发挥社区功能原则，以自然地域为界线，以路、街、巷和居民心理上的认同感为依据，按照大稳定、小调整，完善功能，便于管理的原则进行调整。农村村级区划调整应按照"依法办事、区划合理、整体合并、并村并账"原则制定调整方法和步骤，在广泛听取群众意见的基础上，制定科学合理的调整方案。以湖南省宁乡县为例，为适应经济社会发展需要，2003年宁乡重新整合了社区划分，2004年在黄材镇试点的基础上，将全县由原来的904个村40个社区，调整为392个村33个社区。

二是加强基层群众自治组织干部队伍建设。基层群众自治干部队伍素质是关键，基层自治组织干部队伍素质的提高要充分利用村（居）委会换届时机。换届工作要加大宣传力度，发动群众积极参与。换届工作也要依照法定程序进行，提高进入队伍的门槛，让高素质人员进入队伍。宁乡县2005年前后，调整了338个软弱涣散的村级班子，调换村委会主任317名，150多名责任心强、年富力强、文化素质高、积极带头致富的种养能手被选进村委会，完善了村级班子，带动了村民致富。在组建新的社区委员会成员时，宁乡县优先考虑大中专毕业生、军转人员、下岗职工、待业青年中的优秀人才，要求年龄男40岁，女35岁以下，高中以上文化，事业心强、热爱社区工作。基层自治组织干部队伍建设还要对村（居）委班子成员加强培训。

三是加强基层群众自治组织党组织建设。基层群众自治组织党务工作者要采取"公开招聘、择优入围、民主选举"和间接选举两种办法，把一批素质高、能力强的年轻同志选进村（居）党组织班子，实现领导班子年龄轻、文化高、结构优，彻底改变老头子老太太负责党务的情况。

6.4.2 基层群众自治组织制度建设

制度建设是基层群众自治制度的基石，基层群众自治涵盖的范围很广，其中的制度建设诸多，其中最为基本的主要有：

村（居）务公开制度。村（居）务公开的内容要全面、具体、真实、明了，要从事后结果公开，逐步过渡到事前、事中、事后全过程的公开，接受村（居）民监督。村（居）务公开的内容，分为三个方面：即政务公开、事务公开、财务公开。政务公开的内容应包括：党的方针、政策及其新近出台的政策和法律、法规；本村（社区）执行国家法律、法规的具体情况；村（居）民承担的税费、履历义务、完成情况；依法协助人民政府完成的各项任务，婚姻登记、违法婚姻处理，计划生育指标落实情况，土地管理和社会治安。事务公开内容包括：村（居）民自治章程或村规民约的运行、修改；关于集体经济发展以及兴办公益事业的重要决策；村（居）级企业和各类管理服务机构用人制度，选拔办法；有关"一事一议"的预算；土地征用落实安置情况；干部年度工作目标制度、工作责任落实、工作任务完成情况；宅基地审批、优抚、社会救济、救灾赈灾情况；集体生产资料（渔塘、土地、水面）和集体其他资料产权的发包、入股、出让，各类承包合同的调整、修订情况；群众关心的其他热点、难点问题的处理结果及进展。财务公开内容包括：财务计划及其他执行情况；各项收入内容包括："四荒"使用权转让收入，征用土地补偿款及土地租赁收入，承包项目的收入，国家下拨的优抚款、救灾救济款物、各项暂收款、集体的其他收入，各项支出内容包括：公积、公益金支出，修建费开支、管理费（含招待费）开支，干部工资、村民误工、计划生育补贴、义务兵优待金、民兵训练补贴，优抚、扶贫费开支；专项收支（资金预算、资金来源、资金使用、决算等）情况：修筑村路、建造办公楼、厂房，添置、修理农用机械等重大项目的经费收支，集体各项财产、债权、债务、收益分配情况；代收代缴费用情况：水电费以及其他以资代劳情况；群众要求公开的其他财务事项。

财务管理制度。财务管理制度包括财产物资管理制度、经济合同管理制度和财务收支管理制度。财产物资管理制度要明确村（居）各种集体经济组织所拥有的财物归属，集体经济组织增加或减少集体资产首先要严格符合国家有关法律法规及财物制度，涉及一定数量的固定资产变动要经过一定程序方可执行。集体资产交易需要通过有资质的中介机构进行资产评估。经济合同管理制度要强调公示程序和监督管理内容。财务收支管理制度中要突出规范和监督会计工作秩序。

村（居）委会议制度。首先要确定会议类型，村（居）委会议一般有主任会议、村（居）民代表会议和村（居）民会议三种。每种会议召开的次数和时间、会议主持者、会议参加者、会议内容、会议议程、会议纪律都要制度化规范化，让村（居）民明了。

民主评议制度。民主评议制度应从以下几个方面构建：评议频率，一般以半年一小评，一年一总评，特殊情况可随时进行评议；评议的主要内容，应包括村（居）委会任期目标和年度目标完成落实情况、干部岗位目标任务完成情况、自治章程和村规民约执行情况、民主决策和村务公开的执行情况、干部廉政建设情况；评议办法在上级党委、政府的统一安排下，由党支部和村（居）委会组织党员代表，村（居）民代表进行评议。通过干部述职，群众评议，考评计分，不计名投票方式进行评定。评议结果要通过适当方式与干部本人见面，并向村（居）民公布，报上级党委、政府备案作为干部考察凭据，并与其报酬奖惩挂钩。

6.4.3 基层群众自治组织民主建设

基层群众自治组织民主建设主要应在四个环节做好工作：

一是坚持民主选举，保障村（居）民民主权利。县乡两级政府要严格按照《选举法》、《地方组织法》、《村委会组织法》等法律法规的规定，在村（居）委会换届选举过程中，始终坚持公开、公平、公正的原则，由乡镇和有关部门进村指导，协助村（居）民直接提名选举村（社）干部，保证依法选举，但不干预选举，对采取不正当手段扰乱选举行为的坚决予以制止。对村（社）选举工作首先要加强宣传发动，制定选举工作实施方案，对乡镇和村干部进行换届选举业务知识培训，可以采用组织宣传车进行巡回宣讲，下发换届选举宣传简报。其次，要做好前期准备工作。完成对原村（社）班子的任期财务清理和民主测评，落实离退休干部待遇，依法组织选民参加海选，确定选举委员会成员、村（居）民代表、主任候选人和委员会候选人名单。最后，做好换届选举工作。可以采取候选人公开竞职演说，召开全体选民大会的方式，也可以采取设立中心投票站和投票点的方式进行。

二是坚持民主决策，建立村（居）民会议制度。要坚持充分发扬民主，做到村（居）民自己的事情自己管理，凡是涉及村（居）民利益的重大事项，如集体经济立项、土地承包、求助等，坚持由村（居）民会议或村（居）民代表会议讨论决定，一事一论，特事特论，不仅要维护基层群众的合法权利，而且要消除矛盾，提高决策质量，保证村务公开及公益事业的发展。

三是坚持民主管理，提高村（居）务管理水平。县乡两级政府要依照相关法律法规的规定，建立和完善以村（居）民自治为核心，以法律法规为依据，切实可行的民主管理制度。规范村（社）财务管理是开展村（居）民自治工作的一个关键，要改变财务管理紊乱的局面，切实加强基本制度建设，各村（社）都要建立《财务管理制度》、《村（居）民会议制度》、《村（居）民代表会议制度》、

《村（居）务公开制度》、《村（居）民民主评议制度》和《村（居）务档案制度》。要明确民主理财小组和村（居）务监督小组职责。

四是坚持民主监督，突出村（居）务公开。事务公开是民主监督最主要、最有效的监督形式。要全面落实村（居）务公开，实现四个规范：一是规范公开内容。按照政务、财务和事务三大块内容和村（居）民群众关心的热点问题，逐一予以公开；二是规范公开程序。对公开的内容，由主管人员提出方案，村（居）委会研究，经民主理财小组和村（居）务监督小组审查签字，报村（居）民代表会议审议通过后予以公布；三是规范公开时限。财务和一般村（居）务每季度公开一次，阶段性工作及时公开，临时性工作随时公开；四是规范公开形式。在醒目且群众便于观看的位置设立8平方米以上有防雨棚的固定公开栏，作为村（居）务公开的主要形式。同时可利用会议、印刷村（居）务公开手册、图表、编印村报、发放农民负担卡以及有线广播、电视等形式辅助公开。

6.4.4 加强对基层自治的指导

县乡党委和政府在基层群众自治上不要无所作为，而要积极引导协调，使基层群众自治健康地发展和运行。

建立健全协调机制。县乡两级要建立党政领导挂帅，纪检、财政、公安、民政、农业、审计、计生、经管等部门共同参与的协调工作机构，形成上下联动、左右配合、协力推进的工作运行机制，并保证人员和经费的落实。各协调机构及有关部门既要明确责任，各司其职，又要密切配合，形成合力，做到工作有人抓，有人管，真正形成各级各部门相互联动、一级抓一级、层层抓落实的工作局面，保证基层自治工作深入落实。

建立健全责任机制。各级党委政府及协调小组要明确协调指导基层群众自治工作有关部门的职责任务，强化各方面的责任。要把抓基层群众自治工作的责任落实到县乡党委、政府领导班子每个相关成员身上，建立严格的领导责任制。要使领导班子成员特别是主要领导明确自己在推进基层群众自治工作中的责任，要经常研究基层群众自治工作，并加强督促检查。

建立健全推进机制。建立健全推进机制要从三个方面着手：一要及时掌握工作动态，加强沟通协调。通过召开会议，深入调研，及时了解情况，搞好工作指导；二要搞好督促检查，发现和解决存在的问题。从专门部门抽调人员组成督查组，定期或不定期地对基层群众自治工作进行督查。通过听取汇报，实地查看，召开座谈会，走访群众等方式，检查工作落实情况；三要宣传推广先进经验，通报批评反面典型。注意充分发挥先进典型的示范带动作用，协调新闻单位加大对村（居）自治工作的宣传报道力度。

建立健全考核机制。要把村（居）务公开和民主管理工作列为年度工作考核和平时督查工作的范围，经常进行督促检查，年终进行综合考核。要把考核结果作为衡量县、乡、村领导班子及其成员工作实绩的重要依据。

（执笔：胡高飞　陈鑫　谢政）

第七章　县域经济和谐

　　党的十六大基于中国的基本国情，从中国特色社会主义现代化的全局出发，在报告中首次提出："发展农产品加工业，壮大县域经济。"① 这是"县域经济"概念第一次被写进党的文献。自此，"县域经济"被正式纳入国家经济建设和经济体制改革的范畴。研究县域经济和谐意义重大，县域经济是国民经济的基本单元，是统筹城乡、统筹区域经济发展的新思维，是解决"三农"问题的新抓手，是推进工业化、城镇化的新基点，是全面建设小康社会和加快构建社会主义和谐社会的新内容。

7.1 经济和谐的内涵

7.1.1 经济和谐的产生与发展

　　经济和谐论产生于 19 世纪 30 年代的西方资本主义国家，主要代表人物是法国的巴师夏和美国的凯里。巴师夏和凯里的经济和谐论基本观点完全一样，都是从他们所"创见"的资本主义制度本身的"分配规律"出发，认为资本家和工人的利益是注定会和谐一致的，资本主义社会就是一个资本家和劳动者共同合作的、美好的

---

① 《十六大报告辅导读本》，人民出版社 2002 年版，第 21 页。

社会。①

显然，西方的经济和谐论是掩饰资本主义社会阶级矛盾的一种资产阶级庸俗经济学的理论，它的目的是维护资产阶级统治和掩盖阶级矛盾。② 但经济和谐论传播到世界各国，由于各国国情的不同，被赋予了新的涵义与内容，特别是在中国科学发展观的指导下，形成了中国特色的县域经济和谐论。中国县域经济和谐论摒弃了西方经济和谐论的阶级庸俗理论，承认矛盾的存在，通过采取有效措施逐步缩小不同阶级之间的收入差距和社会地位差距，使社会逐步走向和谐。

7.1.2 经济和谐的定义

县域经济和谐的定义众说纷纭，没有一个统一的说法，其内蕴十分丰富，主要包括县域经济管理和谐、县域经济关系和谐和县域经济发展和谐三个方面。

县域经济管理和谐就是通过充分发挥市场机制的作用和合理适当的宏观调控，形成和谐、诚信、公平、竞争的经济环境，使企业的个性、自我教育、自我管理能力获得充分发展和发挥，使企业的行为得到国家法律法规的有效监督和约束。③

县域经济关系和谐最终要达到的目标是：济贫安居，策富乐业；公私兼容，互竞向荣；买卖公平，互信互利；有借有还，再借不难；要素分配，各得其所。④

县域经济发展和谐要达到经济增长、结构变迁、福利改善和环境与经济可持续发展四个目标才称得上和谐。⑤ 其中最重要的是优化

---

① 谷书堂：《经济和谐论》，中国经济出版社 1993 年版，第 1—5 页。
② 刘荣春、于小伟、毛韵：《巴师夏"经济和谐论"的历史庸俗性、合理内核及现代启示》，《江西师范大学学报》（哲学社会科学版）2007 年第 6 期。
③ 席酉民、韩巍、尚玉钒：《面向复杂性：和谐管理理论的概念、原则及框架》，《管理科学学报》2003 年第 4 期。
④ 胡培兆：《协调经济关系 日臻社会和谐》，《理论前沿》2005 年第 17 期。
⑤ 苏东水：《产业经济学》，高等教育出版社 2001 年版。

资源配置，发展"绿色经济"和"循环经济"，节约资源，保护环境，实现环境与经济的可持续发展。

7.1.3 经济和谐的核心

县域经济和谐的核心是发展和谐。前面提到经济发展和谐包括了经济增长、结构变迁、福利改善和环境与经济可持续发展四个目标。这四个目标又集中体现了经济发展速度、经济发展结构和经济发展质量三个经济发展的核心因素。[①]

经济发展速度标志着县域在一定时期内扩大再生产和提高人民生活水平的能力。县域经济发展速度越快，越能创造出更多的物质财富来满足人民日益增长的物质文化需求。人民的物质文化需要得到了满足，矛盾就会弱化甚至消失，又能进一步推动社会的和谐发展。

经济和谐发展的过程也就是其结构由非均衡到均衡的过程。合理的县域经济发展结构适合县域的县情，能充分利用内外一切有利条件；能合理而有效地利用人力、物力、财力和自然资源；能保证县域经济的协调发展以及推动科学技术进步和劳动生产率的提高；更重要的是能最大限度地增加居民的财富。合理的经济发展结构通过经济的快速发展和财富的积累为社会和谐提供强有力的物质基础。

经济发展的质量问题从根本上说是经济发展中的效益问题，它包括经济效益、社会效益和环境效益。县域经济和谐发展，就是要使县域效益最大化，三大效益和谐统一。县域经济发展的质量和水平，最终要通过伴随着经济效益的提高而形成的社会效益提高、生态平衡和社会进步来实现，即通过诸如健康状况、文化科学技术水平、政治环境、生态平衡、人的全面发展等来体现。[②] 只有经济发展

---

① 《县域经济的内涵与总体特征》，湖南统计信息网，2006。
② 温家宝：《在省部级领导干部树立和落实科学发展观专题研究班上的讲话》，《人民日报》，2004年2月22日。

以节约资源为前提，不以危害环境为代价，才能维持全国乃至全人类福利的自然资源基础，才能实现全社会的可持续发展。

7.1.4 经济和谐的时代特色

在我国现阶段，县域经济和谐有两大时代特色。第一个特色是县域经济和谐发展必须以科学发展观为指导。[①] 发展县域经济，不仅要注重经济快速增长，更要注重可持续发展。速度和质量的关系是县域经济发展的重要问题，特别是资源开发与环境保护的关系，越来越受到当今社会的高度关注。在发展经济的同时，必须坚持可持续发展观，坚决杜绝片面追求发展速度、而不考虑保护资源和环境的政绩工程。要从思想上跳出县域经济等于资源经济的怪圈，牢固树立环境保护、效益经济和可持续发展的观念。既要充分利用优势资源，搞好开发，加快发展，又要科学规划，注重环保，推进绿色工业和绿色农业，大力发展资源的综合利用和循环经济，使社会、经济、环境协调均衡的发展，把环境和资源优势转化为经济发展优势，切实推进县域经济的可持续发展。

第二个特色是县域经济和谐发展的当前首要任务是缩小贫富差距。[②] 经济和谐就意味着经济利益的一致，没有矛盾和争端，然而现在日益凸显的贫富差距却背离了和谐的宗旨。贫富差距日益扩大已成为我国一个非常严重的社会问题，也是当前广大人民群众关注的问题之一。如果不能得到妥善的解决，它就会影响到经济增长，加剧经济秩序和社会秩序的混乱，甚至威胁到社会政治的稳定、危害到民族团结和国家安全。贫富差距的日益扩大成了县域经济和谐发展道路上的拦路虎，我们必须从战略的高度把缩小贫富差距作为发展县域和谐经济的首要任务。

---

①　《关于对发展县域经济的思考与建议》，湖北畜牧兽医信息网，2009 年 12 月 10 日。

②　《统计局报告称缩小贫富差距系实现小康社会关键》，《人民日报》（海外版），2009 年 12 月 28 日。

7.2 经济和谐的原则

7.2.1 科学发展观认识论原则

科学发展观认识论不仅申明世界是可以认识的和实践是认识的基础，还赋予人类批判真理的能力，告诉人类实践如何检验真理以及检验些什么。[①] 在县域经济和谐发展这个问题上，我们必须用科学发展观的认识论来指导我们的经济研究与实践。

科学发展观认识论要求科学认识县域和谐经济。发展县域和谐经济，首先必须科学认识县域和谐经济是什么，发展县域和谐经济有什么重要作用。其次要认识自己县域的特色在哪里，劣势在哪里，应该怎样发展自己县域的经济。只有这样正确地认识县域经济，重视县域经济，并从县域的实际出发，找准优势和劣势，才能为县域和谐经济的发展作出正确的指导。

科学发展观认识论要求科学实践县域经济活动。首先每一个县域的资源、文化以及人情都不同，只有深入县域基层才能了解县域的真实情况，才能发现县域经济发展中存在的问题；其次，县域经济和谐发展的理论有其局限性，不能解决所有县域经济发展的问题，需要具体问题具体分析，这也需要科学实践；再次，县域经济和谐发展有其特殊性，它是基础中的基础，现在很少有经验可以借鉴，需要县域自己去科学实践。

科学发展观认识论要求科学批判县域经济理论。县域经济发展过程中，需要及时检验县域经济理论的科学性，科学发展观认识论能让经济学家们在面对新的经济学理论时作出有效的批判，并且详细深刻地揭示实践如何检验真理以及检验些什么，对县域经济理论和实践具有重大而深远的指导意义。

———————————

① 资料来源于《科学发展观的哲学光芒》。

7.2.2 城乡一体化原则

　　县域城乡一体化就是要把县域工业与农业、城市与乡村、城镇居民与农村居民作为一个整体，统筹规划、综合研究，通过体制改革和政策调整，促进城乡在规划建设、产业发展、市场信息、政策措施、生态环境保护、社会事业发展的一体化，改变不合理的城乡二元经济结构，实现城乡二元经济结构向现代经济结构的转变，从而促进整个县域经济的和谐发展。[①]

　　县域城乡一体化可以缩小城乡贫富差距，解决"三农问题"。由于历史和政策原因，我国的城乡差距不断增大，农民生活水平低、农村发展落后、农业相对工业效益低，形成了著名的"三农问题"。县域城乡一体化通过工业反哺农业、城市支持农村和新农村建设，建立有利于改变城乡二元结构的体制机制，推进农村综合改革，促进农业不断增效、农村加快发展、农民持续增收。[②]

　　县域城乡一体化可调动农民的积极性，一心一意发展经济。如果农民不能享受城市公民一样的待遇，他们就不会有归属感，也不会以县域主人翁的身份主动为县域创造更多的财富，从而在一定程度上损害了经济和谐。相反，在县域经济发展过程中，坚持城乡一体化，能够调动农村各种生产要素主体的积极性，能够充分利用资源，使工农业资源对接、流动和共享，不断丰富县域物质财富，不断提高人们的物质文化生活水平，为县域经济乃至社会和谐发展提供物质基础。

　　城乡一体化可以实现县域经济的健康、持续发展，促进县域经济和谐。适当的矛盾可以促进事物的发展，但过度的矛盾将阻碍事物的发展，现在城乡经济的过大差距已经影响到了县域经济的和谐。

---

　　① 曾锐、匡远配：《长株潭城市群建设"现代农业引领区"的理论分析》，《湖南农业科学》2009 年第 7 期。

　　② 内容出自中国共产党第十六届中央委员会第六次全体会议的《中共中央关于构建社会主义和谐社会若干重大问题的决定》。

城乡一体化可以通过增强农村集体经济组织服务功能、完善农村金融服务体系、加快农业科技进步、提高农业综合生产能力和调整优化农村经济结构，促使农村积极转变，进而促使县域经济持续健康和谐发展。

7.2.3 可持续发展原则

可持续发展是既满足当代人的需求，又不对后代人满足其需求的能力构成危害的发展，既要达到发展经济的目的，又要保护好人类赖以生存的大气、淡水、海洋、土地和森林等自然资源和环境，使子孙后代能够永续发展和安居乐业。[①] 在县域经济发展过程中，可持续发展的原则至关重要，它不仅关系到我们自身，也影响后世子孙的幸福安康。

可持续发展要求县域经济发展坚持公平性原则。县域经济可持续发展要满足县域人民的基本需求，要给县域人民机会以满足他们要求较好生活的愿望；要给其他县域以公平的分配权和发展权，要把消除贫困作为县域经济可持续发展进程特别优先的问题来考虑；而且，要认识到县域赖以生存的自然资源是有限的，不能因为自己的发展而损害后代人满足需求的条件——自然资源与环境。

可持续发展要求县域经济发展坚持持续性原则。县域经济的发展不能超越资源与环境的承载能力，人们应该根据可持续性的条件调整自己的生活方式，在生态可能的范围内确定自己的消耗标准。发展不应损害支持地球生命的大气、水、土壤、生物等自然基础系统，自然基础系统一旦破坏，县域经济就失去了发展的物质基础，人类本身也难以为继。如果我们在县域发展过程中，能真诚地按持续性原则行事，那么人类与自然之间就能保持一种互惠共生的关系，也只有这样，县域经济和谐才能实现。

---

① 该定义引自：1987 年由世界环境及发展委员会所发表的《布特兰报告书》。

7.2.4 共同性原则

共同性原则指地方性的决策和行动应该有助于实现全球的整体协调，许多跨国界的全球性问题必须进行全球性合作，而对于全球共有的资源则需要在尊重各国主权和利益的基础上判定各国都可以接受的全球性目标和政策。[1] 针对本文而言，共同性指的是为县域经济和谐发展这个目标而共同承担的责任与义务。

县域经济和谐发展要求全国所有县共同承担责任、共同合作。县域经济不是一个独立的单元，而是处于有机的区域经济联系之中。发展县域经济，不能自我封闭，而必须立足县域，面向全省和全国。县域比较优势和县域特色的确立，新型产业的布局和发展，都要胸怀全局，面向市场，注重区域合作，找准自己在大区域分工中的定位，有效地利用好中心城市的辐射和带动作用，积极向城市融合，主动参与区域分工合作。[2] 县域经济和谐发展不光考虑县域经济的内部性，还要考虑县域经济的外部性，不能为追求一个县域的内部经济而使其他县域经济受损。还有县域经济和谐发展过程中有共同的问题需要国家统一调控才能解决，比如保护环境、节约资源、资源的合理配置等等。所以，要实现全国的县域经济和谐发展，需要全国所有县域共同合作、共同承担义务。

7.3 经济发展模式的创新

7.3.1 优化工业产业结构，培育特色主导产业

加快园区建设，推进产业集聚。迈克·波特曾指出，一个国家或地区在国际上具有竞争优势的关键是产业的竞争优势，而产业的

---

① 该定义节选自《科学发展观学习读本》。
② 摘自温家宝《在省部级领导干部树立和落实科学发展观专题研究班上的讲话》。

竞争优势来源于彼此相关的产业集群。在经济发展过程中，产业集群的聚集往往依赖相关的产业园区。因而，加快园区建设是促进产业集群强有力的助推器。企业是产业发展的重要载体，园区是企业赖以生存的外部环境。推进产业集聚，就要大力推进产业园区建设，从政策引导、基础设施、物流配套、人力资源等方面着手，努力营造重项目、重工业发展的园区环境，努力打造高效、便捷的园区管理服务平台，引导和聚集关联性强的企业进园兴工兴业，培育规模企业成为园区核心企业，引进配套企业进入，完善产业配套服务设施，盘活园区经济，凸显园区整体规模经济。

突出发展重点，打造特色经济。县域经济是一种行政区划型区域经济，是以县城为中心、乡镇为纽带、农村为腹地的区域经济，多个区域经济实体之间往往毗邻而立。在县域经济蓬勃发展的同时，工业发展同质化、产业重复建设等问题日益凸显出来，如何实现区域经济协调和可持续发展是当前县域经济发展中的难题。因此，突出发展重点，打造各具特色的产业经济是实现区域经济协调和可持续发展的唯一出路。特色经济带有鲜明的比较优势和区域特色，发展县域特色经济一定要走出全面抓、抓全面的常规思维，坚持有所为、有所不为的原则，结合本地资源状况、交通区位、产业结构、科技水平等综合因素，在全国、全球经济发展新格局中，打造自己的特色产业链条，扩张自己的产业优势，建立自己经济发展的"坐标系"，大力培植"人无我有、人有我优、人优我特"的市场亮点，开辟适合自己发展的新路子。

调整产业结构，发展新型工业化。调整产业结构，就是要转变发展方式，摒弃粗放经营的发展模式，大力发展"科技含量高、经济效益好、资源消耗低、环境污染少、人力资源优势得到充分发挥"的新型工业。产业调整是基础，发展新型工业化城市是目标。要立足于产业结构的调整、优化、升级，加快机制转换和体制创新，以技术改造、产品创新为突破口，立足本地主导产业，抓大扶强；要加快县域产业发展规划制定，以本地优势产业为主导，大力发展特色产业；要加快淘汰落后产业，实施产业转移和升级，探索循环经济发展模式。

7.3.2 发展现代农业，建设社会主义新农村

国无农不稳，农业是县域经济的发展基础。农业兴，县域经济的基础才会牢固，农村兴，城市发展才有后劲。发展现代农业，建设社会主义新农村是县域经济实现又好又快和可持续发展的基础。

大力发展现代农业，实现农业产业化。发展现代农业，建立农业产业化是在市场经济条件下农业发展的一种新模式。农业产业化是在市场经济条件下，通过将农业生产的产前、产中、产后诸环节联结为一个完整的产业系统，实现种养加、产供销、贸工农一体化经营，提高农业的增值能力和比较效益，形成自我积累、自我发展的良性循环发展机制。在实践中，它表现为资源配置市场化，布局区域化，生产专业化，产供销一体化，经营规模化，经营方式集约化，经营管理企业化，产品流通商品化，生产技术科学化、生产手段机械化等特征。大力发展现代农业，实现农业产业化，对促进我国农村市场经济的发展，巩固县域经济发展的基础，将起到十分重要的作用。

加快农业产业结构调整，促进农业科技成果转化。县域农业经济的可持续发展，要立足于发展现代农业，加快农业产业结构调整，加快农业科技成果转化，实现农业产业集约发展，提高和突出科学技术在农业生产活动中的作用。首先，要加快农业产业结构调整步伐，培育具有地方特色优势和市场竞争优势的农业主导产业。要立足当地资源条件，以市场为导向，开发特色产品，通过专业化生产，做大做强本土特色农产品。要打造具有区域特色的优势产品区域带，培育地方特色浓厚的农产品品牌。要凸显农业产业化"龙头"企业的作用，建立辐射面广、带动能力强的农产品加工、销售和科技开发体系，以农业产业"龙头"企业带动地区整体农业产业结构调整。其次，要创新机制，鼓励和支持农业科技成果转化。建立以县为主

渠道、以乡为骨干、以村为基础、以民间科技组织为补充的农技推广网络，健全有利于农业成果推广的社会化服务体系，促进科技成果向规模化、产业化方向发展；创新农业产业化发展机制，设立和建设高效农业科技示范园区、农业综合开发科技示范区等现代农业产业化发展基地。

建设农村信息交流平台，搭建农产品交易平台。以新农村建设为契机，把建设农村信息交流平台作为新农村建设的重要推手，搭建农产品交易平台，畅通农产品交易流通渠道。要把构建农村信息交流平台作为推进农村信息化建设的重点，实行"政府统筹、市场运作、部门服务、农民受益"的运作机制，切实抓紧抓好，抓出成效。

7.3.3 营造良好环境，壮大民营外资经济

民营经济是县域经济最具成长性的经济力量。蓬勃发展的民营经济对扩大社会就业，促进社会和谐发挥着重要作用。

民营经济的发展并非自发自为，政府在发展民营经济方面大有可为。首先，要构建完善的创业融资体系，增强创业资本的可获性；其次，要建立健全创业服务体系，降低创业门槛；再次，要建立健全创业教育培训体系，增强创业技能；第四，要制定和完善相关的创业扶持政策，减少创业的政策成本；第五，要建设创业基地和园区，营造良好的创业平台和载体。[①]

促进县域民营经济发展要特别重视两股力量。一是返乡创业的农民工"精英"群体。他们不仅有开阔的视野、熟练的技能、雄厚的资本和先进的管理思想，更有饱满的创业激情，积极引导和支持他们返乡创业，必将成为县域经济发展的"助推器"。二是在县域外创业成功的本籍人士，要制定优惠政策，吸引他们回乡投资创业，为家乡的建设出力。通过两股力量的带头示范作用，弘扬企业家精

---

① 辜胜阻：《以民营经济为主体壮大县域经济》，《人民论坛杂志》2009 年 9 月 17 日。

神，激发社会上自我创业、自我发展的欲望，形成尊重创业、鼓励创业和保护创业的社会氛围，形成推动县域经济发展的内在驱动力。

此外，外资经济也是县域经济的有益补充。引进外资经济不仅对拉动经济增长、增加税收、推动技术进步有积极作用，更重要的是外资的进入开阔了县域经济的发展视野，将县域经济引入了全球产业分工，加快了县域经济结构调整和产业结构优化升级。现阶段，县域内发展外资经济的主要阻力是内部环境和政策的不完善，要通过优化投资环境，积极吸收外资，探索县域经济发展的新模式和新突破。

7.3.4 城乡互动发展模式

城乡互动发展指从区域发展角度出发，通过市场机制，使资源、资金、技术在城乡之间、在不同产业之间有序流动和优化组合，促使城乡经济持续发展。在构建和谐经济的进程中，发展城乡互动双赢模式有利于城镇和乡村的共同发展和县域空间结构的整体优化。

建设现代农业，加快工业化和城镇化进程。现代农业建设的基本方向是推进农业产业化，农业产业化既是工业化的延伸，又是城镇化的基础，通过建设现代农业，推进农业产业化，可以提高农产品加工业和非农产业的比重，把农民从纯农业中解放出来，从土地上解放出来，促进土地向大户集中、工业向园区集中、人口向城镇集中，进而加快工业化和城镇化的进程。可以说，建设现代农业是推进县域工业化进程的必然选择。

工业反哺农业，促进现代化农业建设。党的十七届三中全会《决定》指出，在我国现代化进程中，要始终坚持工业反哺农业、城市支持农村和多予少取放活的方针，深入贯彻落实科学发展观，把建设社会主义新农村作为战略任务，把走中国特色农业现代化道路作为基本方向，把加快形成城乡经济社会发展一体化新格局作为根本要求。这是我们党在工业化、城镇化进程中，准确把握时代特征，科学制定发展思路，正确处理工农关系和城乡关系，促进农村经济社会全面协调可持续发展的战略决策。

坚持工业反哺农业，加快农业产业化进程。转移农村劳动力，首先要加快推进城乡就业制度一体化，着力改变农民就业不充分的状况。农民就业不充分，是影响农民收入和农业比较效益的重要因素。加快农村富余劳动力转移，要以实现城乡平等就业为目标，建立城乡统一的公平就业制度和劳动力市场，创造平等就业、公平对待的就业环境，引导和支持农村富余劳动力转移出来，切实加强对进城务工农民的就业服务和权益保护。其次，要切实保护农民工合法权益。要放宽中小城市落户条件，使在城镇稳定就业和居住的农民有序转变为城镇居民。应努力打破城乡壁垒，加快形成城乡统一的劳动力市场，拓展农民进城务工的渠道，建立健全城乡就业服务体系，加强就业培训，保护进城务工经商农民的合法权益，逐步解决农民工进城居住、社会保障、子女上学等问题。

健全城乡社会保障制度。2009年，国务院出台了新型农村社会养老保险试点的指导意见，按照加快建立覆盖城乡居民的社会保障体系的要求，逐步解决农村居民老有所养问题。新型农村社会养老保险，为健全城乡社会保障制度指明了方向。县级政府要结合县情，迅速行动，加快推进新型农村社会养老保险试点。要处理好新老农保制度之间的衔接，妥善做好新农保制度与农村计划生育家庭奖励扶助政策、农村五保供养、农村最低生活保障制度等的配套衔接工作。

7.3.5 循环经济发展模式

循环经济是相对于传统粗放型经济而言的，它是指在人类社会的经济活动中，遵循生态学规律，通过优化物质在经济系统内部的循环和流动，减少资源输入和污染输出，使生产过程中的废弃物减量化、资源化、无害化。循环经济发展模式可在增长经济的同时保护环境，是实现经济系统和自然生态系统的和谐循环与可持续发展的经济发展方式。

走新型工业化道路，发展生态工业园区。走新型工业化道路，要将绿色发展作为开发建设的主旋律，不断丰富工业生态系统的多样性，发展生态工业园区。注重工业生态系统分解者、再生者的建设，鼓励园区产品层次、企业层次、区域层次的物质、信息、能量交换，降低园区内物质、能量流动的比率，减少物质、能量在园区外的流动规模，建设并持续运行产业共生与产业一体化生态链，形成不同产业部门之间以及与自然生态系统之间的生态耦合和资源共享，物质、能量多级梯度利用、高效产出与持续利用，构筑园区产业生态系统框架。① 园区招商引资要打破规划的局限，从现有生态工业系统建设需要和市场机制入手，有选择地进行主题招商和"补链招商"，丰富工业生物多样性，开辟多条可行的原料渠道，增强生态工业园区的柔性，完善产业链、产品链和废物链，形成多产品、多链条的生态工业网状结构。

立足新农村建设，发展生态农业。要坚持以科学发展观为统领，以建设"生产发展、生活宽裕、乡风文明、村容整洁、管理民主"的社会主义新农村为出发点，以保护和改善生态环境为基础，以特色资源产业化开发为重点，实施生态环境综合治理和农业综合开发。生态农业是"以人为本"的农业，也是按照科学发展观的要求，统筹人与自然和谐地发展农业。发展生态农业要以市场为导向，以科技为手段，以优质、高产、高效、生态、安全为目的，以增加农民收入、振兴农村经济为落脚点，走出一条经济、社会、生态三大效益协调发展的现代农业新路子。发展生态农业要大力推进农业现代化，发展多种经营模式、多种生产类型、多层次的农业经济结构，引导集约化生产和农村适度规模经营，优化农业和农村经济结构，促进农牧渔、种养加、贸工农有机结合，构建一、二、三产业的有效链接以及各产业、各生产部门之间的科学链接，形成产加销一体

---

① 何炳光：《国际上在发展循环经济方面可供借鉴的经验和做法》，《国外能源》2003 年第 10 期。

化产业体系，推动生态农业的市场化、国际化、标准化、规范化、品牌化和规模化，逐步建立一个具有县域特色的资源节约型、经营集约化、生产商品化的现代农业模式，积极稳妥地推进生态农业的健康持续发展。

7.3.6 建立健全的县域财政、金融机制

稳步推进省管县财政改革。建立健全的县域财政、金融机制，要以"扩权强县"改革为契机，调动县域经济发展的积极性。一是要把"扁平化"的财政体制改革作为扩权强县的突破口。在省以下启动和推动"省直管县"财政管理体制和"乡财县管"财政管理方式的改革，逐步完善中央、省、市县三级财政体制。二是要把金融体制改革作为扩权强县的配套措施。积极扩大县级金融机构的信贷审批权限，提高县级金融机构的金融服务能力。金融部门要进行金融工具创新，不断探索满足农民和其他居民资金需求的新形式。在民间借贷比较普遍的地区，可组建区域性中小股份制商业银行、社区银行等，启动民间资本。三是要把因地制宜作为推进扩权强县改革的重要原则。有些地区"市管县"体制还在发挥着积极作用，有些地区客观上需要维持现行的"市管县"的体制，因此扩权强县的改革要具体问题具体分析，因地制宜，不能"一刀切"。

深化农村金融体制改革。2008年中央一号文件明确指出，"加快推进调整放宽农村地区银行业金融机构准入政策试点工作，加大中国农业发展银行支持'三农'力度，推进中国农业银行改革，继续深化农村信用社改革，完善政策性农业保险经营机制和发展模式"，预示着我国农村金融体制改革逐渐进入深水区。农村金融体制改革是一个系统工程。由于农信社是目前农村正规金融中的主力军，因此对农信社的改革构成了今后农村金融体制改革的重点，具体地说，深化农村金融体制改革至少应包括以下方面：分清财政与金融的职能，增加财政的投入，降低农民的负担；完善治理结构和激励机制，明确农村信用社的产权，改善其治理结构，并赋予其经营自

主权；开放农村金融市场，制定准入标准和程序，创造一个金融机构公平竞争的环境；加快农村土地制度的改革，建立农业保险、大宗农产品期货和信用登记系统，降低农村金融机构的贷款风险；建立有效的多层次监管框架，对不同风险的农村金融机构采取不同的监管方式；加快建立农村金融机构存款保险制度，增强对农村金融机构经营的市场约束；用市场化的手段引导农村资金服务"三农"；建立开放的商业化农村金融扶贫体系，动员社会资金参与扶贫。

7.3.7 提高科技自主创新能力

增强企业自主创新的主动性和自觉性。科学技术是第一生产力，县域经济的长远发展必须要有雄厚的科学技术做支撑，在县域发展中，政府应从多方面加强引导，鼓励创新，增强企业自主创新的主动性和自觉性。一是要加大宣传力度，营造自主创新的良好氛围，推动全社会关注、重视、支持自主创新，促使企业负责人提高创新意识，激发创新动力，增强科学发展的紧迫感，实现从"要我创新"向"我要创新"的观念转变。要鼓励自主创新，出台鼓励发展高新技术产业的优惠政策，为民营企业加快自主创新步伐营造良好的政策环境。二是要加大创新投入，增强企业自主创新支撑力。要建立科技投入增长机制，政府要加大对科技的投入，优化科研经费投入结构，将企业高新技术项目优先列入政府科技计划。要建立风险投资机制，设立民营科技企业自主创新风险基金，增强企业抵御风险的能力。要加强与金融部门的协作和密切配合，做好科技开发信贷支持工作，创造条件扶持有经济实力的法人创办民间风险投资公司和专门为企业自主创新而设立的融资担保公司，千方百计解决企业自主创新中的融资难问题。要引导企业建立技术开发专项资金，鼓励和支持企业与科研机构、大专院校采取合资合作、技术转让、以有形资产和无形资产入股等形式筹集技术创新资金。

实施"人才强县"战略，引进培养高素质的创新创业人才。人才短缺是制约县域内企业自主创新的主要瓶颈，因此要牢固树立人才是技术创新第一资源的观念，进一步提高对人才重要性的认识，引进和培养高素质的创新创业人才，建立有利于调动创新人才积极性的激励机制，努力做到一流人才，一流贡献，一流待遇；特殊人才，特殊贡献，特殊对待。以实施创新人才培养工程为抓手，以支柱产业、重点科研和工程项目为依托，以股权配给、职称评定、成果奖励、知识产权保护、政府津贴等政策措施为手段，重点培养一批科技人才。要完善人才引进机制，创新人才引进的形式和内容，把培养和引进一批高层次的科技人才作为人才工作的重点，用优惠政策和良好的发展环境吸引外地人才来县域工作和创业。在人才的培养和使用上要做到尊重与爱护相结合、培养与引进相结合、培养专家与培养企业家相结合、培训技术人员与培训职工相结合、企业受益与科技人员个人受益相结合，坚持引进来与走出去相结合。

加强企业知识产权保护和标准化工作。加大对企业申请专利、商标等知识产权的扶持和保护力度。由政府设立专利申请资助资金，对申请国内外的发明专利、实用新型和外观设计专利进行资助。重点支持发明专利产业化，提高拥有自主知识产权的高新技术产品比重。鼓励企业实施专利战略和标准化战略，引导、扶持企业参与行业标准、国家标准和国际标准制定，形成拥有自主知识产权的技术和标准。重点支持企业通过再创新推动"以我为主"形成技术标准。加大保护知识产权的执法力度，营造尊重和保护知识产权的环境。

推动科技成果转化机制建设。推动科技成果转化机制建设，要认真落实《科技进步法》和《促进科技成果转化法》，尤其是落实《关于促进科技成果转化的若干规定》中出台的鼓励高新技术研发和成果转化、保障高新技术企业的经营自主权和为鼓励高新技术成果转化创造环境条件的相关政策。制定和出台更加完善的促进县域内科技成果转化的政策文件。特别是在为科技人员的发明专利和科研成果划拨产权比例，为创办民营科技成果转化企业提供顺畅的融资渠道，减免税收政策等方面提供政策支持。推动科技成果转化机制建设，要建立完善的成果转化监督机制。为了净化科技成果的转化环境，淘汰那些过时的、技术含量较低的、实用性较差的成果，在成果转化阶段，成果的主要完成人在享受成果转化优惠政策的同时，必须对成果的后效担负相应的法律责任。应建立起一套完整的技术跟踪监督机制。推动科技成果转化机制建设，要理顺成果奖励条例，设立成果转化奖。国家设立"自然科学奖"、"科技发明奖"和"科技进步奖"。县级政府可以在奖励制度上与国家保持一致性，划拨专项资金，设立科技成果转化奖励制度，重点奖励企业的科研成果，特别对获得发明专利，并转化为产业化的项目单位和个人给予重奖。同时，企业在收入分配上要体现激励机制，技术要素参与分配，实施期权、参股或从销售收入提取分成等激励措施，吸引留住科研人才。

7.4 优化经济发展环境

"郡治县则天下安，片栽梧桐引凤来。"① 一个地区的经济发展是该地区各类经济活动赖以生存、发展的土壤和条件，只有不断优化经济发展环境，才能为经济的快速发展扫除阻力和障碍。

经济发展的环境包括硬环境和软环境两个方面。硬环境主要包括基础设施、综合经济实力、自然资源等方面。软环境主要包括人文因素、政策因素、体制因素、法制因素和服务因素等，而优良的软环境则表现为开放务实的观念、丰富的人力资源、健全的法制、完善的经济体制和政治体制、优质高效的服务以及由此带来的公开、公正、公平的创业氛围。如果说硬环境是经济发展的基础，那么，软环境则是经济发展的关键，一般来说，优化经济发展环境主要是优化区域的软环境。

---

① 王长平、王宪军：《优化经济发展环境的研究》，《企业与管理》2008 年第 19 期。

7.4.1 营造成熟规范、便捷高效的服务环境

服务环境通常是指政府以公开、公平、公正为导向，以行政服务中心、廉政投诉中心、社区服务平台等政府主导的服务机构为载体，以提供优质高效的公共产品满足社会共同需要为目标的有机体。它包括政府横向和纵向机构设置、人员配置、行政工具等硬性条件，也包括规章政策、公务员服务态度、行政模式等软性条件。服务环境的核心是服务，服务通过载体进行，载体建设是以成熟规范、便捷高效为指导原则。

理顺政府、市场、企业的关系，营造成熟规范的政府服务环境。按照有所为有所不为的思路，把资源配置权交给市场，把生产经营权和投资决策权交给企业，把社会可以自我调节和自主管理的事情交给社会中介组织，把群众自治范围内的事情交给群众自己依法办理，实现行政管理由高度集权向适度分权转变，由管理型政府向服务型政府转变，从以往直接干预微观经济转到建立成熟的市场秩序、营造良好的发展环境上来，由直接监督管理转到规范市场监管、提供优良服务并存的方向上来。

改革行政审批运作程序，营造便捷高效的服务环境。实践证明，过多、过滥的行政审批是导致行政效率低下的体制性原因，是经济生活中一系列弊端的一个源头。[①] 要发展和谐经济，必须按照精简、统一、效能原则和决策、执行、监督相协调的要求，推进政府机构改革，规范部门职能，合理设置机构，优化人员结构，切实解决层次过多、职能交叉、人员臃肿、权责脱节和效率低下等问题。要创新政务服务公开模式，建立政务集中办事大厅，推行和完善"一站式办公，一条龙服务"，实行服务承诺制、限时办结制和失职追究制等，提高行政效率和服务水平。

---

① 张战伟：《优化河南经济发展环境的相关问题分析》，《中州学刊》2003年第4期。

7.4.2 营造宽松灵活、公开透明的政策环境

政策是国家对社会进行管理和对宏观经济进行调控的行动准则，它可以对经济主体行为构成有力的激励和约束。作为重要的软环境因素，政策在促进经济全面协调可持续发展中起着至关重要的作用。政策环境搞不好，经济社会就难以发展。从这个意义上讲，抓政策环境就是抓机遇，就是抓发展，就是解放生产力。

良好的政策环境是一种特殊的资源，有约束力，但不是捆绑力，而是规范力，更是推动力。综观发达地区的经验，无一例外地表明，充分发挥政策制度优势，可以强势推动地方经济的发展。

政策具有撬动作用。一项好的政策能扶持许多企业加快发展，能激励许多企业家去奋力拼搏、再创辉煌，能富一方经济。政策具有科学规范作用。政策能使公务人员改变作风，改进作风，营造良好的投资环境；政策也能使企业诚实守信、规范经营，提高企业的公信力和影响力。政策具有创新推动作用。随着时代的发展、社会的进步，及时修改政策、完善制度能极大地调动各种积极因素。反之，守旧、落后的政策会制约一方经济的发展，阻碍经济和谐。

为此，营造宽松灵活、公开透明的政策环境显得尤为重要。从某种意义上说，良好的政策环境就是生产力，良好的政策环境就是竞争力，良好的政策环境就是发展潜力。政策环境是不是宽松灵活，决定着一个地区经济的发展速度和效率；政策环境是不是公开透明，决定着一个地区经济的发展活力和潜力。宽松透明的政策环境可以聚集生产要素和吸引优秀人力资源，可以降低商务成本和提高经济效益，是促成经济发展的基本保证和重要保障。

7.4.3 营造保障有力、规范有序的法治环境

法治环境属于经济环境中的上层建筑部分，它有两个层面——

社会治安和经济秩序。① 社会治安环境是较低层面，是基础。在公民人身、财产得不到基本保障的地方，发展经济的基本条件也就不具备。因此，优化社会治安环境是促进一个地方经济发展的基本条件，是执政为民、维护广大人民根本利益的本质要求。市场经济秩序是法治环境的更高层面，法制化的市场经济秩序要求市场主体平等、市场运作规范、资源自由流通以及对公共权力的限制。所以，良好的发展环境不仅指社会治安稳定，更要求市场按照法定规则有序运行。只有建设一个法治、诚信的社会环境，才能更好地推动地方经济的发展。

要使地方经济稳定持续发展，政府的最主要职能就是建立秩序，而秩序可以通过法制来实现。② 法治带有强制性，它是建立市场秩序的主要力量。秩序对经济主体行为的影响很容易被政府官员忽视，这种影响往往是无形的和难以估量的。伪劣假冒、欺行霸市、拖欠货款、诈骗等等行为给社会造成的损失，表面上只是被损害的对象，实际上则是国家和公众。这些现象的泛滥会对投资者的投资冲动造成很大的抑制。

保障有力、规范有序的法治环境能够给投资经营者明确的利益预期，可以增强投资者的信心，并成为引进资金、技术和人才的信用保证，从而保障招商引资的实施。要重视营造优良的法治环境工作，把此项工作放在十分重要的位置来抓，正确处理观念和行动的关系，扶持和贡献的关系，依法行政与守法经营的关系，严格管理与热情服务的关系，严格规范与灵活处理的关系，进一步增强服务意识，自觉依法行政，简化办事程序，不断增强工作透明度，积极为经济发展提供优质服务，形成和谐优良的法治环境。

良好的法治环境可通过以下途径实现。一是按照国际惯例，建立规范有序的法制环境。市场经济是法治经济，自由贸易、公平竞

---

① 冯树鑫：《营造良好法制环境，保障经济快速发展》，见中国地方领导在线。
② 初玉岗：《湖北经济发展环境的优化》，《计划与市场》2001年第7期。

争、透明度、非歧视性原则是国际通行经济贸易规则。经济政策法制化、经济规则规范化、经济运行有序化，是优化经济发展环境的重要任务和前提。投资者和贸易商投资，看重的是规范有序的投资环境，而不是不统一，若明若暗，不可预见的各种优惠政策。[①] 据统计，现在约有130多个国家和地区实行市场经济体制，但不是所有搞市场经济的国家在经济上都取得了成功。可是，运行效率比较高，搞得比较成功的都是法治国家，是建立在规范法律基础上的市场经济国家。二要完善约束机制，保障严肃公正的执法体制。正确处理严格执法与优化环境的关系，采取过硬措施优化政风行风，突出解决"重收费轻服务、重检查轻管理"等反映强烈的问题。开展企业评部门活动，重点评议主要涉企部门，促进规范执法、公正执法、文明执法。推行行政处罚最低标准制度，规范行政执法自由裁量权，实行"提醒告知、首查不罚"制度。

7.4.4 营造人尽其才、活力迸发的创业环境

人是潜力最大的社会资源，只有通过创业，极大地调动全体劳动者的积极性和创造性，才能形成人人各展其能、各得其所、和谐相处的充满生机与活力的局面。事实表明，越是创业活跃的地方，经济内生增长机制就越强，发展的基础就越扎实，经济社会发展就越快。

但如果没有和谐健康的创业环境和干事氛围，就个体而言，人才的创新能力和动力就会成为无源之水。就整体而言，聚拢在一起的人才缺乏事业和产业的凝聚，也只能是一盘散沙，要让人才充分地发挥活力、施展才能，就必须积极推进良好的创业环境。[②] 创业环境是一个地区政治、经济、社会、技术、自然等要素的系统集成，是物质文明、政治文明、精神文明建设成果的综合体现。良好的创

---

① 张荣斌：《优化经济发展环境必须优化法律服务环境》，《法坛》2000年第6期。

② 见《杭州市关于进一步优化投资创业环境的若干意见》。

业环境既是加快区域经济社会发展的基础条件，也是衡量一个地区核心竞争能力和潜在发展能力的重要标志。随着社会主义市场经济体制的不断完善，政府职能转变的日益到位，政府促进经济发展的主要手段已从创办企业、经营企业转向经营环境。通过改善环境，吸引更多的企业前来投资创业，投资创业环境成为各地竞争的焦点。

从世界经济发展的历史来看，经济的发展离不开投资的增长和新的企业家去创业，而这一切有赖于良好的投资创业制度。投资创业风险大、启动资金难求，政府应设法引导风险基金的进入和运作，作出制度性安排；对创新创业型企业家安排物质、产权以外的精神鼓励制度以适应这部分有着高成就追求的群体；帮助建立企业家交际、交流的商会制度并鼓励其有效运作；完善适应新情况的企业家人身财产安全和身体健康的保障制度等。良好的投资创业环境和企业家成长环境，是企业成长的沃土，更是经济发展的发祥地。

7.4.5 营造开明开放、诚信文明的人文环境

人文环境是一个地方物质文明、政治文明和精神文明状况的综合反映，是提高社会文明程度，推进县域和谐发展的重要条件，是经济软环境的基石和根本。

人文环境可以定义为一定社会系统内外文化变量的函数，文化变量包括共同体的态度、观念、信仰和认知环境等。[①] 人文环境是社会本体中隐藏的无形环境，是一种潜移默化的民族灵魂。应当把人文环境的建设作为发展和谐县域的一项重要工作来抓，切实加强领导，精心组织实施，要发动群众参与，在全社会形成关心、支持、参与人文环境建设的良好氛围。

加强人文环境建设，就要加强诚信建设。[②] 市场经济是竞争经济，同时又是诚信经济，一切经济活动都必须建立在讲诚实、守信

---

① 谢阳举：《论西部大开发中的人文环境建设》，《西安交通大学学报》2001 年第 21 期。
② 见《努力营造健康文明的人文环境——七论集中整治经济发展环境》。

用的基础上，坚持诚信为人、诚信经营、诚信纳税，以诚信参与竞争，并通过诚信取胜。如果一个地方在经济活动中，有诺不践，有章不循，"开门招商，关门吃商"，它就会失去信誉，失去民心，失去投资者，失去市场，进而丧失良好的发展机遇。因此，我们要把营造良好的人文环境放在政治文明、精神文明建设的重要位置来抓，要切实加强诚信建设，开展诚信教育，弘扬诚实守信的传统美德。党员干部特别是领导干部要率先垂范，带头讲诚信、守信用，严格执行服务承诺制，进一步完善服务内容，提高服务质量，兑现服务时限，主动接受群众监督。各部门、各单位在经济活动中要真正做到诚实守信、办事公道、服务企业、奉献社会。

加强人文环境建设，就要注重加强公民道德建设，尤其是社会公德和职业道德建设，不断提高人的素质。要以创建文明城市、文明社区、文明村镇、文明家庭等活动为载体，大力倡导"爱国守法、明礼诚信、团结友善、勤俭自强、敬业奉献"的基本道德规范，明辨是非、善恶、美丑界限，集中解决人民群众行为习惯和社会风尚中存在的突出问题，努力革除有悖公德、有违诚信、有损形象、污染环境、危害秩序的不文明现象，遏制拜金主义、享乐主义、极端个人主义蔓延趋势，努力提高公民道德素质，促进人的全面发展，夯实构建和谐社会的人文基础。要加强宣传，教育引导广大人民群众牢固树立"抓环境就是抓经济发展，抓经济发展必须抓发展环境"的经济发展意识，树立"人人都是软环境，事事关系软环境，处处体现软环境，时时注意软环境"的大局意识和服务意识，形成人人关心、人人支持、人人参与人文环境建设的良好局面。

（执笔：魏民 曾锐 杨文）

第八章　县域社会和谐

8.1 社会和谐的内涵

8.1.1 我国古代的社会和谐思想

中国传统文化处处体现着"和谐"的思想理念。在中国文化中，"和"与"谐"同义，而"和谐"在古代是以"和"的范畴出现的。无论是孔子的"礼之用，和为贵"①、孟子的"天时不如地利，地利不如人和"②，还是董仲舒的"和者，天之正也"③；无论是儒家的"大同社会"、道家的"和合万物"，还是佛家的"姻缘和合"；无论是经典典籍如《尚书》中的"协和万邦"、《诗经》中的"既且和平"，还是传统文化中的"以和为贵"、"一团和气"、"和气生财"，均体现着"和"的思想理念。

中国古代的"和谐"思想源远流长。"和"的理念，最早孕育于远古的巫术礼仪之中，而"和"字早在殷周时期的金文中就已出现。在此之后，"和谐"的理念就一直存在于中国的各种典籍中，从未间断。《周礼·天官冢宰》提到："以和邦国，以统百官，以谐万

---

① 《论语·学而》，《四书五经》，岳麓书社 2002 年版。
② 《孟子·公孙丑下》，《四书五经》，岳麓书社 2002 年版。
③ 《春秋繁露·循天之道》，山东友谊出版社。

民"。《老子》说"道大，天大，地大，人亦大"，"人法地，地法天，天法道，道法自然"，反映了"天人合一"的和谐理念，"道法自然"的和谐原则。孔子说："君子和而不同，小人同而不和。"①《吕氏春秋·有始》曰："天地合和，生之大经也。"《中庸·天命》说："和也者，天下之达道也"。《周易·乾·象》中讲："乾道变化，各正性命，保合太和，万利贞。"这里的"太和"，意指和谐达到了最高的境界。

在我国封建社会长期占据统治地位的儒家思想非常注重社会和谐。儒家把"大同社会"作为其所追求的和谐社会的最高境界。在这种社会中，"天下为公"；"选贤与能，讲信修睦"；"人不独亲其亲，不独子其子。使老有所终，壮有所用，幼有所长，矜、寡、孤、独、废、疾者，皆有所养。男有分，女有归"；"货，恶其弃于地也，不必藏于己；力，恶其不出于身也，不必为己。是故，谋闭而不兴，盗窃乱贼而不作，故外户而不闭，是谓大同"。②这种和谐的大同社会思想对于我们当今建设社会主义和谐社会仍具有一定的借鉴意义。

中国古代尤其是儒家的社会和谐思想对后世有着深远影响。从洪秀全"有田同耕、有饭同食、有衣同穿、有钱同使"，到康有为"人人相亲、人人平等、天下为公"，再到孙中山"人人能做事，人人有饭吃"，直至五四运动前后中国思想界大力提倡的"互助进化论"，均与社会和谐的传统文化精髓一脉相承。可以说，作为古典哲学的核心范畴之一，社会和谐的思想源远流长，贯穿于中国思想发展史的各个时期和各家各派之中，已积淀为中国文化的人文精髓、基本精神和最核心价值，生生不息，历久弥新，成为中国历代仁人志士万世不变的理想追求。

---

① 《论语·子路》，《四书五经》，岳麓书社 2002 年版。
② 《礼记·礼运》，《四书五经》，岳麓书社 2002 年版。

8.1.2 马克思主义社会和谐思想

马克思恩格斯的社会和谐思想吸取了西方传统文化的精髓。古希腊的毕达哥拉斯被公认为是西方最早关注"和谐"的人，以他为核心在古希腊形成的毕达哥拉斯学派提出"美是数之和谐与比例"①。毕达哥拉斯学派之后，有亚里士多德的具体事物形式的和谐论，还有康德的自由和谐论等，而这些思想之集大成者是黑格尔。这些西方传统文化中的和谐思想，是马克思恩格斯社会和谐思想的重要来源。17世纪以来的空想社会主义者不但有体系化的"和谐"理论，而且还有试验性的"和谐"移民区。对这些和谐理论与实践，马克思恩格斯除了肯定它们积极性的一面，也对其消极性作用甚至反动性的作用给予了严厉的批判，认为它们是"不成熟的理论"②。因此，马克思恩格斯的社会和谐思想是在批判地继承前人，尤其是空想社会主义思想的基础上形成的。

马克思主义认为未来理想社会是和谐的社会。马克思恩格斯指出资本主义社会是片面发展和严重失调的社会，深刻揭示了资本主义社会的基本矛盾是产生不平等、不和谐的根源。马克思主义认为，代替资本主义的未来理想社会是社会发展与人的全面发展和谐一致，人与人的关系和谐一致的社会。

中国共产党进一步发展了马克思主义的社会和谐思想。新中国成立后，毛泽东提出了统筹"十大关系"和正确处理人民内部矛盾的思想。邓小平提出，社会主义的本质是"消灭剥削，消除两极分化，最终达到共同富裕"；强调"稳定压倒一切"；"要做到多方面的综合平衡"。江泽民提出我们建设的小康社会是"民主更加健全、科教更加进步、文化更加繁荣、社会更加和谐、人民生活更加殷实"的社会。2004年以来，以胡锦涛同志为核心的新一届党中央领导集

---

① 汝信主编：《西方美学史》，中国社会科学出版社2005年版，第39页。
② 《马克思恩格斯选集》第三卷，人民出版社1995年版，第724页。

体开始明确提出并逐渐丰富"和谐社会"的概念和理念。胡锦涛强调，要把"坚持以人为本，努力构建社会主义和谐社会"作为全面建设小康社会和现代化建设的重要任务。2006 年 10 月 11 日，党的十六届六中全会通过了《中共中央关于构建社会主义和谐社会若干重大问题的决定》，指出社会和谐是中国特色社会主义的本质属性，是国富民强、民族振兴、人民幸福的重要保证。2007 年 10 月召开的党的十七大重申："社会和谐是中国特色社会主义的本质属性。"

8.1.3 社会和谐的深刻内涵

社会和谐体现了我们党对共产主义理想的追求。马克思、恩格斯在《共产党宣言》中明确提出："代替那存在着阶级和阶级对立的资产阶级旧社会的，将是这样一个联合体，在那里，每个人的自由发展是一切人的自由发展的条件。"[①] 按照马克思主义的设想，只有到了共产主义社会，才能真正达到人类和谐社会的最高境界，真正地实现人的自由而全面的发展。毛泽东同志曾说："我们共产党人从来不隐瞒自己的政治主张。我们将来的纲领，是要将中国推进到社会主义和共产主义社会去的，这是确定的毫无疑义的。我们党的名称和我们的马克思主义宇宙观，明确地指明了这个将来的、无限光明的、无限美好的最高理想。"[②] 中国共产党把实现共产主义作为自己的最高理想和最终目标，就是要实现社会和谐，建设美好社会。同时，党中央将社会和谐作为中国特色社会主义的本质属性，反映了中国共产党对社会和谐的不懈追求，更体现了我们党对共产主义理想的追求。

社会和谐准确反映了社会主义的本质特征。社会主义的本质是解放生产力，发展生产力，消灭剥削，消除两极分化，最终达到共同富裕。社会主义的本质在经济、政治、文化和社会领域当中，其

---

① 《马克思恩格斯全集》第 4 卷，人民出版社 1995 年版，第 730—731 页。
② 《毛泽东选集》（一卷本），人民出版社 1968 年版，第 960 页。

最好的体现就是民主法治、公平正义、诚信友爱、充满活力、安定有序、人与自然和谐相处，也就是社会主义和谐社会的特征。

社会和谐揭示了社会主义基本矛盾的根本特征。列宁曾指出，"对抗和矛盾完全不是一回事。在社会主义之下，对抗将会消失，矛盾仍将存在。"① 社会主义和谐社会决不是没有矛盾没有斗争的社会。目前，社会主义社会在一定的范围内依然存在着阶级和阶级斗争，某些时候甚至是很激烈的，但社会主义社会的基本矛盾仍然是生产力与生产关系，经济基础与上层建筑之间的矛盾，这些基本矛盾是非对抗性的，它们既相适应又不相适应。从本质上说，社会主义制度是和谐的，但社会主义社会又充满了矛盾。所以，我们要正确认识中国特色社会主义社会的基本矛盾，努力构建和谐社会。

社会和谐反映了当代中国国情的基本要求。新世纪新阶段，我们的社会发展正处在一个新的历史起点上，所面临的机遇和挑战都是前所未有的，这就要求我们把促进社会和谐与发展社会主义市场经济、发展社会主义民主政治、发展社会主义先进文化有机统一于建设中国特色社会主义事业的全过程，使它们相互促进、相互依存，从而促进经济基础与上层建筑的相互协调，促进社会主义物质文明、政治文明、精神文明、生态文明建设与和谐社会建设共同发展。当然，我们不能忽略我们人口多、底子薄、发展不平衡的国情以及当前社会中所存在的一些隐患，我们必须科学分析影响社会和谐的矛盾和问题及其产生的原因，更加积极主动地去化解矛盾、减少分歧、增加共识、凝聚力量，不断促进社会和谐。

8.2 完善县域社会管理

加强社会管理，维护社会稳定，是构建社会主义和谐社会的必然要求。在改革开放不断深入和社会主义市场经济不断发展的背景

---

① 《列宁全集》第 60 卷，人民出版社 1990 年版，第 281—282 页。

下，社会管理和社会控制的难度加大。因此，我们必须创新社会管理体制，整合社会管理资源，提高社会管理水平，健全党委领导、政府负责、社会协同、公众参与的社会管理格局，在服务中实施管理，在管理中体现服务。在这一社会管理格局中，党委领导是根本，政府负责是前提，社会协同是依托，公众参与是基础，通过政府与社会的良性互动，实现政府、社会、公民的共治，已成为当代重要的社会管理模式。

8.2.1 改进政府管理，强化公共服务职能

改进政府管理，建设服务型政府，强化公共服务职能是社会和谐的必然要求。这就要求"我们要全面正确履行政府职能，更加重视公共服务和社会管理。加快健全覆盖全民的公共服务体系，全面增强基本公共服务能力"①。

深化政府机构改革和行政审批制度改革。胡锦涛总书记指出："建设服务型政府，首先要创新行政管理体制。要着力转变职能、理顺关系、优化结构、提高效能，把政府主要职能转变到经济调节、市场监管、社会管理、公共服务上来，把公共服务和社会管理放在更加重要的位置。"② 按照这一要求，深化政府机构改革，必须优化机构设置，建立"小政府、大服务"、廉洁高效、运作协调、行为规范的行政管理制度，必须集中精力抓好经济调节、市场监管、社会管理和公共服务，以发展社会事业和解决民生问题为重点，优化公共资源配置，注重向农村、基层和欠发达地区倾斜，逐步形成惠及全民的基本公共服务体系。建设服务型政府的突破口是行政审批制度改革，所以要进一步减少和规范行政审批事项，简化办事程序，创新管理制度，为群众和基层提供方便快捷优质服务。

---

① 引自温家宝在第十一届全国人民代表大会第三次会议上做的《政府工作报告》，2010年3月5日。

② 引自胡锦涛在中共中央政治局进行第四次集体学习上的讲话，2008年2月23日。

推行政务公开，推进公共服务信息化。公民的知情权是公民参与管理国家事务的前提条件，所以政府部门"要深入推进政务公开，完善各类公开办事制度和行政复议制度，创造条件让人民批评政府、监督政府，同时充分发挥新闻舆论的监督作用，让权力在阳光下运行。"① 同时，要积极推进电子政务建设。电子政务的推行有利于促进政府组织结构扁平化，减少政府层级，简化办事流程，节约行政成本，提高政府的反应能力和社会回应力，扩大公民参与，从而实现"小政府、大社会"的格局。

树立"以民为本，依法行政"的服务理念。为政之要在于民，行政之要在于依法。党始终代表最广大人民的根本利益，始终坚持全心全意为人民服务的宗旨，始终做到权为民所用，利为民所谋，情为民所系。依法行政是推进服务型政府建设，保障公民权利，防止政府滥用权力，保障社会稳定的基本条件和根本保证。坚持依法行政，是贯彻依法治国方略的根本要求，也是建设服务型政府的必由之路。

8.2.2 推进社区建设，完善社区公共服务

加强社区建设是构建社会主义和谐社会的基础。社区平安则全县平安，社区和谐则全县和谐。为使社区群众不断增强认同感、归属感、满足感、幸福感，需要全面开展城市社区建设，积极推进农村社区建设，健全新型社区管理和服务体制，使社区在提高群众生活水平和质量上发挥服务作用，为社区群众提供更多的互助交流的机会，促进邻里和睦，增强社区凝聚力，把社区建设成为管理有序、服务完善、文明祥和的社会生活共同体。

加强社区基础工作。在社区中要做到有人办事，有钱办事，有地方办事，就要努力构建社区多元共治机制，在社区党委（党总支）

---

① 引自温家宝在第十一届全国人民代表大会第三次会议上做的《政府工作报告》，2010年3月5日。

的统一领导下，充分发挥业委会、物业管理单位、辖区大单位、老人协会等社区组织的作用，整合资源力量，发挥各自优势，使之成为和谐社区建设的主导力量，使之切实担负起责任，努力完善社区公共服务。

调动社区成员的积极性。在由各自为户的家庭组成的社区中，仅靠少数社区工作人员的参与很难发挥它在社会管理中的地位和作用，很难维持其正常运转。和谐社区要靠全体社区居民的共同建设。因此，要调动一切积极因素，搞活邻里共建、邻里沟通活动，要在社区积极开展各种形式的宣传活动，向社区成员宣传和谐社区建设的内容、形式及其重要意义，唤起整个社区群众的参与意识，将社区内所有的资源和力量都动员和组织起来，努力形成社区和谐人人有责、和谐社区人人共享的生动局面。

8.2.3 健全社会组织，增强服务社会功能

社会组织，既是加强和完善社会管理的重要内容，又是公众参与社会管理、提供公益服务的重要载体，因此要"健全社会组织，增强服务社会功能。坚持培育发展和管理监督并重，完善培育扶持和依法管理社会组织的政策，发挥各类社会组织提供服务、反应诉求、规范行为的作用"。[①]

加强和改进对社会组织的管理和监督。我国的经济体制改革和政府职能转变，为社会组织提供了巨大的发展空间和发挥作用的广阔舞台，因此，政府要准确定位社会组织的功能，保障社会组织根据章程进行自我管理、自我服务、自我教育的权利，加大培育扶持力度，增强社会组织自身发展能力，建立与县域经济社会发展水平相适应，布局合理、结构优化、功能到位、作用明显的社会组织发展体系；建立法制健全、管理规范、分类管理、分级负责的社会组织管理体系，同时要加强监督，严厉查处社会组织非法行为和非法

---

① 引自《中共中央关于构建社会主义和谐社会若干重大问题的决定》。

社会组织的活动，引导他们更好反映相关群体的利益诉求。

创新社会组织培育管理的制度和机制。在明确社会组织功能定位的基础上，加大制度建设力度，健全社会组织体系，完善社会组织管理，引导发挥他们参与提供公共服务的作用，提高社会治理水平，引导各类社会群体有序表达意愿，反映诉求，参与管理，提供服务，更好地促进社会公平正义，稳步提高社会自治能力，保持社会安定有序。

8.2.4 统筹利益关系，妥善处理社会矛盾

在我国社会主义的基本制度下，全国人民的整体利益和局部利益、长远利益和现实利益、根本利益和具体利益，总体来说是一致的，这为社会主义和谐社会提供了基本的前提。但在改革发展的进程中，不同社会群体形成了不同的利益要求，这些利益要求有相互一致的一面，也有相互冲突的一面，形成了新的人民内部矛盾。统筹各种利益关系，正确处理新形势下的各种社会矛盾，是构建社会主义和谐社会的重要任务之一。

妥善处理各种利益关系。在构建和谐社会的过程中，要适应新形势，正确认识和把握各种利益关系，最大限度地整合不同的利益群体，保持社会稳定协调发展，要从人民群众最关心、最直接、最现实的利益问题入手，认真解决社会保障、征地拆迁、环境保护、劳动争议等人民群众的切身利益问题，健全党和政府主导的维护群众权益机制，形成科学有效的利益协调机制、诉求表达机制、矛盾调处机制、权益保障机制。

正视"矛盾凸显期"。能否正确处理人民内部矛盾和其他社会矛盾，使广大人民群众安居乐业，关系到党的执政基础和执政地位的巩固，关系到党的执政使命的完成，也是对党的执政能力的一个重大考验。胡锦涛同志指出："关键是我们要正视矛盾，找到化解矛盾的正确途径和有效方法，形成妥善处理矛盾的体制机制，而不能让

矛盾积累和发展起来，以致影响国家改革发展稳定的大局。"① 对于在改革开放和中国特色社会主义事业推进过程中出现的各种矛盾，需要我们认真研究它们的特点和规律，科学地把握处理各种社会矛盾的基本原则，健全社会舆情汇集和分析机制，完善矛盾纠纷排查调处工作制度，建立党和政府主导的维护群众权益机制，实现人民调解、行政调解、司法调解有机结合，更多采用调解方法，综合运用法律、政策、经济、行政等手段和教育、协商、疏导等办法，把矛盾化解在基层、解决在萌芽状态。

8.2.5 完善应急管理，有效应对各种风险

应急管理是对突发事件的全过程管理。党中央、国务院对应急管理工作始终高度重视，对创新应急管理体制机制，加强应急管理工作提出了明确要求。要求各地区、各部门要坚持以人为本、预防为主，充分依靠法制、科技和人民群众，以落实和完善应急预案为基础，以创新应急管理体制机制为核心，以提高危机管理能力和抗风险能力为重点，以保障公众生命财产安全为根本，全面加强应急管理工作，最大限度地减少突发公共事件及其造成的人员伤亡和危害，维护国家安全和社会稳定，促进经济社会全面、协调、可持续发展。

落实和完善应急预案。应急预案是面对突发事件的应急管理、指挥、救援计划等，在应急系统中起着关键作用。各部门要抓紧制定本地区、本行业突发公共事件应急预案，完善应急规划编制工作，按照预防与应急并重、常态与非常态结合的原则，建立统一高效的应急信息平台，建设精干实用的专业应急救援队伍，健全应急预案体系，完善应急管理法律法规。

创新应急管理体制机制。建立健全分类管理、分级负责、条块

---

① 引自胡锦涛在省部级主要领导干部提高构建社会主义和谐社会能力专题研讨会上的讲话，2005 年 6 月 26 日。

结合、属地为主的应急管理体制，形成统一指挥、反应灵敏、协调有序、运转高效的应急管理机制，有效应对自然灾害、事故灾难、公共卫生事件、社会安全事件，提高危机管理和抗风险能力。建立健全应急管理办事机构。

加强应急管理宣传教育。充分利用活动室、黑板报、宣传栏等场所，广泛开展应急知识普及教育，提高公众的自救能力，实现社会预警、社会动员、快速反应、应急处置的整体联动。企业要加强对职工特别是农民工的应急知识技能的培训，坚持安全第一、预防为主、综合治理，完善安全生产体制机制；学校要积极推进应急避险知识进书本、进课堂，把公共安全教育贯穿于学校教育的各个环节；社区和村级也要利用活动室、宣传栏等形式开展应急知识普及教育。

8.2.6 加强综合治理，确保社会治安稳定

社会治安综合治理是县域社会和谐的必然选择。县域社会和谐首先是要平安，而平安的核心是治安，所以说，县域社会和谐与县域社会治安综合治理是有机联系的整体。县域经济发展和社会进步需要安定团结的社会政治局面做保障，加强社会治安综合治理工作既是维护县域社会政治稳定的基本方针，也是解决县域社会治安问题的根本途径。加强县域基层的社会治安综合治理工作，是人民群众的迫切要求，是实现县域社会和谐的必然选择，它关系到我们党和政府在人民群众心中的形象，关系到广大人民群众的切身利益，关系到县域社会稳定和经济发展，关系到改革发展稳定大局，甚至关系到国家长治久安和党的执政地位。因此，必须充分认识县域社会治安综合治理的极端重要性，坚决打击敌对势力和刑事犯罪活动，妥善处理矛盾，伸张正义，满足群众愿望，响应群众呼声，保障群众安居乐业。

社会治安综合治理必须坚持打防结合。打防结合，就是要把打击惩治犯罪和预防犯罪结合起来。对于严重刑事犯罪活动，必须依

法予以从重从快严厉打击。2009 年下半年，湖南省宁乡县全面开展了"一打三整"专项行动，两个月内，共抓获违法犯罪嫌疑人 821 人，破获刑事案件 826 起，打掉犯罪团伙 20 个，有效打击了违法犯罪，净化了社会风气。同时，也应认识到，有效的预防工作可以杜绝犯罪分子的可乘之机，减少对社会的危害，是对人民群众的更有效保护。因此，要以预防为主，提高预防犯罪的水平和能力。通过整合警力资源，动员组织群众，强化治安防范，力争使处于违法犯罪边缘的人不敢想、不敢做，使进入违法犯罪实施过程的人难做成，实现对社会治安局面的有效控制。

社会治安综合治理必须坚持堵疏结合。近年来，县域层面的群体性事件在一些地方呈现多发态势，如四川大竹事件、贵州瓮安事件、湖北石首事件等，如何妥善处理群体性突发事件，维护地方和谐稳定，是县、乡两级政府必须面对的一个问题。堵疏结合，就是在维护稳定工作中要用好"堵塞"与"疏导"两种手段。"堵塞"就是针对突发群体性事件而依法采取的强力措施，对触犯刑律的犯罪分子依法给予坚决惩处，对煽动和插手的敌对分子予以坚决打击。"疏导"就是多协商、协调、沟通，早协商、协调、沟通，以理顺情绪、化解矛盾、减少对抗、凝聚人心为重点，立足从源头上疏解缓和矛盾。瓮安事件发生之初，网上有许多谣言，但是政府披露事件真相后，群众的质疑得到了回应。信息透明、及时疏导是迅速平息瓮安事件的最重要原因。

8.3 完善县域社会保障

8.3.1 优先发展教育事业，促进教育公平公正

促进教育公平公正是构建县域社会和谐的重要保障。和谐社会是建立在公平、均衡基础上的协调状态，而教育公平是人发展公平的起点，是社会公平的基础。经济学家舒尔茨（T. W. Schulzt）和贝

克尔（GS. Becker）在其人力资本理论中指出，在经济增长中，人力资本的作用大于物质资本的作用；而人力资本的核心是提高人口质量，教育投资是人力投资的主要部分。人的能力在很大程度上是后天获得的，主要途径是学校的教育和实际工作中的培养。[①] 在推进城镇化的历史过程中，优化以县域空间为载体的城乡教育资源配置，提高教育资源使用率，保证县域人力投资回报率，壮大县域人力资源，实现城乡教育均衡、协调发展，是构建和谐社会的重要保障。

促进教育公平公正是实现县域教育均衡发展的必要条件。教育是提高人口素质的主要途径，也是保障县域经济发展所需人力资源的重要手段。从县域企业发展来看，无论是发展制造业，提高劳动密集型产业的经营产出，还是发展高新技术产业和现代服务业，提高产品科技含量和创新水平，都迫切需要大批技术型和技能型人才。在以人为本为核心的科学发展观指导下，构建学习型社会，为技术类人才提供学历教育，为学历型人才提供技能培训，对提高整个民族的素质、满足经济建设对专业人才的需求、营造和谐的社会环境，有着十分重要的意义。

大力发展农村职业教育培训，服务农村经济。在建设社会主义新农村的背景下，发展市场经济新县城，需要提升农村劳动力就业技能，提高农民整体素质，培养造就有文化、懂技术、会经营的新型农民，有效转移农村富余劳动力。在抓好基础教育的同时，适当地采取多种形式、多种途径、多种机制，积极发展职业技术教育和培训，特别是加强对农村劳动力以及乡镇企业员工的实用技术培训和创业培训，通过举办各种形式的专业技术、技能、知识、文化培训班，加快农村人才资源的开发，为县域经济可持续发展培养出大批留得住、用得上的实用型本土人才。积极进行办学体制改革，鼓励办学条件较好、教育质量较高的公办普通高中在保证本校规模和教育质量的前提下，采取多种方式与其他学校、社会力量合作；鼓

---

① T. W. 舒尔茨：《论人力资本投资》，北京经济学院出版社 1992 年版。

励行业、企业举办的各类学校面向地方、社会扩大招生。政府相关部门加强对社会力量办学的领导，制定具体的政策措施，将其纳入教育事业发展规划，统筹兼顾、合理布局、协调发展，及时解决社会力量办学过程中的困难和问题，支持民办学校健康发展，对其中成绩显著的予以表彰奖励。

8.3.2 完善收入分配制度，增加城乡人民收入

完善收入分配制度，增加城乡人民收入，关系到最广大人民的根本利益。必须坚持和完善按劳分配为主体、多种分配方式并存的分配制度，坚持各种生产要素按贡献参与分配，在经济发展的基础上，更加注重社会公平，合理调整国民收入分配格局，加大收入分配力度；必须进一步理顺分配关系，着力提高低收入者收入水平，扩大中等收入者比重，有效调节过高收入，取缔非法收入，缓解县域城乡之间和部分社会成员之间收入分配差距扩大的趋势。[①]

完善收入分配制度，保证公平和效率同时发展。从人类历史上看，只有当效率提高到剩余物质产生之后，社会才会出现公平问题，一个效率低下、物质匮乏的社会中，社会公平也只不过是低水平的平均分配。在改革开放、创新发展的社会，公平和效率必须同时发展，以巨大、持久、稳定的物质利益优势保证高水平的社会公平。

完善收入分配制度，协调各生产要素之间的关系。生产要素主要包括劳动、资本和土地三类，要确立劳动、资本、技术和管理等生产要素按贡献参与分配的原则，协调好各生产要素之间的关系，确保一切创造财富的源泉充分涌流。

完善收入分配制度，确保县域各层级收入水平和谐。社会主义社会的目标是解放生产力，发展生产力，消灭剥削，消除两极分化，最终达到共同富裕。目前，县域各级收入阶层还存在一定的差距，尤其是高收入人群和低收入人群之间的差距，要通过增加社会产量，

---

① 朱有志：《和谐中国》，湖南人民出版社 2007 年版，第 365 页。

调整收入分配制度，做好社会保障等措施，增加中等收入者比重，大力提高低收入者水平，适当保证高收入者比例，实现县域社会结构组成上的和谐。

8.3.3 实施积极就业政策，发展和谐劳动关系

在推进城镇化、加速城乡一体化的过程中，县级政府应落实积极就业政策，增加县域就业岗位，鼓励自主创业，提升农民就业竞争力，构建和谐的劳动关系。

积极拓展就业岗位，促进农村剩余劳动力灵活就业。在以劳务输出为主的县一级，金融危机带来大量民工返乡，就业压力增大，登记失业率升高，大量农村富余劳动力囤积在社会上，成为社会稳定的隐患，县一级社会需要加大招商引资力度，扩大企业规模，增加就业岗位。湖南省宁乡县大力推行以城镇化为支撑，以工业化为主导，以农业现代化为基础的互动结合经济，增加县城企业岗位；对县城周边城镇，根据市场需求和城镇发展需要，提供要素市场需求，在长株潭一体化及大河西先导区的政策优势下，承接沿海城市产业转移，发展产业聚集类城镇；提高工业化比重，加速工业对县域经济的贡献份额，加强县域企业和城市企业横向合作，通过发展县域工业，创造更多的就业岗位；用工业理念谋划农业产业，以农业产业化加快农业结构调整，推进农业现代化发展的进程，落实科学发展观，解决农村剩余劳动力。

鼓励自主创业，落实小额担保贷款政策。胡锦涛总书记在党的十七大报告中指出："完善支持自主创业、自谋职业政策，加强就业观念教育，使更多劳动者成为创业者。"[1] 实施积极就业政策，不仅需要增加就业岗位，更需要激发广大劳动者自主创业的积极性，以创业促就业。鼓励创业，不仅能够消化农村富余劳动力，增加农民收入，而且能够促进社会稳定，提升当地产业结构，推进县域城镇

---

[1]　胡锦涛《在中国共产党第十七次全国代表大会上的报告》。

化。大力推行农村富余劳动力创业培训，宣传农村创业典型，增强创业者的荣誉感，激发群众的创业热情。为创业者提供工商、财税、劳动、土地、规划等多部门政策指导和政策优惠。落实政策，对创业资金不足的退伍军人、高校毕业生、下岗失业人员、失地农民创业者，提供两年免息的小额担保贷款，对招用符合补贴政策人员的创业实体，根据政策进行社会保险补贴。

8.3.4 加强医疗卫生服务，提高人民健康水平

完善县、乡、村三级医疗网建设。解决分散居住在农村的广大农民群众的医疗卫生保健问题，需要把医疗卫生服务伸展到乡村，这一点仅靠县医院无法做到。加强乡、村医疗机构建设，力求形成以县医院为核心，在业务、技术、信息等方面县、乡、村沟通便捷、行动迅速的医疗保健网络，真正解决农民群众的看病难、看病贵问题。

优化农村卫生医疗环境，提高农村卫生队伍素质。加大对农村卫生投入力度，对农村卫生工作给予应有的资金保障，物价、环保、城建、土管、劳动、税务等相关部门要为农村卫生事业的发展营造宽松的政策环境。有关部门制定专项措施，为农村卫生机构培养适宜人才，鼓励医学院校毕业生和城市医疗卫生机构在职或离退休卫生技术人员到农村服务，对不符合岗位要求的人员进行分流，加强对在职职工的教育，指导乡村医生规范用药，对村卫生室严格新进人员准入制度。

积极推行新型农村合作医疗和医疗救助制度。新型农村合作医疗是党和政府切实解决"三农"问题，统筹城乡、区域、经济社会协调发展的重大举措，对于提高农民健康保障水平，减轻医疗负担，解决因病致贫、因病返贫问题具有重要作用。各级新型农村合作医疗管理部门明确职责，各级卫生行政部门严格标准，对合作医疗基金的筹集、使用、管理以及对医疗服务情况进行监督，发现问题及时整改，接受社会各界的监督；加大宣传教育力度，强化农民参保

意识，提高群众对新型农村合作医疗的认识程度，广泛宣传发生在周围的因病致贫和参加合作医疗优越性的典型事例，形成农民群众自觉参加合作医疗的氛围；积极扩展农民参加新型农村合作医疗保险的受益面，在保障大病费用的同时，对一些比较严重的慢性病门诊治疗也给予一定比例的报销。

8.3.5 完善社会保障体系，保障人民基本生活

完善社会保障体系，首先要健全社会保障制度。社会保障制度是社会主义和谐社会的重要内容，构建和谐社会的过程同时也是建立健全社会保障制度的过程。在社会主义市场经济条件下，必须通过社会保障制度对社会资源再分配，弥补市场失灵和缺陷，为困难群体提供必要的支持和帮助，促进全体社会成员逐步实现共同富裕，实现社会利益和谐共享；在构建社会主义和谐社会过程中，健全和完善社会保障制度，有助于化解现实生活中的问题和矛盾，缩小贫富差距，保护弱势群体，促进社会成员和谐共处。当前，在县域层面，要着重加强以下几方面的工作：一是扎实推进农村养老保险制度改革；二是完善城乡基本医疗保险和生育保险政策；三是改革完善工伤保险和失业保险制度；四是完善城乡社会救助制度，落实和健全城乡居民最低生活保障制度，加大城乡困难群众救助力度。

完善社会保障体系，促进城乡社会保障一体化。"覆盖城乡居民的社会保障体系基本建立"，是党的十七大提出的全面建设小康社会的重要目标。温家宝同志强调：加快完善覆盖城乡居民的社会保障体系，尽快构建更加完善的社会保障安全网，使人民生活有基本保障、无后顾之忧。① 长期以来，由于城乡差别的扩大，城乡二元化格局明显，在县域范围内，各项社会保障一体化程度低。加快完善覆盖城乡居民的社会保障体系，应从以下几方面着手：第一，在农村城镇化和农村富余劳动力转移过程中，进一步扩大社会保障覆盖面，

① 摘自温家宝同志在十一届全国人大三次会议上所作的政府工作报告。

加大对因城镇化而成为失地农民和因外出务工而成为非城市户口农民工的社会保障；第二，进一步完善农村"五保户"供养、特困户生活救助，把"五保户"供养经费纳入县、乡财政预算保障；第三，加强养老保险、医疗保险、失业保险和生育保险的推行力度，重点推进新型农村养老保险制度和城乡医疗保险制度改革的落实；第四，加大县域社会保障资金支持力度，规避物价上涨带来的保障力度不适应状况，采取强有力的征缴手段，严格治理企业逃费、避费行为和社保基金欠费问题；第五，做好救灾应急工作，健全救灾减灾社会动员机制，提高城乡基层救灾应急水平；第六，落实和完善优抚安置政策，提高优抚安置对象待遇和重点优抚对象抚恤补助标准；第七，积极发展社会福利事业，完善以居家为基础、社区为依托、机构为补充的社会福利服务体系。

8.3.6 建立公共财政制度，健全基本公共服务

为适应社会主义市场经济发展的新形势，中央明确提出了推进财政管理体制改革、建立健全公共财政体制的目标和要求：从多方面深化财政体制改革，通过完善分税制与政府间财政转移支付制度、创新财税管理机制、深化预算管理体制改革等措施，初步建立起公共财政体制的基本框架。[①] 在县域层面，我们要通过发展县域经济，鼓励产业结构调整，引导社会资源优化配置，通过调整社会分配关系，运用补助、贴息等财政措施，引导和调控资源向发展相对薄弱的区域和领域倾斜，加大中央对县级发展的财政转移支付力度，大力支持基层政权建设，支持农业和农村经济发展。

健全公共财政体制，调整财政支出结构。要把更多财政资金投向公共服务领域，加大财政在教育、卫生、文化、就业再就业服务、社会保障、生态环境、公共基础设施、社会治安等方面的投入。[②] 县

---

① 朱有志：《和谐中国》，湖南人民出版社 2007 年版，第 361 页。
② 引自十六届六中全会《中共中央关于构建社会主义和谐社会若干重大问题的决定》。

级财政要调整和优化支出结构，确保重点支出，在支持经济发展、增加财政收入的基础上，支出安排有保有压，有所为有所不为；加大对重点支出的保障力度，向困难乡镇、行业和群体倾斜；加强县级财政管理，提高财政资金使用的规范性、安全性和有效性。

完善财政支付制度，加大对贫困地区的扶持力度。逐步扩大公共财政覆盖农村的范围，主要用于农村新增教育、卫生、文化支出，优化支付结构，重点帮助县域区域内财力不足的乡镇。对中央转移支付资金进行合理利用和分配，大力推进乡财县管乡用改革，运用税收优惠、贴息等公共财政的多种手段，引导和支持循环经济发展；加大贫困地区招商引资力度，支持企业自主创新，发展县域经济，增加财政收入；同时，加大对环保的支持力度，促进人与自然的和谐发展。

8.4 促进社会团结和睦

胡锦涛同志指出："在中国共产党领导下，发展最广泛的爱国统一战线，实现各党派、各团体、各民族、各阶层及一切热爱中华民族的人们的大团结，是推进党和人民事业发展的必然要求。"[①] 巩固和发展新时期最广泛的爱国统一战线，促进县域政党关系、阶层关系、民族关系、宗教关系和谐，是实现县域社会大团结，促进县域社会和谐的必然选择。

8.4.1 荣辱与共，发展县域多党合作

多党合作是我党一贯坚持的方针。长期以来，中国共产党与各民主党派为建设有中国特色社会主义的伟大事业而共同努力奋斗。当前，我国正处于县域经济和社会迅猛发展时期，要继续坚定不移地贯彻长期共存、互相监督、肝胆相照、荣辱与共的方针，加强同

---

① 引自胡锦涛同志在庆祝中国人民政治协商会议成立55周年大会上的讲话。

民主党派和无党派人士合作共事，充分发挥各民主党派智囊团和民主监督作用，推进县域各项事业合理、健康发展。

实践证明，发展多党合作有利于县域经济发展和社会团结。近年来，陕西省岐山县和湖南省宁乡县大力支持各民主党派加强自身建设、开展社会活动，帮助解决工作经费、办公场所等具体困难；鼓励各民主党派充分发挥人才优势，围绕全县中心工作参政议政，建言献策；积极抓好党外干部的培养选拔任用工作；引导、配合各民主党派开展社会服务活动。充分发挥了多党合作的政治优势和统一战线人才荟萃、智力密集的优势，为县域经济发展和社会团结作出了积极贡献。

8.4.2 与时俱进，推动县域阶层和谐

当前我国县域社会阶层结构发生了很大变化。原工人阶级中的一部分经教育培训进入社会经济地位较高的阶层，一部分因减员增效等政策处于失业或半失业状态；传统型农民相对数量急剧减少，进城农民工成为产业工人中的重要组成部分；非公有制经济迅速发展，出现了个体户、私营企业主、中介组织从业人员等新的社会阶层。随着阶层分化，各阶层的利益目标越来越独立，利益边界越来越明晰。由于所代表利益群体的不同，各阶层之间既有利益共享的一面，又有利益冲突的一面。阶层的不认同感正在增强，不和谐的因素正在增加。

推动县域阶层和谐必须求同存异、积极引导、平衡利益、公平发展。对新时期的新情况、新特点，县域各级政府和领导必须与时俱进，培育求同存异的辩证理念，不断认识差异、包容差异、尊重差异，正确认识矛盾，有效化解矛盾；对新的社会阶层人士，既要认识到他们的不足和问题，也要看到他们在发展县域经济、促进县域社会和谐中的积极作用，积极引导他们推动经济发展、吸纳劳动就业、参与公益事业；要探索公平正义的社会沟通制度，避免具有破坏性的利益表达方式和行为的出现；要探索公平正义的社会保障

制度，通过各种再分配手段，调节各阶层的利益关系，缩小收入差距。对于弱势阶层，要提供困难人群的救济和基本生活保障，特别要提供受教育的平等机会，因为教育是最低阶层公平获得上升流动机会和资源的重要手段。对于强势群体，一方面通过立法，保障私有财产；另一方面，进行必要的调节和限制，避免社会出现过大的贫富差距和两极分化。中间阶层代表温和的意识形态，具有较强的现代公民意识，在一定程度上能够平衡各阶层利益，须为他们的发展创造制度条件和制度空间。通过公平正义的社会公共政策，使社会各个阶层都得到平等均衡的发展，每个阶层的生活水准和发展能力随着社会发展进程的推进而不断地得以提升。

8.4.3 落实政策，维护民族宗教和谐

我国是一个多民族、多宗教国家，全国每个县级行政区域内都有少数民族居住，都有不同的信教群众，只有做好民族宗教工作，才有县域社会的稳定、和谐。

落实党的民族政策，促进县域民族团结进步。胡锦涛总书记指出："正确处理民族关系问题，使各民族人民和睦共处、和衷共济、和谐发展，对于我们建设社会主义物质文明、政治文明、精神文明与和谐社会，具有十分重大的意义。"[①] 根据近年来很多地方如青海门源回族自治县、山东阳信县的经验，构建县域和谐民族关系，必须做好如下几方面的工作：首先，坚持不懈地多层次、多形式、大张旗鼓地宣传党的民族政策。第二，认真贯彻落实党的民族政策，巩固和发展平等、团结、互助、和谐的社会主义民族关系。第三，加强少数民族干部队伍建设。第四，加大建设投资，加快民族地区经济发展步伐，改善社会事业基本条件，提高各民族群众生产生活水平。第五，在发展经济的同时也认识到，县域少数民族的和谐涉及当地经济、政治、文化和社会发展的方方面面，单纯的经济增长

---

① 引自胡锦涛在中央民族工作会议上的讲话。

并不会自动带来民族和谐，必须充分重视少数民族优秀文化传统在实现民族和谐中的重要作用，切实加强少数民族文化建设。

促进县域宗教和睦，增进宗教人士团结。做好宗教工作，有利于促进县域民族团结、社会稳定和社会进步，是构建县域和谐社会的必然要求；同时，宗教工作的群众性特点，决定了其本身就是构建和谐社会的目标之一。做好县域宗教工作，必须全面贯彻党的宗教信仰自由政策，依法管理宗教事务，坚持独立自主自办的原则，积极引导宗教与社会主义社会相适应，加强信教群众同不信教群众、信仰不同宗教群众的团结，发挥宗教在促进社会和谐方面的积极作用。做好县域宗教工作，应注意与县情相结合。如安徽怀远县根据该县宗教活动场所多分布在农村的实际情况，建立了县、乡（镇）、村三级基层宗教工作网络，形成了三级联动、齐抓共管的良好局面。

（执笔：吕大伟　陶俊　黎菀）

第九章　县域文化和谐

文化和谐是指一种以和谐为思想内核和价值取向，以倡导、研究、阐释、传播、实施、奉行和谐理念为主要内容的文化形态、文化现象和文化性状。它包括思想观念、价值体系、行为规范、文化产品、社会风尚、制度体制等多种存在方式。文化和谐最核心的内容，是崇尚和谐理念，体现和谐精神，大力倡导社会和谐的理想信念和价值取向。

文化和谐是创建和谐社会与和谐世界的前提条件。只有在文化和谐的引导下，才能创造出政治和谐与经济和谐，只有在文化和谐的大环境下培养出来的人，才能自觉地去创建社会的和谐。要构建和谐社会，就必须先创建、发展、提高与普及文化和谐。

胡锦涛总书记指出："一个社会是否和谐，一个国家能否实现长治久安，很大程度上取决于全体社会成员的思想道德素质。没有共同的理想信念，没有良好的道德规范，是无法实现社会和谐的。要切实加强社会主义先进文化建设，不断增强人们的精神力量，不断丰富人们的精神世界。"① 这清晰地界定了先进文化建设在构建社会主义和谐社会中的重要地位和特殊作用。构建社会主义和谐社会，必须高度重视建设与之相适应的先进的和谐文化，引导全社会成员

---

① 引自胡锦涛在省部级主要领导干部提高构建社会主义和谐社会能力专题研讨班上的重要讲话。

强化共同理想信念，提高思想道德素质，培育和谐精神，为构建社会主义和谐社会培育良好的文化基因。

9.1 文化和谐的内涵

文化和谐是构建和谐社会广泛的社会思想基础。和谐的内涵是和谐文化与其他文化相区别的本质属性。和谐文化中的全部思想理念，如：真理、价值、发展、审美、道德、理想等，都是以和谐为前提，建立在和谐内涵的基础之上的。

文化和谐的提出，是实现中华民族的文化复兴与新辉煌的重要理念。文化和谐，尊重孔夫子的"和而不同"①的传统，实现民族自尊自信；同时广泛开拓我们的文化资源与文化理念，善于学习，从善如流。它是拿来主义的而不是保守狭隘的，是善于选择和消化的而不是全盘照搬的，是共赢互补的而不是零和模式的。面对古今、中外、城乡、东西、南北……多地域多民族多学派的文化潮流，和谐文化的前提是文化和谐，避免文化上的门户之见，调节可能的文化冲突，开展郑重的良性的文化批评，发挥指导思想的导向作用。②

9.1.1 "一元化"与"多样化"的统一

随着改革开放的深入和市场经济体制的逐步建立，社会生活中出现了一系列的多样化，诸如经济成分和经济利益多样化，社会生活方式多样化，社会组织形式多样化，就业岗位和就业形式多样化，以及由此所导致的价值观念和价值取向多样化，特别是思想文化的多样化，等等。在这种形势下，以江泽民同志为核心的党中央大大加强了思想政治工作的社会主义精神文明建设的力度，强调指导思想的一元化。对党中央加强和改进党的思想政治工作的决策，广大

---

① 出自《论语·子路第十三》。
② 王蒙在 2007 年全国政协专题协商会上的发言：《和谐文化与文化和谐》。

干部和群众衷心拥护，但也有些人认为多样化与一元化是难以并存的，有的甚至公开否定指导思想一元化的必要性、可能性，认为这样做是"左"的一套。因此，正确认识和处理思想文化多样化（以下简称多样化）与指导思想一元化（以下简称一元化）的关系，澄清人们在这方面的模糊认识，既是改革开放和社会主义市场经济建设的政治保证，也是进一步加强和改进思想政治工作的一个理论前提。

为实现多样化与一元化的统一，加强和改进党的思想政治工作，以江泽民同志为核心的党中央作出了一系列指示和部署，广大人民群众和思想政治工作者也创造了许多新鲜的经验。学习、贯彻江泽民同志和党中央的指示，总结人民群众的经验、方法和途径，我们认为有两条是最重要的，也是最宝贵的。

其一，实现多样化与一元化的统一，必须以"三个代表"重要思想为根本指针。江泽民同志明确指出："加强和改进党的思想政治工作，必须全面贯彻和落实'三个代表'的要求，这是党团结和带领人民建设有中国特色社会主义的长期战略方针。"① 要真正实现多样化与一元化的统一，一方面，我们必须深刻领会"三个代表"重要思想的精神实质，明确这一思想就是全党全国人民所需要、所坚持的"一元化指导思想"②。具体地说，在今天的中国，我们要坚持马列主义、毛泽东思想、邓小平理论的指导地位，其核心的内容就是要坚持"三个代表"重要思想的指导地位，把这一思想作为思想政治工作的指针。另一方面，在各行各业的实际工作中，则需要落实"三个代表"的要求，以此作为工作的根本目的和检验成败得失的根本标准。凡是符合中国先进社会生产力发展要求的，符合中国先进文化前进方向的，符合中国最广大人民根本利益要求的，就允许其存在和发展，否则就要限制、反对、取消。一句话，就是要用

---

① 以上引用资料来源于北京组工网 www.bjdj.gov.cn。

② 以上引用资料来源于光明网 www.gmw.cn。

一元化来规范多样化，规范的根本标准就是"三个代表"的要求。

其二，必须充分认识多样化与一元化的统一是在实践中反复实现的动态过程。实现多样化与一元化的统一，其实质就是要以马列主义、毛泽东思想、邓小平理论，以江泽民同志提出的"三个代表"重要思想指导人们的行动，统一人们的言行，把这些思想化为解决实际问题的路线、方针、政策、办法，落实到各项实际业务工作中去。所以，多样化与一元化的统一主要是一个实践问题。因此，党的各级组织都要加强对这方面工作的领导，所有党员和党的领导干部都要做这件事情，把它渗透到物质生产和精神生产的各项实际活动中去。而且我们必须看到，实现这种统一是一个永不停息的动态过程，永远不会有绝对完善的统一。这是因为，社会生活是丰富多样的、易变的，人们的认识和活动也总是个性化的、多样的，理论与实践、理想与现实之间总会有差别，总会出现新情况、新问题。

9.1.2 坚持"两为方向"和"双百方针"

1957 年，毛泽东同志在《关于正确处理人民内部矛盾的问题》的讲话中，提出并系统地论述了"百花齐放、百家争鸣"的方针[①]；并且同时在《在中国共产党全国宣传会议上的讲话》等著作中，提出文艺要"为人民服务，为社会主义事业服务"和"为人民服务，为社会主义的国家服务"。毛泽东提出的为什么服务的问题，指明了文化建设和发展的根本目的。

半个世纪以来，"两为方向"和"双百方针"对中国特色社会主义事业发展产生了重要的影响和作用。实践证明，它是我们必须长期坚持的基本方针。在新的历史条件下，进一步深入贯彻"两为方向"和"双百方针"，对于推进社会主义和谐社会特别是和谐文化建设，具有重要的现实意义。

---

① 杨河：《建设和谐文化要坚持"双百方针"》，《理论探讨》2007 年第 10 期。

一是坚持文化"为人民服务，为社会主义服务"的方向①。我们的文化是社会主义文化，社会主义文化事业是人民群众的事业，这一性质决定了我们的文化必然而且应当是为人民服务，为社会主义服务的。在全面建设小康社会的新时期，文化为人民服务是指为广大的工人、农民、士兵、知识分子、干部和一切拥护社会主义、热爱祖国的人民服务。文化为社会主义服务是指文化为社会主义的经济、政治和社会等各项事业的根本需要服务。在战略机遇期，就是为全面建设小康社会和社会主义现代化建设服务。为社会主义服务，着重强调的是文化同社会主义制度的关系，从服务内容上揭示当代中国文化工作的社会性质。为人民服务是对文化服务对象的表述，强调的是文化与人民的关系，从服务对象上规定了当代中国文化工作的根本方向。

二是坚持"百花齐放，百家争鸣"的方针。"百花齐放，百家争鸣"作为党和国家发展和繁荣科学文化的完整方针，是毛泽东在1956年明确提出来的②。1981年，邓小平同志在《关于思想战线上的问题的谈话》中强调指出："我们坚持实行'百花齐放，百家争鸣'的方针，坚持正确处理人民内部矛盾，这是不会变的。"从此以后，"百花齐放，百家争鸣"作为我国社会主义思想文化建设的基本方针又重新确立了下来。建国以后，尤其是十一届三中全会以来，中国文化事业繁荣与昌盛的事实表明，"双百"方针对中国社会主义文化艺术和科学技术的发展产生了重要的影响。"双百"方针反映了广大科学界的思想要求，激发了广大知识分子的创造热情和报效祖国的积极性，推动了文学艺术的创作和科学技术的创新。"双百"方针符合科学文化发展的内在要求，创造了科学文化发展的民主政治环境。"双百"方针解决了发展科学文化的学风问题。

---

① 以上引用资料来源于中国文化网 http：//www.chinaculture.org。
② 以上引用资料来源于中国共产党新闻网 http：//cpc.people.com.cn。

9.1.3 发展先进文化、弘扬有益文化、改造落后文化、抵制腐朽文化

党的十六届六中全会通过的《中共中央关于构建社会主义和谐社会若干重大问题的决定》指出："建设和谐文化，是构建社会主义和谐社会的重要任务。"在构建社会主义和谐社会的过程中，我们应当下功夫培育和建设社会主义和谐文化。要坚持以先进文化为指导，确保社会主义和谐社会构建的文化方向；要发展和谐文化，确保社会主义和谐社会构建的思想基础；要实现文化和谐，确保社会主义和谐构建的文化要件。

坚持什么样的文化方向，推动建设什么样的文化，是一个政党在思想上精神上的一面旗帜。发展先进文化，就是发展面向现代化、面向世界、面向未来的，民族的、科学的、大众的社会主义文化。必须坚持马克思列宁主义、毛泽东思想和邓小平理论在意识形态领域的指导地位，用"三个代表"重要思想统领社会主义文化建设。坚持为人民服务、为社会主义服务的方向和百花齐放、百家争鸣的方针。以科学的理论武装人，以正确的舆论引导人，以高尚的精神塑造人，以优秀的作品鼓舞人。立足改革开放和现代化建设的实践，着眼世界文化发展的前沿，发扬民族文化的优秀传统，汲取世界各民族的长处，在内容和形式上积极创新，贴近实际、贴近生活、贴近群众，不断增强中国特色社会主义文化的吸引力和感召力，为人类文明进步作出更大贡献。

发展中国特色社会主义文化，要把弘扬主旋律和提倡多样化统一起来。大力发展先进文化，支持健康有益文化，努力改造落后文化，坚决抵制腐朽文化。大力倡导一切有利于发扬爱国主义、集体主义、社会主义的思想和精神，大力倡导一切有利于改革开放和现代化建设的思想和精神，大力倡导一切有利于民族团结、社会进步、人民幸福的思想和精神，大力倡导一切用诚实劳动争取美好生活的思想和精神。

9.1.4 统筹城乡文化发展

长期以来，由于城乡二元结构的存在，城乡文化建设有着很大不平衡。中央决定的社会主义新农村建设①为农村发展提供了一个历史机遇，但目前新农村建设的主要着力点还集中在农村基础设施建设和经济发展方面。经过这几年努力，农村面貌得到了较大改观，经济有了相应发展，但农村的文化建设还没有得到相应地发展。农村经济是农村人民生活的基础，在生活得到改善的基础上农民必然会增加对文化的需求，一定的经济水平与一定的文化形态水平要相适应。同时，文化的存在也会对经济和社会生活产生不可估量的影响。统筹城乡文化建设，是统筹城乡社会全面发展的重要内容。对城乡文化发展进行统筹安排，才能使文化事业更好地满足广大农民的精神生活需要，使新农村建设由物质层面向精神层面深化。

其一，城乡文化统筹有利于促进城乡文化交流和融合。城乡文化不仅在文化基础设施和投入上有很大差异，而且城乡文化之间也存在差异。在城与乡的关系上，存在从对立到融合的必然趋势，最终形成分工明确、文明共享、各富特色、张扬个性的城乡协调发展格局。城乡文化差异对城市和乡村的发展产生了不同的影响，从而导致了城乡间在经济、社会和生态等各方面的差异。这些影响有积极的也有消极的，因此在统筹发展中要区别对待，不能一味地要求用城市文化取代农村文化。城市文化和乡村文化通过接触、融合、吸收，最终可以实现在一个平面上相互更高的发展。文化本身具有传递性、差异性、发展性、习惯性，城乡文化统筹建设为城乡文化相互融合提供了依据和可能。城乡文化统筹建设是城市和乡村互相吸收先进和健康的文化、摒弃落后和病态的文化的一种双向演进，是承认城乡文化的不同并在城乡文化异质性、互补性和独特性基础

---

① 引自党的十六届五中全会通过的《中共中央关于制定国民经济和社会发展第十一个五年规划的建议》。

上的协调发展。

其二，城乡文化统筹有利于培养农村文化主体的自觉意识。城乡文化统筹发展的目的不是要以一种文化形式来统一城乡文化，而是在城乡文化发展中共同重视和满足城乡群众对文化生活的需要。人民群众是文化消费的主体，也是文化创造的主体，这就决定了只要充分调动人民群众文化主体的自觉意识，就可以实现城乡文化的繁荣。随着城乡经济的发展，那种被动接受型的文化形式正在被人们所抛弃，人们在有了一定经济能力之后，也开始追求有创造性的文化活动形式。当然在农村，由于经济压力和大众传媒如电视的强势宣传，农民的文化形式完全处于一种被动状态，这失去了文化应该与人的生活贴近、更多体现人的创造的内涵。所以这种被动接受型的文化模式并不能解决农民对文化的需求，反而会使农民的思想意识更加边缘化。只有把文化发展看作是人的主体意识的恢复和弘扬，才能促进农村文化事业的发展。而这种农民文化主体意识的弘扬依靠的不单是农村文化设施的建设，而是要大力促进和推动农民根据自身生活特点和文化需要来创新文化形式和文化组织。

其三，城乡文化统筹建设有利于实现共同的文化目标。城乡文化统筹发展的共同目标就是要以文化的平等自由交流为主要内容，在城乡统筹发展和城乡融合过程中实现主体对自身价值的内在认同。文化的最终价值就在于人们通过文化活动实现对自我生存方式和自我价值的认同。城乡由于存在巨大的经济差距造成了农村群众产生对自身价值的否定，文化活动可以在城乡经济融合的基础上实现对自身价值的再肯定。城乡文化的融合反映的是不同文化之间接触、吸收和融合的过程，首先需要对各自文化主体的价值认同。城乡文化融合必须在城乡相互开放的系统中进行，城乡文化融合不是单纯的孤立的，而是在城乡经济和社会全面开放和融合过程中实现的。城乡文化通过统筹的形式来融合和开创出一个新的文化体系，其间的平等自由交流是关键所在，这种文化整合在封闭对立的城乡二元格局中不可能实现。因此，城乡经济和社会统筹发展是城乡文化融合的基础和前提，而城乡统筹发展也必将为文化融合提供机会和可能。

9.2 建设社会主义核心价值体系

党的十六届六中全会通过的《中共中央关于构建社会主义和谐社会若干重大问题的决定》中指出："建设和谐文化，是构建社会主义和谐社会的重要任务"，"社会主义核心价值体系是建设和谐文化的根本。"① 这就从宏观上揭示了"社会主义核心价值体系"与和谐文化建设的关系，同时也强调了社会主义核心价值体系作为建设和谐文化的根本的崇高地位，即在中国建设和谐文化，离不开"社会主义核心价值体系"这个根本。

9.2.1 巩固马克思主义指导地位

在建设社会主义核心价值体系过程中，巩固马克思主义指导地位需要我们作出艰苦不懈的探索、积极能动的实践。因为马克思主义毕竟是产生于西方的思想理论，虽然从中国社会历史发展的趋向和规律上说，马克思主义的指导地位是没有问题的，但是，马克思主义的指导作用是历史的、具体的，巩固马克思主义指导地位是一种面对中国社会现实的切实的行动，因而就有如何指导和通过什么样的方式和途径解决什么矛盾达到什么预期目标等等问题。尤其在中国当前社会转型的历史条件下，任何举措都是一个动态的过程，更需要以马克思主义的洞察力和思想理论为武器，去应对扑朔迷离的复杂情况。

实际上，要坚定不移和卓有成效地巩固马克思主义的指导地位，首先要明确的就是什么是马克思主义这个似乎是"常识"而实际上又是歧义甚多的问题。中国的现实的马克思主义是按照马克思主

---

① 以上引用资料来源于人民网 http://www.people.com.cn。

的思想方法、立场观点针对中国的社会历史和现实分析出来的思想理论，即中国特色社会主义的思想理论。建设中国的社会主义核心价值体系，就应当把握这样一个根本点。但是这一社会主义核心价值体系是在一个历史阶段中的总体规定，在具体实践上，无论就其具体内容来说还是就其具体途径来说，它必然是动态的、发展的。这样，坚持马克思主义的指导，就不是一个大而化之的口号，而必须随时根据变化着的环境和发展的不同阶段而寻求适用的原理原则，并且还要从实际出发发展创新；中国特色社会主义共同理想也因社会发展变化而变化，是一个不断实现初级理想又提出更高理想的过程；其他社会主义核心价值体系的基本内容皆然。与此相联系，在具体实践上，也就要求采取合适的形式和方法。因此，必须明确，在我们以马克思主义指导社会主义核心价值体系建设的时候，必须同时注意马克思主义本身也是需要不断发展的。

同时，要卓有成效地做好用社会主义核心价值体系引领社会思潮的工作，对各种社会思潮作出准确的把握。在市场经济条件下，由于社会生活的多元化，即由于中国社会从单一的农业社会转入工业社会，尤其在当今信息高度发达的所谓"后工业社会"，价值追求也必然呈现出多元化的趋向，各种社会思潮纷至沓来，要以社会主义核心价值体系引领它们，就必须准确地把握它们，把握它们的来龙去脉、相互关系，以及它们在社会中所产生的影响等，以分别采取正确的对策和政策。

在从总体价值取向上坚持社会主义核心价值体系的核心地位的同时，还要在社会主义价值体系的具体构成上允许多元化，要尊重差异，包容多样。这个道理之简单，就像爬梯子一样——如果我们要达到某一顶点，就要从基点开始，而每一个高度上的阶梯都是为达到顶点所必要的、必需的。由于中国当前的社会环境已经远远不是资本主义兴起时期的自由资本主义的环境，更不是发展了的资本主义垄断阶段的环境，也不同于当今西方资本主义社会的环境，而是有着马克思主义政党中国共产党领导的以社会主义为其基本政治制度的社会环境，所以，以马克思主义指导社会主义核心价值体系建设，达到思想观念上的基本一致，达到价值追求上的殊途同归，也就不仅具有可能性，而且也具有必然性。

9.2.2 坚定中国特色社会主义共同理想

在全社会树立和弘扬中国特色社会主义共同理想，是和谐文化建设的根本任务。把握了这一点，就把握了社会主义核心价值体系的主题。

中国特色社会主义共同理想，经过了历史和实践的检验。摆脱贫穷落后，走向富强民主文明和谐，实现中华民族的伟大复兴，是中华儿女世世代代的梦想和追求。中国特色社会主义共同理想，有着广泛的社会共识。这个共同理想，既实在具体，又鼓舞人心，昭示了我们要在中国特色社会主义道路上，在本世纪头 20 年，集中力量全面建设小康社会，再继续奋斗几十年，到本世纪中叶基本实现现代化，把我国建成富强民主文明和谐的社会主义国家。这个共同理想，既是对中国社会发展规律的正确认识，也是中国人民利益和愿望的根本体现，是号召全国各族人民团结奋斗的精神旗帜。这个共同理想，把党在社会主义初级阶段的目标、国家的发展、民族的振兴与个人的幸福紧密联系在一起，把各个阶层、各个群体的共同愿望有机结合在一起，具有令人信服的必然性、广泛性和包容性，具有强大的感召力、亲和力和凝聚力。

和谐文化反映着人们对和谐社会的总体认识、基本理念和理想追求，中国特色社会主义共同理想本身就是和谐文化的重要内容。坚持以中国特色社会主义共同理想吸引人、感染人、凝聚人、鼓舞人，引导人们树立正确的世界观、人生观、价值观，正确认识国家、民族的前途命运，不断增强对中国共产党领导、社会主义制度、改革开放事业、全面建设小康社会目标的信念和信心，是和谐文化建设的内在要求。

突出中国特色社会主义共同理想这个主题，建设社会主义核心价值体系，我们就必定能形成全民族奋发向上的精神力量和团结和睦的精神纽带，巩固社会和谐的思想道德基础，在推进中国特色社会主义事业的历史进程中实现社会和谐，在社会和谐中推进中国特色社会主义事业。

中国特色社会主义共同理想，把党在社会主义初级阶段的目标、国家的发展、民族的振兴与个人的幸福紧密联系在一起，把各个阶层、各个群体的共同愿望有机结合在一起，经过实践的检验，有着广泛的社会共识，具有令人信服的必然性、广泛性和包容性，具有强大的感召力、亲和力和凝聚力。实现这个共同的美好理想，需要全体人民认同和树立，并且为这个理想的实现而共同奋斗。

9.2.3 弘扬民族精神和时代精神

和谐文化是国家和民族的灵魂，集中体现了国家和民族的品格。和谐文化的力量，深深熔铸在民族的生命力、创造力和凝聚力之中，是团结人民、推动社会和谐发展的重要力量。建设和谐文化，就是要培育和谐精神，倡导和谐理念，在全社会形成共同的理想信念和道德规范，不断增强中华民族的凝聚力、向心力、亲和力，为构建和谐社会创造良好的人文环境和文化生态。正是在这个意义上，以爱国主义为核心的民族精神和以改革创新为核心的时代精神，不但是中华民族生生不息、薪火相传的精神支撑，是当代中国人民不断创造崭新业绩的力量源泉，也是建设和谐文化的强大精神动力。

建设和谐文化，必须继承和发扬一切优秀文化，必须充分体现时代精神和创造精神，必须具有世界眼光，增强感召力。中华民族的优秀文化传统，党和人民从"五四"运动以来形成的革命文化传统，人类社会创造的一切先进文明成果，我们都要积极继承和发扬。同时建设创新型国家，必须大力增强全民族的自强自尊精神，大力建设全社会的创新文化。创新文化孕育创新事业，创新事业激励创新文化。和谐文化建设要求我们必须始终站在时代发展前列，不断把事业推向前进。闭目塞听、坐井观天、因循守旧、墨守陈规、无视世界发展潮流，必然会落伍。

建设和谐文化，必须大力弘扬以爱国主义为核心的民族精神和以改革创新为核心的时代精神，增强民族自信心和自豪感，增强不懈奋斗、勇于攀登世界科技高峰的信心和勇气；必须发展爱国文化和创新文化，努力培育全社会的爱国和创新精神。

9.2.4 践行社会主义荣辱观

2006 年 3 月 4 日，中共中央总书记胡锦涛在看望政协委员时强调，要引导广大干部群众特别是青少年树立社会主义荣辱观，坚持以热爱祖国为荣、以危害祖国为耻，以服务人民为荣、以背离人民为耻，以崇尚科学为荣、以愚昧无知为耻，以辛勤劳动为荣、以好逸恶劳为耻，以团结互助为荣、以损人利己为耻，以诚实守信为荣、以见利忘义为耻，以遵纪守法为荣、以违法乱纪为耻，以艰苦奋斗为荣、以骄奢淫逸为耻。胡锦涛总书记提出的以"八个为荣、八个为耻"[①] 为核心内容的社会主义荣辱观，全面阐述了树立正确价值观的具体要求，对明确是非、善恶、美丑界限，推动形成良好社会风气，具有重要的现实指导意义。构建社会主义和谐社会是我们党正在努力实现的奋斗目标，社会主义和谐社会是一种社会状态，对此胡锦涛总书记指出我们所要建设的社会主义和谐社会应该是民主法治、公平正义、诚信友爱、充满活力、安定有序、人与自然和谐相处的社会。

从社会主义和谐社会所包含的内在要求以及构建社会主义和谐社会的过程来看，全面践行社会主义荣辱观是构建社会主义和谐社会的必然要求。一是构建社会主义和谐社会需要以全面践行社会主义荣辱观来保证正确的政治方向。我们党发动全党全国之力，正在努力构建的和谐社会是社会主义性质的和谐社会，社会主义的性质

---

① 胡锦涛在第十届中国人民政治协商会议第四次会议的民盟、民进联组会上发表的讲话：《关于树立社会主义荣辱观》。

就是和谐社会的政治方向，也是和谐社会的生命线。二是构建社会主义和谐社会需要以全面践行社会主义荣辱观来提供充足的人才资源。人才是社会进步的源泉，是经济、社会可持续发展的保障。构建社会主义和谐社会是一个社会全面发展、进步的过程，在这个过程中各种社会主义建设需要的人才资源处于举足轻重的地位。三是构建社会主义和谐社会需要全面践行社会主义荣辱观。

9.3 发展县域文化事业和文化产业

9.3.1 完善公共文化服务体系

公共文化服务体系建设是保障人民群众基本文化权益的惠民工程，是文化行政管理部门履行公共服务所义不容辞的责任，也是学习实践科学发展观、保障民生的实际行动。

"公共文化服务体系"是由政府主导、社会参与形成的创造和保护公共文化资源、传播先进文化、满足人民群众文化需求、保障人民群众基本文化权益的各种公益性或以公益性为主的文化机构和服务的总和。[①]

深化改革创新，加快建设公共文化服务体系。一是在创新公共文化服务体系的投入方式上要取得重大突破。比如，积极引导社会力量捐助和兴办公益性文化事业，开创公共机构和民营机构的多种合作方式；从"以钱养人"向"以钱养事"转化，采用"项目申报"、"以奖代拨"等方式，以推动国有文化机构走向适应市场经济环境的"目标管理"；政府采购公益性文化产品，每年向社会购买一批重点项目，低价或免费向市民提供，等等。二是引入市场机制和社会力量，不是要削弱而是要强化公益性文化事业的功能。以全新理念建设公共文化服务体系，不是要改变公共文化服务保障人民群

---

① 资料来源：《浙江日报》，2008 年 6 月 23 日。

众基本权益这一根本宗旨，而是要通过引进市场竞争机制和非公有制资本，优化公益文化事业的微观主体，推动国有文化事业单位的改革和机制转换，提高公共财政的投资效益，以解决政府在公益文化事业领域投入不足、经营不善、效益低下、资源浪费等问题。三是积极营造有助于公共文化服务体系建设的宏观环境。显然，全新的公共文化服务体系的构建，在相当程度上既取决于宏观经济体制环境的变化，也取决于法治环境、创业环境和民间组织的发育和成熟。因此，以全新理念建设公共文化服务体系，首先必须营造良好的宏观环境。其中，尤其重要的是，应大力推进与此相应的法制建设，要在相关法律框架内进一步明确政府在发展公益性文化事业中的责任；完善公益性文化事业投融资体制改革的配套措施，特别是要完善现行公益性文化事业单位的会计制度，推动从事公共文化事业领域服务的社会中介机构的建立和完善。四是进一步转变政府管理方式，解决政出多门、缺乏统一的管理目标问题。目前县级文化领域的行政管理体制，依然存在着条块分割的现象。以全新理念建设公共文化服务体系，还须在政府行政管理体制的改革上有所突破。同时在此过程中，要注意防止对引入市场机制的简单理解，通过"一卖了之"解决问题。既要明确市场化决不等于私有化，又要明确在公共文化服务体系建设中引入市场机制决不等于政府放弃应当承担的责任。五是进一步创新政府对公共文化服务体系的投入方式。应当以公共财政直接投资、产业政策扶持、政府采购、特许经营、委托生产、公共文化项目外包等多种途径，进一步创新公共文化服务体系的投入方式。六是进一步解决民营经济进入公共文化领域门槛过高的问题。目前民营经济进入公共文化服务领域的门槛仍然较高。应针对公益性文化事业发展的不同层次，制订相应的吸引社会资本进入公共文化领域的政策。通过对不同服务对象设置不同的准入门槛、改革和创新行政审批制度，把有关公共文化事业发展特别重要或者特别能体现社会公平的项目的优惠政策落到实处。

9.3.2 发掘乡土文化资源，大力发展文化产业

文化产业是一个以精神产品生产、交换和消费为主要特征的产业系统，包括文化娱乐业、影视音像制作业、新闻出版业、文化旅游业以及一些与文化相关的美食、美容、时装表演、美术作品等。从地域构成看，区域文化产业可简略分为城市文化产业和县域文化产业，县域文化产业是区域文化产业的重要组成部分。只有城市和县域文化产业的协调发展，才能推动区域文化产业的繁荣和社会经济的全面发展。

江泽民同志在十六大开幕式上所作的报告中提出"全面建设小康社会，必须大力发展社会主义文化，建设社会主义精神文明"，这为我国文化工作的繁荣和发展指明了方向。他在报告中强调"积极发展文化事业和文化产业"，指出要"扶持对重要文化遗产和优秀民间艺术的保护工作"，还要求我们"坚持教育创新，深化教育改革，优化教育结构"[①]。

湖南省宁乡县文化基础雄厚，当地领导和各族人民群众抓住时机，深入挖掘宁乡文化特色，积极利用炭河里文化、青铜文化、温泉文化、沩仰宗佛教文化、以齐己为代表的诗歌文化、以张南轩为代表的儒家理学文化、以刘少奇为代表的"红色文化"等，大力发展文化产业，确立了一批文化产业建设项目，以项目带动文化发展。这些项目要以历史悠久、内涵丰富、底蕴深厚、魅力独特、影响突出为主题，并兼具文化、艺术、体育、休闲、娱乐、会展、旅游、餐饮、住宿等消费功能，能充分满足市场需求。通过这些大型项目的建设，不断延伸文化产业链，从而带动县域文化新的发展与繁荣，为提升县域文化软实力提供更加坚实的基础。

中国社会科学院文学所所长、我国著名文学评论家杨义最近在《综合国力不能忽视文化竞争力》一文中指出：是否能够充分地发掘

---

① 资料来源：《中国文化报》，2002 年 11 月 9 日。

本土传统文化资源的现代价值是发展文化产业、增强竞争力的一个具有根本性的重要保证。[①] 宁乡的经验和杨义的观点都说明了乡土文化资源在建设文化产业、促进文化和谐建设方面的重要意义。

9.3.3 建设网络文化

加强网络队伍建设，着力提高网上舆论引导能力。网络文化处于思想交锋和舆论斗争的第一线，努力形成健康向上的网上主流舆论，是大力发展中国特色网络文化的重要内容和主要任务。能否牢牢把握网上主流舆论，关键在人。人才队伍建设是网络文化建设管理中的一项根本性、战略性工作。培养造就网上名编辑、名版主、名主持人和名评论员等一批网络人才，直接关系着网上舆论引导能力的强弱。应始终坚持以人才队伍建设为抓手，着力营造网上正面舆论强势。从近年实践看，重点是抓好三类队伍的建设。一是加强新闻从业人员建设，提高网上正面宣传能力。二是加强评论员队伍建设，提高网络舆论的引导能力。三是要加强管理队伍建设，提高网上重大舆情的应对能力。

加强体制机制建设，着力提高依法管理能力。网络文化的发展十分迅速，管理始终面临着重大压力。建立统一协调、相互配合、上下联动的管理体制和工作机制，是保障网络文化健康发展的前提条件。如何改进管理方式，提高管理效能，也是当前网络文化建设和管理中面临的一个重要课题。从实践来看，应着重加强三方面机制建设。一是加强统筹机制建设。当前，网络文化建设和管理必须加强法规制度建设，加强前置管理和源头管理机制建设。二是加强监管机制建设。严格对基础电信企业的监管，督促其对网站实名备案管理系统数据进行全面排查核实。建立刚性的前置审批管理制度，严格行业准入。建立非法网站黑名单制度，通过在行业内定期通报关闭、查处的非法网站及其主办者名单，严禁各基础电信企业和接

---

① 资料来源：《文汇报》，2002年11月14日。

入服务单位再提供接入。三是加强联动机制建设。不断完善联席会议制度,健全各涉网管理部门之间的经常性会商制度,强化协同管理能力。

加强环境氛围建设,着力提高网络环境净化能力。营造积极健康向上的网络环境,是群众的期盼、党和政府的要求,是网络文化建设和管理的出发点和落脚点。良好网络环境的营造,既有赖于刚性的管理手段,更有赖于柔性的观念教育。实践证明,刚柔并济是推进网络环境氛围建设的行之有效的方式。一是大力加强网络道德观念教育。把互联网法制和道德教育纳入精神文明建设的总体布局,发动各级党委和工、青、妇组织以及县城社区,积极开展网络法制和道德教育,切实提高网民的法制意识和道德素养。二是大力开展网上专项整治行动。实施净化网络环境行动,扎实开展打击网上色情、赌博、贩毒等违法犯罪活动,整治不规范网吧、加强视听节目规范管理等专项工作。三是大力组织网上文明创建活动。通过组织举办"优秀网络信息服务单位评选"、"文明办网示范单位评选"等活动,激励和引导网站举办者、网络从业人员和广大网民自觉参与到"文明办网、文明上网"行动中来,引导业界自觉遵守法律法规和社会公德,成效明显。

9.3.4 推进文化创新,增强县域文化发展活力

文化作为一种软实力,正日益发挥着比硬实力更加独特的作用。实现文化大发展大繁荣,可以充分发挥文化在经济社会发展中的重要作用,从而更好地推动科学发展和促进社会和谐。当前,社会思想意识空前活跃,各种社会矛盾日益显现,对巩固共同思想基础、团结凝聚人心提出了新的挑战,这就要求我们必须结合实践和时代的要求,结合人民群众的精神文化需要,遵循文化发展规律,积极推动文化创新,努力实现新的超越和发展。

创新发展理念,把握发展规律,实现县域文化协调发展。当今时代,文化正以其润物细无声的力量,渗透到经济社会发展的各个

领域，成为地区核心竞争力的重要因素。因此，加强文化建设，就是要树立抓发展必须抓文化，抓文化就是抓发展的理念，正确把握文化发展规律，坚持立足眼前和着眼长远相结合，发展事业和发展产业相结合，政府主导和社会参与相结合，不断提升文化软实力。

创新发展载体，实施文化惠民，促进县域文化自我发展。文化发展离不开载体的支撑。因此，建设先进文化，就必须创新发展载体，充分利用城市优质便捷的公共文化资源、农村基层实用高效的文化服务网络以及日益丰富的文化产品，增强文化自我发展能力，让文化发展成果惠及全体人民。同时，还应通过鼓励群众建设文化阵地，支持群众兴办各种文化团体，积极引导群众在文化建设中自我创造、自我服务、自我发展。

创新发展模式，实现科学管理，推动县域文化持续发展。体制机制是文化发展的根本保障。因此，加强文化建设，就必须重塑市场主体，完善市场体系，改善宏观管理，转变政府职能，通过创新文化发展模式，实现科学管理，努力营造有利于出精品、出人才、出效益的良好环境。政府职能由"办文化"向"管文化"转变。形成国有、集体、个体、私营、股份制多种经营成分并存的多元化发展新格局，实现政府职能的根本性转变。社会文化由单向传承向创新发展转变。通过积极培育和繁荣文化市场，初步形成了富有生机、充满活力的文化产品生产经营机制。品牌建设由大众化向特色化转变。通过突出文化特色和生态特色，建设精品文化项目。

9.3.5 构建学习型社会

创建学习型社会，这是一个顺应世界进步潮流、富有时代精神的重大战略思想和战略举措。通过开发各种学习型组织，构建上下互助、全民参与的学习型县域，大力培育和开发人力资源，为增强区域竞争力提供了重要的智力支持，促进县域快速发展。在知识经济时代，知识的不断更新是促进经济发展的一项有效的战略举措。因此，创建学习型社会，引导和组织人们自觉地投入到学习中去，不断学习，不断更新知识，不断增加整个社会的人力资本，已成为创造区域竞争优势的重要选择。

抓好典型示范。通过创建具有示范性、带动性的学习型机关、企业、学校、乡镇、社区、协会、家庭等学习型组织，努力营造人人学习、时时学习、处处学习的良好氛围，使学习工作化、学习生活化的理念深入人心，掀起继续教育和终身学习的热潮。

抓好学习型载体建设。努力挖掘和整合县内各种教育资源，构建社会大教育系统，采取公益性与有偿服务相结合的原则，向社会开放学校教室、机房、图书馆、操场等设施，为创建学习型县域创造良好条件。充分运用社会教育资源，发挥文化体育和各类专业教育设施的阵地作用，开展形式多样的学习教育活动。

抓好学习型机制建设。注重建立健全长效激励机制，把创建学习型县域与发展区域特色经济、培育区域特色文化建设和加强人力资源管理相结合。在努力增强组织和个体学习的内在动力，形成内动力机制的同时，制定激励政策，强化目标激励，形成外动力机制，使学习制度化、普遍化、经常化。

9.4 开展文明创建活动

9.4.1 切实把社会主义核心价值体系融入精神文明创建的全过程

在新的历史条件下，不同性质文化的相互激荡与冲突，新旧体制观念的矛盾，改革所带来的人们利益关系的调整等社会现实带来了大量的不和谐现象。维护社会的和谐是社会发展的前提条件，建设和谐文化是构建社会主义和谐社会的重要任务，而社会主义核心价值体系则是建设和谐文化的根本。因此，我们要在全面把握社会主义核心价值体系科学内涵的基础上，清楚地认识到坚持社会主义核心价值体系与精神文明建设的关系，充分发挥社会主义核心价值体系在文明创建中的导向功能、整合功能和稳定功能。

首先，要真正从历史和现实、理论和实践的结合上，进一步找准统一思想、凝聚力量的着力点，更好地引导干部群众坚定不移地高举中国特色社会主义伟大旗帜不动摇、坚持中国特色社会主义道路不动摇、坚持中国特色社会主义理论体系不动摇，为开创中国特色社会主义事业新局面而共同奋斗。

其次，以道德模范评选表彰为载体，深入推进公民道德建设工程。道德的力量是国家发展、社会和谐、人民幸福必不可少的重要条件。必须把加强公民道德建设作为和谐文化建设的基础工作和中心环节，按照重在实际行动、重在持之以恒、重在形成机制的要求，大力倡导爱国、敬业、诚信、友善等道德规范，深入开展公民道德实践活动，推动形成男女平等、尊老爱幼、扶贫济困、礼让宽容的人际关系，培育文明道德风尚。

第三，把社会主义核心价值体系寓于大学生思想政治教育和未成年人思想道德建设中。做好青少年思想道德建设工作，关键是用社会主义核心价值体系教育和培养青少年。要针对青少年特点，运用青少年喜闻乐见、易于接受的方式，积极宣传社会主义核心价值体系。充分利用传统节庆日、纪念日、队日、队会，借助青少年教育活动阵地，举行各种教育实践活动，积极推进社会主义荣辱观等内容进班级、进活动、进教材、进课堂、进学生头脑，使广大青少年懂得是非、善恶、美丑的界限，知道坚持什么、反对什么、倡导什么、抵制什么，坚持从基本知识学起、从日常行为做起，努力在青少年中形成良好的思想道德风尚。

第四，要围绕提高公民文明素质和社会文明程度，深入推动群众性创建活动。要充分发挥文明城市测评体系对建设社会主义核心价值体系的导向作用，深化"争做文明市民，创建文明城市"活动，大力实施市民文明素质工程，不断提高市民的文明素质和社会文明程度。要坚持把加强社会主义核心价值体系建设作为深化文明社区创建工作的重要抓手，大力营造文明健康、积极向上的社区教育氛围，促进社区文明程度的提高。

9.4.2 广泛开展各类文明创建活动，培育文明和谐新风尚

随着社会的快速发展，人们的追求也由基本生活需求向物质、精神、文化、健康等高层次方向发展。要把抓文明创建的落脚点放到抓居民素质提高的软硬环境建设上。坚持以社会主义核心价值体系为灵魂，以增强诚信意识为重点，以加强四德建设为抓手，广泛开展各类文明创建活动，培育文明和谐新风尚。

一是改善环境，营造城乡文明的温馨。围绕利民惠民宗旨，紧扣环境核心要素，着力建设廉洁高效的政务环境、公正公平的法治环境、规范守信的市场环境、健康向上的人文环境、安居乐业的生活环境、可持续发展的生态环境，为人民群众生产生活提供良好承接载体。

二是典型引路，树立思想道德的标杆。运用榜样力量，抓好典型示范，是我们党的优良传统，也是精神文明建设的显著特点和有效抓手。思想道德先进典型就是引领思想、焕发精神、凝聚力量的一面面鲜红的旗帜。助人为乐、见义勇为、诚实守信、敬业奉献、孝老爱亲等优秀品德成为当今经济社会发展中的一道亮丽风景，成为先进思想道德和价值理念的集中体现，成为人们纷纷学习、效仿、追求的宝贵精神财富。

三是立足长远，塑造县域发展的未来。加强未成年人思想道德建设，着力弘扬中华民族优秀文化，融入爱国主义教育、传统美德教育、思想政治教育，进一步增进民族凝聚力和普遍价值认同。抓好未成年人心理健康教育，让每个青少年充满自信、充满阳光。未成年人的健康成长可为县域未来在率先发展、科学发展、和谐发展的道路上继续前进集聚源源不断的能量，他们是县域蓬勃发展的希望之所在。

四是整体推进，绘就文明县城的蓝图。随着精神文明创建活动的不断深入，创建已经进入由"物"向"人"、由"外在环境建设"向"内在素质提升"转变的阶段。通过提高公民文明素质，

提高县域发展的"软实力",以每个公民的点滴文明汇聚成社会文明的浩瀚海洋,使得公民素质发展与经济社会发展相协调、相适应、相促进。

9.4.3 加强未成年人思想道德建设

在共和国铿锵前进的步伐中,总有一个数字被频繁提起:3.67亿[①],这是中国18岁以下未成年人的总数。未成年人是社会的希望,国家的明天。实施未成年人思想道德建设工程,深入贯彻落实《中共中央国务院关于进一步加强和改进未成年人思想道德建设的若干意见》,紧密结合构建社会主义和谐社会的实际,针对未成年人身心成长的特点,积极探索新的历史条件下未成年人思想道德建设的规律,教育和引导未成年人全面认识、深刻理解和牢固树立社会主义核心价值体系,努力培育有理想、有道德、有文化、有纪律的中国特色社会主义事业建设者和接班人。

广泛开展未成年人道德实践活动。以"雏鹰争章"和校园五节活动为重点,围绕弘扬文明风尚、科技创新、节约资源、体育锻炼等内容,组织开展"手拉手"、"节约从我做起"、"清纯心灵、绿色家园"、"真情暖万家、青春促和谐"等丰富多彩的实践活动,引导青少年健康成长。

深入开展特色主题教育活动。以重大节庆日为契机,以阵地为依托,深入开展特色鲜明的优良传统教育、历史教育、国情教育和倡导基本道德规范活动,教育引导广大未成年人从增强爱国情感做起,从确立远大志向做起,从树立社会主义荣辱观做起,从提高基本素质做起。

积极营造有利于未成年人思想道德建设的社会氛围。各类大众传媒都应增强社会责任感,把推动未成年人思想道德教育作为义不容辞的职责。电台、电视台应开设和办好少儿专栏或专题节目。各

---

① 以上引用数字来源于长沙新闻网 http://www. news. changsha. cn。

类报刊要热心关注未成年人思想道德建设，加强宣传报道。各类互联网站要充分认识所肩负的社会责任，积极传播先进文化，倡导文明健康的网络风气。相关职能部门和人民团体要认真履行各自的职责，积极推动少儿文化艺术繁荣健康发展。

（执笔：陈计伟　曾传国　谷超俊）

第十章　县域生态和谐

10.1 生态和谐的内涵

生态和谐用最简洁直观的话说就是人与自然的和谐。我们的祖先很早就意识到了人与自然和谐的重要性。早在两千多年前的春秋时期，道家学说创始人老子就有过"人法地，地法天，天法道，道法自然"① 的经典论述。这种思想得到后世道教的继承和发挥。尤其重要的是"道法自然"所倡导的"自然无为"，在运用于解决人与自然的关系时，可以进一步具体化为自然原则、保护原则与和谐原则，其中包含着丰富而深刻的生态思想，完全可以成为今天保护自然环境的基本方式和指导思想。中国共产党十六大报告中明确指出，中国要走"可持续发展能力不断增强，生态环境得到改善，资源利用效率显著提高，促进人与自然的和谐，推动整个社会走上生产发展、生活富裕、生态良好的文明发展道路"②。也就是中央从宏观战略上提出了建设生态文明、构建生态和谐的伟大目标。这一目标的提出，赋予了在中国特色社会主义建设的新时期生态和谐更深刻的内涵。在党的十六届三中全会上，生态和谐和可持续发展等内容又

---

① 老子《道德经》第 25 章。
② 江泽民在中国共产党第十六次全国代表大会上的报告：全面建设小康社会，开创中国特色社会主义事业新局面。

被纳入到科学发展观中。在党的十七大上，胡锦涛总书记在《高举中国特色社会主义伟大旗帜 为夺取全面建设小康社会新胜利而奋斗》的报告中提出，科学发展观第一要义是发展，核心是以人为本，基本要求是全面协调可持续性，根本方法是统筹兼顾①。其中统筹兼顾的一个重要内容就是人与自然的和谐发展。因此，对于我国当前的任务，发展是硬道理，但可持续是基本原则，也是中华民族伟大复兴的根本保障。不发展，人民的物质生活得不到保障，中华民族的伟大复兴当然无从谈起；但如果只求发展，不考虑可持续性，那么资源将很快耗尽，生态环境将不堪重负，那么伟大的社会主义建设事业也将随之搁浅。县域是我国的基本行政单位，是最能体现城乡统筹和生态和谐的一级行政区，因此，在发展的过程中坚持生态和谐、建设生态文明的县域经济尤为重要和可行。

10.1.1 生态和谐是贯彻科学发展观，构建和谐社会的必然要求

科学发展观，是对党的三代中央领导集体关于发展的重要思想的继承和发展，是马克思主义关于发展的世界观和方法论的集中体现。而科学发展观本身就包含生态和谐与可持续发展相关的重点内容。党的十六届四中全会通过的《中共中央关于加强党的执政能力建设的决定》强调指出，要坚持以人为本、全面协调可持续的科学发展观，更好地推动经济社会发展。同时还要求我们"推动建立统筹城乡发展、统筹区域发展、统筹经济社会发展、统筹人与自然和谐发展、统筹国内发展和对外开放的有效体制机制"。

同时，和谐社会是一种有层次的和谐，它的核心层是人与人之间关系的和谐，即人与人的和睦相处，平等相待，协调地生活在社会大家庭之中。其构建还需有一个坚实的基础保障层，也就是社会的政治、经济和文化要协调发展，与和谐社会的要求相配套，所以

---

① 　胡锦涛在中国共产党第十七次全国代表大会上的报告：《高举中国特色社会主义伟大旗帜 为夺取全面建设小康社会新胜利而奋斗》。

基础层必须有一个稳定和平衡的生态环境，和谐社会必须在一个适宜的生态环境中才能保持发展，没有平衡的生态环境，社会的政治、经济和文化就不能生存和发展，和谐的人际关系也会变成空中楼阁，失去存在基础。

因此，构建生态和谐社会不仅是推动科学发展的需要，也是构建社会主义和谐社会的必然内在要求。建设好生态和谐，才能构建真正的和谐社会，才能实现真正的科学发展。

10.1.2 生态和谐是减轻资源环境压力的迫切需要

矿产资源枯竭、水资源短缺、温室效应、环境污染以及生态退化是人类社会面临的重大现实问题。我们直观能够感受到的就是能源等矿产资源价格飞涨，水价节节攀升，气温日益升高，气候愈加恶劣，到处是黑土灰天，难见天日。这些都说明一个事实：我们正面临着前所未有的资源环境压力。

我国自然资源总量大，但人均占有量却很少，我国45种主要矿产资源人均占有量不足世界人均水平的一半，石油、天然气、煤炭、铁矿石等重要矿产资源人均储量，分别只相当于世界人均水平的11%、4%、70%和42%，水资源约为世界人均的1/4强，再加上资源分布又不平衡，开发利用也不合理，因此我国面临比别的国家更加严峻的资源形势。对于我国大多数县域经济来说，同样存在人口密度大，人均资源占有量少的问题，发展所需的矿产需要大量的从外面引入，甚至要从境外进口，同时县域的人口素质不高，而且大部分县域人口众多，所以还面临着巨大的人口压力和贫困压力。另一方面我国环境形势已经相当严峻，不容乐观，三十年的改革开放使我们摆脱了贫困，物质生活得到了极大的改善，县域经济发生了翻天覆地的变化。但同时，粗放型的发展方式以及过分地强调以经济建设为中心，使得我们背上了沉重的环境债务，在某些地方和区域，我们的生态足迹已经远远超出了其生态承载力，整个生态系统已经不堪重负，生态平衡被严重打破。因此，我国的资源环境压力整体来说是比较大的。而生态和谐正是出于减轻资源环境压力的需要，并且提出了比节约资源和保护环境更高的要求。生态和谐社会首先就是资源节约型的，而非资源掠夺型的；其次是环境友好型的，而非环境破坏型的。为了生态和谐，必然就需要在节能减排、低碳经济等方面做大量的工作，同时，环境治理和生态保护等方面也需要同步进行。只要实现了生态和谐，资源环境的压力就可以大大缓解，或者说，生态和谐社会本身就是一个资源环境压力很小的社会。温家宝总理在中央人口资源环境工作座谈会上强调："要坚持以科学发展观统领经济社会发展全局，把做好人口资源环境工作与搞好宏观调控结合起来，与深化改革结合起来，加快调整经济结构和转变经济增长方式，稳定低生育水平，加强资源开发管理和综合利用，加大环境保护和生态建设力度，促进经济社会全面协调可持续发展，建设和谐社会。"由此可见，解决资源环境问题是因，建设和谐社会是我们想要的理想结果，而其中生态和谐又是和谐社会的基石，是直接和资源环境相关的核心内容。因此，生态和谐的提出是适时和正确的选择，是减轻资源环境压力的迫切需要。

10.1.3 生态和谐是可持续发展的必然结果

在过去的 20 年间，中国社会经济发展迅速，GDP 的平均增长率高达 9.7%。但与此同时，粗放型的增长模式带来大量的资源消耗和极高的污染物排放。中国是世界上第二大能源消费国，仅次于美国。据英国石油公司的数据，2005 年中国一次性能源消耗量为 15.6 亿吨油当量，占世界总消耗量的 14.7%。我国拥有超过 13 亿的人口，是世界上人口最多的国家，也是最大的发展中国家。由于人口众多、人均自然资源占有量相对缺乏，同时中国面临包括土地利用、空气质量、水资源、生态环保等在内的诸多问题。伴随着中国工业化、城市化过程的加速，中国将持续面临资源枯竭、环境恶化以及生态破坏的严峻挑战。如果不改变目前的这种粗放型的经济增长模式和资源消费方式，我国的资源将很快耗尽，社会主义建设事业将不具可持续性。县域经济作为我国最基本也是很重要的经济体，同样面临着资源匮乏、生态退化等诸多问题。县域的特点是生态承载力较大城市高，但正因为如此，大城市就把大量的生态压力向其周围的县域转移，同时通过产业结构调整，把大量耗能高、污染重的产业往县域转移。虽然这样县域经济依靠对大城市的补充和依附得到了很大发展，但长此以往，过去青山绿水的原生态县域也将不复存在，县域的生态压力也将达到并超过其承载力极限，同样面临发展很难持续的窘境。"人无远虑，必有近忧"，比方说，县域相对于大城市，土地资源似乎相对充足，但事实上因为县域土地大部分为耕地或者林地，实际可供开发的土地并不太多，因此随着县域经济的快速发展，土地资源也成了制约县域经济发展的一个方面。因此，土地的流转和集约开发、建设生态县城等也成了县域经济体亟待研究和解决的问题。

科学发展观的精髓实际上就是可持续发展。要坚持可持续发展，就必然要求和谐，不和谐的发展显然不是可持续发展。而生态和谐又是整个社会和谐的基石，因此生态和谐是可持续发展的必然结果。只有实现了生态和谐，才能彻底实现可持续发展；同时，可持续发展也一定是生态和谐、又好又快的发展。

10.1.4 生态和谐的核心是人与自然和谐相处

生态和谐的状态是建设生态文明社会的目标，生态文明社会是一种理想的社会形态，其表现形式为：生产发展，生活富裕，生态良好，经济与人口、资源、环境协调发展，最终达到人与自然和谐相处。要达到这种理想的状态并不是件容易的事情，首先要以科学发展观为指导，坚持可持续发展的原则，大力发展循环经济；其次就是要树立人和自然平等的观念。对于自然，我们不应该仅仅是索取，我们也要回报自然，改造自然，实现人和自然之间的良性互动。我们怎么对待自然，自然就会反过来怎么对待我们，只有利用马克思主义的唯物自然观，遵循自然发展的客观规律，我们才能真正做到人与自然的和谐共荣。具体对于我们，特别是对于县域经济，做到以下几点是必要的：

一是树立人与自然和谐的文化价值观。树立符合自然生态法则的文化价值观，体悟自然是人类生命的依托，自然的褪灭必然导致人类生命系统的消亡，尊重生命、爱护生命并不是人类对其他生命存在物的施舍，而是人类自身进步的需要，把对自然的爱护提升为一种不同于人类中心主义的宇宙情怀和内在精神信念。

二是树立生态系统可持续前提下的生产观。遵循生态系统是有限的、有弹性的和不可完全预测的原则，人类的生产劳动要节约和科学利用自然资源，特别是要利用可再生自然资源，形成生态化的循环产业体系，使生态产业成为经济增长的主要源泉。

三是树立满足自身需要又不损害自然的消费观。随着社会的发展和人类价值观的提升，人们的追求不再是对物质财富的过度享受，而是一种既满足自身需要、又不损害自然生态，既满足当代人的需要、又不损害后代人延续的生活。这种公平和共享的道德，成为人与自然、人与人、人与社会之间和谐发展的规范。

10.2 树立生态文明观念

生态文明是指人类遵循人、自然、社会和谐发展这一客观规律而取得的物质与精神成果的总和；是指人与自然、人与人、人与社会和谐共生、良性循环、全面发展、持续繁荣为基本宗旨的文化伦理形态。生态文明建设是一种新的文明创建活动。它与物质文明建设、精神文明建设和政治文明建设一样，都体现着人及其社会发展的进步要求，是人类社会发展到一定阶段，在对人与自然关系深刻反思的基础上的一种文明创建活动，它为现代文明的发展注入了新的内容。历史经验告诉我们，在发展的过程中，总要有相应的文明建设来支撑和推动。推进生态文明建设，就是为实现生态和谐提供思想保障。党的十七大报告提出了实现全面建设小康社会奋斗目标的新要求，其中，要"建设生态文明，基本形成节约能源资源和保护生态环境的产业结构、增长方式、消费模式"。这是中共中央首次把建设"生态文明"写入党代会报告，它是建设和谐社会理念在生态与经济发展方面的升华，不仅对中国自身发展具有重大而深远的影响，而且对维护全球生态安全具有重要意义，充分体现了中国共产党对生态建设的高度重视和对全球生态问题高度负责的精神。所以，建设生态文明，是深入贯彻落实科学发展观、全面建设小康社会的必然要求和重大任务，为保护生态环境、实现可持续发展进一步指明了方向。

10.2.1 牢固树立生态文明观念，完成从工业文明到生态文明的思想转变

引导和决定社会发展方向的关键是人，而决定人的是他们的思想和观念。发展从改变观念开始，力量源于思想[①]。贾治邦在全国林业宣传工作会议上指出，建设繁荣的生态文化体系是一项事关人与自然和谐发展、事关国家和全球生态安全的伟大事业，是解决生态危机的需要。只有牢固树立了生态文明的观念，才能完成社会主义生态文明的建设。

新中国建立以来特别是改革开放以来，中国经济得到了快速发展，中国开始进入工业化发展的快车道，我们也正在享受着工业文明带给我们的各种成果，但与此同时，发展带来的各种问题逐渐显现，并日益明显，时刻困扰着我们。工业化进程必须依靠大量的资源能源消耗来支撑。我国人均资源不足，人均耕地、淡水、森林资源仅占世界平均水平的32%、27.4% 和12.8%[②]，石油、天然气、铁矿石等资源的人均拥有储量也明显低于世界平均水平。长期以来，

---

① 吴石平：《理念的力量：县域经济科学跨越的思考与实践》，中国财政经济出版社2009 年版，第3—25 页。

② 数据来源：《中国环境报》，2009 年9 月22 日。

经济增长主要依赖增加投资和物质投入，能源和其他资源的消耗增长很快，生态环境恶化的问题日益突出。同时，贫富差距的扩大导致下层老百姓不得不忍受着工业文明带来的负面"成果"，严重影响着社会的和谐。正如邓小平同志所说："现在看，发展起来以后的问题不比不发展时少。"① 从农业文明走向工业文明，再从工业文明迈向生态文明，新中国 60 年的历史，是一部不断进步的文明发展史。而完成从工业文明到生态文明的思想转变，由工业文明走向生态文明，正是我国在新时期、新形势下贯彻落实科学发展观，推动民族复兴的必然选择。完成从工业文明到生态文明的思想转变要做好以下几方面工作：

一是从工业文明的机械论自然观向生态文明的有机论自然观转变。工业文明时期，人们把自然当作是人类征服的对象，并把自然界看成是一成不变的东西，这时的自然观是机械论自然观。与工业文明的机械论自然观不同，生态文明的自然观是有机论的。这是因为它把包括人类在内的整个自然界理解为一个统一的有机整体。人类作为自然界的一分子，既不可能超脱于自然之外，更不可能凌驾于自然界之上，而是存在于自然界之中，并与自然界中的其他物种处于平等的地位。在生态文明时代，人类在自然面前将保持一种理智的谦卑态度。人们不再寻求对自然的控制，而是力图与自然和谐相处。

二是从工业文明的征服型技术观向生态文明的和谐型技术观转变。在工业文明时期，由于认为人是唯一的主体，其他万物都是为人而存在，并由人所主宰的客体，技术就成为人类征服自然的武器。生态文明的目标是实现人与自然的和谐，因此在技术发展与应用的过程中，它非常重视技术对环境的影响，这时的技术观是和谐型技术观，具体来说就是指"以人为本，强调技术与人、经济、自然和

---

① 　1993 年 9 月邓小平与其弟邓垦的谈话。

社会之间的协调均衡、互动中实现各子系统及整体和谐的技术价值观"①。和谐型的技术观在利用技术有效改造自然的同时，更注重人、技术、自然、社会之间的协调均衡。

三是从工业文明的消费主义消费观向生态文明的生态消费观转变。工业革命以后，消费主义消费观逐渐取代了节俭消费观，成为工业社会的主流。一般地说，消费主义是指人们一种毫无顾忌、毫无节制的消耗物质财富和自然资源观。生态文明提倡生态消费观。所谓生态消费是指以维护自然生态环境的平衡为前提，在满足人的基本生存和发展需要的基础上的适度的、全面的、绿色的、可持续的消费。它把消费与社会生产、自然生态紧密地联系起来，力求使这三者相互促进、协调发展，达到有机的统一。

四是从工业文明的经济发展观向生态文明的可持续发展观转变。从本质上来讲，工业文明的发展观是一种经济增长观。这种发展观将社会的发展等同于经济的增长，又将经济增长等同于衣食住行等方面的物质生活水平的提高，并用经济增长的具体标准作为衡量社会发展的尺度。可持续发展观是人类反思、批判、校正工业文明发展观的结果，它以更高的境界、更广的视野，把人、自然、社会的发展融合到一起，为人类展示了一种全新的发展观念。与工业文明的发展观不同的是，可持续发展观有如下几个特点：从发展目的上看，追求人与自然的协调发展。从发展的实质来看，重视人的发展和进步。

10.2.2 营造舆论氛围，提高生态文明意识

生态文明是人类对工业文明进行深刻反思的结果。作为一种全新的文明形态，它要求人们在改造自然界的同时，又要主动保护自然界，积极改善和优化人与自然的关系。建设生态文明，最重要的就是要建立起一种人与自然平等相处、相互依存的统一整体。因而

---

① 苏振锋等：《论和谐技术观》，《中国科技论坛》2008 年第 1 期。

生态文明建设是全民的大事，需要全民的参与和推动，单靠政府和少数人的力量远远不够。为了达到全民参与的目的，首先就要营造一种良好的舆论氛围以提高全民生态意识，具体从以下几个方面入手：

一是强化全民生态危机意识，及时客观公布生态危机现状，倡导摒弃以牺牲资源环境为代价的经济发展模式；

二是通过电视、报纸、广播、网络等媒介加强网络问政，宣扬生态文明思想，倡导、推行低碳型和绿色型发展理念，强化全民生态文明观念，实现从传统"征服自然"向"人与自然和谐相处"理念转变；

三是营建一些生态文明示范区，让老百姓能体会到生态文明的实质好处，享受到与自然和谐相处的实在益处，金洲社会主义新农村建设已经颇有成效，对探索农村土地流转的新体制和农村经济发展的新模式，提高农民生活水平，积累了宝贵经验。

四是大力在农村推广农村沼气、有机农业等新能源和生态等项目，并采取相应激励措施和宣传措施，让民众特别是农民群众在现实生活的点点滴滴中领会到什么是生态环保，什么是社会主义生态文明建设的方向。

同时，我们要深刻的领会到，生态文明是科学发展观的重要内涵，并不是独立全新的创造。科学发展的第一要义是发展，核心是以人为本。生态文明的提出，正是体现了以人为本。因此，对生态文明的宣传和建设实际上就是对科学发展观的实践，而提高生态文明的意识也正是学习实践科学发展观的重要内容，是建设社会主义和谐社会的需要。

10.2.3 创新管理思维，推行"绿色行政"方式

人们在处理主体与客体、人与自然关系问题上，只看到了人的内在尺度即人的目的、需要和利益，而忽视客观事物本身的外在尺度，无视客观事物本身的存在及其运行规律；它割裂和歪曲了人与

自然、主体与客体的有机联系，割裂了主观与客观的辩证统一，把自然看作是与人相对立的存在物，一种为我所有之物，于是就采取征服的态度去研究和开发它，使之满足自己的需要。人类利用自然变成了征服自然，改造自然变成了破坏自然。政府作为公共利益的保护者和行使者，不能仅仅被动地保护环境，而应当积极主动地防治环境污染和生态破坏，协调好经济发展与环境保护的关系。因此，对于各级政府而言，推行"绿色行政"将对政府的环保行为有重要的指导意义，对政府执政水平的提高有巨大的推动作用。

"绿色行政"是 ISO14001 的概念性称号，是按照现代行政法治要求的新行政观，是国际标准化组织为减少人类各项活动所造成的环境污染，在节约资源、改善环境质量、促进社会可持续发展方面制定的一系列的环境管理标准的总称①。通过制定科学的、符合生态规律的发展方针、发展战略、发展对策和发展规划，采取切实可行的、对环境友好的管理措施与技术措施，保护生态环境、保护自然资源，实现可持续发展，这就是"绿色行政"的核心和基本目的。要做到"绿色行政"型政府，不是一件容易的事情，首先要提高政府及其工作人员的生态环保意识，政策未动，理念先行；其次是要提高政府工作人员的环境管理水平，高水平的管理队伍是任何政策得以制定和执行的保障；然后就是要以 ISO14001 环境管理体系等认证体系以及"两型社会"建设考核评价体系等为依据实现政府价值观和政绩观的绿色化。

县域经济有别于大城市，生态条件原本就比较好，所以不能再重复过去发达国家以及国内大城市所走的那种"先污染，后治理"的老路，经济和环保要两手抓，我们需要经济发展，但我们更看重绿色经济。我们要以"绿色行政"来构建绿色的生态社会，发展绿色的县域经济。

---

① 孙丫雯：《华章》2009 年第 9 期。

10.2.4 转变发展方式，实现可持续发展

可持续发展观是人类发展观的重大进步，具有深刻的合理性。它克服了传统发展观的片面性和狭隘性，纠正了传统发展观对于自然界和自然资源的错误认识，正确解决了人类的发展与自然之间的关系问题，充分认识了发展的可持续性。要建设县域的生态文明，首先就是要处理好发展与生态失衡的关系，开辟新的发展道路。

要走生态文明发展的新路子，实现县域经济的可持续发展，就要紧紧围绕党的产业发展方针政策，通过加快产业结构调整，发展服务业来促进"结构优化节能"；通过提高产业技术水平和转变经济增长方式来促进"技术节能"；通过鼓励适度消费的模式和加快资源型产品价格改革促进节约型社会的建设；通过发展循环经济促进资源的循环利用；通过提高可再生能源比重促进可持续发展。一要以工业、交通、建筑为重点，大力推进节能，提高能源效率；二要加强环境保护。积极推进重点区域环境治理及污水垃圾处理、农业面源污染治理、重金属污染综合整治等工作；三要积极发展循环经济和节能环保产业。支持循环经济技术研发、示范推广和能力建设。抓好节能、节水、节地、节材工作。推进矿产资源综合利用、工业废物回收利用，大力开发低碳技术，推广高效节能技术，积极发展新能源和可再生能源，加快国土绿化进程，增加森林碳汇[①]。

以湖南宁乡县域生态产业发展为例。从 2006 年开始，宁乡 GDP 突破 200 亿元，银行存款余额突破 100 亿元，工业总产值突破 400 亿元，财政收入突破 10 亿元；自 2006 到 2008 年，三年累计引进县域外资金突破 300 亿元，累计完成固定资产投资突破 400 亿；县域经济基本竞争力位次 169→124→114→97 逐年上升，今年更是上升到

---

① 温家宝：《在十一届人大三次会议上所作政府工作报告》，中国政府网：http：//www. gov. cn。

第 84 位[①]，实现了"鼎足三湘，展望全国，进军百强"的目标。回顾宁乡县的发展历程，可以看出，刚开始发展时，宁乡县委县政府推行了"两个唯一"的战略政策（即：招商引资是县域发展的唯一选择；项目工程是县域发展的唯一载体），极大的促进了宁乡经济的发展，使得宁乡县域经济的发展真正驶入了快车道，大批的项目落户宁乡，众多的商家扎根宁乡，他们的到来使得古城宁乡发生了翻天覆地的变化。但存在的隐患也是巨大的，因为项目少，基本上是来者不拒，各类项目和商家良莠不齐，一些产能低、耗能大、污染重，不符合可持续发展和科学发展观理念的项目也被引入进来。

从 2004 年开始，宁乡开始意识到这个问题，提出招大引强的发展理念，特别是经开区还提出了"四个不签"的指导原则（不符合园区产业政策的不签、达不到投资强度的不签、有圈地嫌疑的不签、对环境有一定污染的不签）。"四个不签"一经提出，马上又形成了若干配套的具体政策，达到了调整产业结构和抑制掠夺式开发的目的，保护了土地和生态资源，也标志着宁乡从过去粗放型的发展转向了集约型的发展模式。2007 年以来，宁乡又逐步抓住国家设立长株潭"两型社会"建设综合配套改革试验区的历史契机，更加注重生态文明建设，建立了若干循环工业园区，一大批循环经济的环保项目落户宁乡，如邦普新材料、中和能源以及热电厂等。社会主义新农村建设也在金洲关山等地展开，同时对农村土地流转和集约开发、建设生态文明的农村等进行了大胆的尝试，取得了很好的效果。

10.3 保护生态环境

10.3.1 保护生态环境的思想和原则

县域经济是国民经济中具有综合性和区域性特征的基本单元，

---

① 数据来源：宁乡统计年鉴，2009。

其发展中的资源开发、环境保护、生态建设等影响到整个国民经济的可持续发展。以生态农业、生态工业、生态人居和生态文化为支撑，保护生态环境，节约自然资源，保证经济、资源、环境的协调发展是可持续发展的重点，也是县域经济发展的出路。

1989 年颁布的《中华人民共和国环境保护法》是我国环境保护的基本法律，它规定了我国环境保护的基本原则，这些原则既是我国环保方针政策在法律上的体现，也是环保立法、司法、执法和守法必须遵循的基本准则，是其他环境保护单行法的立法依据，也是县域经济发展中保护生态环境要遵循的原则：

第一，经济建设与环境保护协调发展。这一原则是指：经济建设、城乡建设与环境建设必须同步规划，同步实施，同步发展，以实现经济效益、社会效益和环境效益的统一。坚持这一原则，就要全面规划，合理布局，把经济建设和环境保护统筹安排。要反对"先污染，后治理"的观点，反对把环境与发展对立起来。

第二，预防为主，防治结合，综合治理。该原则是指在国家的环境管理中，通过计划、规划及各种管理手段，采取防范性措施，防止环境损害的发生。对于已经发生的环境污染和破坏，还必须采取积极的治理措施。县域发展贯彻该原则的主要措施是加强对县域经济与社会发展计划的管理；全面规划与合理布局；制定和实施具有预防性的环境管理制度。

第三，谁开发谁保护，谁污染谁治理。这一原则强调了让污染和破坏环境与资源者承担责任，其具体内容主要包括以下四个方面：污染者负担，开发者养护，利用者补偿，破坏者恢复。环境责任是改善环境、控制污染，保护国家、法人、公民合法环境权益的有效手段。

第四，依靠广大人民群众保护环境。依靠群众保护环境原则具有重要意义，每个公民都自觉地保护环境，是解决环境问题的根本保证。

10.3.2 保护生态环境的目标与宗旨

改革开放以来，我国的县域经济得到了迅猛发展，经济实力显著增强，但县域经济在发展中也有不少教训，最大的教训之一就是忽视了环境保护。一些县的经济发展，很大程度上是以牺牲生态环境为代价的。这不仅对农业的可持续发展造成了非常不利的影响，而且给广大居民的身体健康造成了很大的危害。保护县域生态环境的目标和宗旨主要体现为以下两点：

第一，保护生态环境，实现可持续发展。可持续发展的资源观就是资源的持续利用，通过资源的合理开发、节约使用、防治污染、保护环境，维护生态系统的动态平衡，实现可持续发展。可持续发展要以保护自然为基础，与资源和环境承载能力相协调。要根本改变过去那种过度索取自然资源、高消耗、高排放、先污染后治理的传统发展方式。要坚持开发、节约并重，把节约放在首位。按照减量化、再利用、资源化的原则，大力发展循环经济，转变经济增长方式，提高资源的利用效率。坚持保护优先、开发有序，以控制不合理的资源开发活动为重点，强化对水源、土地、森林、草原、海洋等自然资源的生态保护①。由此可见，对于实现国民经济和县域经济的可持续发展，环境保护起着至关重要的作用。

第二，保护生态环境，提高人民生活质量。环境保护与人类生存和发展有着密切关系，是县域经济、社会发展及稳定的基础，又是重要的制约因素②。当前，环境污染和生态破坏已成为威胁人民群众身体健康、制约社会主义和谐社会建设、影响人民真正享受发展成果的重要因素和关键问题。社会的发展和进步、国民经济的可持续发展，要求人民群众的生活质量得到全面改善和提高，不仅要实现经济上的富裕，更要实现在良好的环境中生产和生活；不仅要保

---

① 周磊：《政治工作对促进节约资源和保护环境的作用》，《学理论》2008 年第 24 期。
② 徐淑芬：《经济可持续发展与生态环境保护》，《管理观察》2009 年第 17 期。

障人们的衣食住行、医疗、教育，更要保障人们能够健康生活、长远发展；不仅要维护公众在个人物质财富上的合法权利，更要维护他们依法享有生态环境等公共资源的权益。唯其如此，才能真正实现又好又快发展。

10.3.3 保护生态环境的内容与要求

（一）生态环境保护的内容

国内外学者对生态环境建设至今没有作出一个准确的概念界定，本文主要引用王礼先的观点对生态环境建设进行界定。生态环境是指影响人类生存与发展的自然资源与环境因素的总称（即生态系统），一般指水资源（水环境）、土地资源（土地环境）、生物资源（生物环境）以及气候资源（气候环境）。生态环境建设是指水、土、气、生等自然资源（或再生自然资源）的保护、改良与合理利用①。

（二）生态环境保护的要求

制定和完善环境保护法律和政策。要填补某些领域在环保立法上的空白，真正做到有法可依。抓紧制定生态建设、环境保护、清洁生产和发展循环经济等方面的法律和地方性法规，填补对我国环境影响深远的法律法规空白，特别是在保护我国独特的生态资源和旅游资源方面应加快立法进程，以保证资源的可持续利用。要进一步完善干部政绩考核机制，应对党政干部进行生态环保的责任审计，把生态绿化、生态环保、生态修复等绿色 GDP 指标纳入干部政绩考核体系，建立生态目标责任制。

科学决策，统筹规划。工业、农业、城乡发展的合理结构和布局、自然资源的合理开发和利用、人口的控制和分布等都与环境保护有密切的联系。要促进县域经济健康发展，就必须落实国家关于

---

① 伍慧：《小城镇生态环境保护研究》，《科技资讯》2009 年第 15 期。

主体功能定位的区域开发战略。根据优化开发、重点开发、限制开发和禁止开发这4类不同的主体功能区域，来调整县域经济的发展方向，形成合理的空间开发结构，发展循环经济、推行清洁生产，实现经济社会的可持续发展。

强化环保相关部门的职责。要推动县域经济走生态化发展道路，必须按照党政"一把手"对环保工作负总责的要求落实好领导责任，强化各相关部门的职责，形成以环保部门为主、相关部门共同配合的环保工作机制。加大对环保科研、监测机构的投入，确保正常工作需要。严格依照环保及相关法律法规，加强日常监督管理，依法打击破坏生态环境的行为，确保各项环保措施落实到位。

合理开发，节约资源。随着经济的发展和人口的不断增长，对自然资源的需求量将越来越大。但自然资源又是有限的，如果我们不认真对待和处理这种需求矛盾，将会制约县域经济建设的发展。因此要合理开发利用自然资源，保证有个资源富有、环境优美的家园。

依法管理，强化执法。环保工作对于保障县域经济的健康发展、提高县域经济质量至关重要。2007年9月17日由国家环保总局环境监察局与美国环保协会联合发布的《中国环境监察执法现状、问题与对策研究报告》显示，我国环境执法的人力投入、资金投入和设备配置都存在短缺现象，其中尤以县级环境执法状况最为严峻。无论从执法人员素质、资金还是设备投入看，与省、市级执法机构相比，县级执法机构都是最差的。所以必须强化执法，才能保障县域生态环境保护工作的有效开展。

10.3.4 保护生态环境的对策与措施

严格行政审批制度，加强生态环境保护。目前我国大部分地区环境保护机构设置到县级，但由于种种原因，许多地方县级环保局机构不完善，人员、技术、设施不适合日益严峻的环境形势发展，没有能力将农村环境保护工作做细做实。县级政府要加强生态工业建设的规划和技术指导，充分发挥协调指导作用。首先，在发展规划上，要进一步优化重化工工业的布局、调整产业结构，要坚决控制高耗能、高污染行业过快增长，发展低碳经济，更好地保护环境；其次，在发展布局上，要开展生态功能区划分工作，根据不同地区的环境功能与资源环境承载能力，确定不同地区的发展模式。要建立投资激励和区位准入制度。针对区位资源滥用问题，政府可以实行严格的区位准入制度，对各类经营主体进行严格的绿色审计和考查，以确保生产的绿色生态和循环经济目标的实现。把好新上项目核准关，从源头上控制污染，对污染严重的落后工艺、技术、装备、生产能力和产品禁止审核通过，对不符合环保要求的建设项目一律不批准新建，对超标或超总量控制指标排污的工业企业一律停产治理，对未完成主要污染物排放总量控制任务的地区一律实行"区域限批"，认真做好企业生产项目的审批工作，使资源、环境得到最大限度的保护。

建立健全环境监管体制，提高环境监管能力。完善技术标准体系，提升监管水平。通过确立节能与环境质量标准及污染物排放标准执行中的有关规定，增强环境标准的约束力和强制执行力，强化控制超标排污、违法排污的责任力，加大对环境违法行为的监管处罚力度。此外，还要加快节能统计和环境监测体系建设。节能减排是 2010 年两会关注热点之一，要完善能源统计体系，规范定期公布制度；加强能源统计队伍建设，完善节能相关标准和技术规范体系，建立健全涵盖全社会的能源生产、流通、消费及利用效率的统计指标体系。尽快建立覆盖全国的环境监测网络，加快建设污染源在线监测设施，尽快完善数据统计规范和统计网络体系。提高法律监督水平。真正发挥法律的调整作用，需要有高效和完善的执法监督机制。要充分发挥环境监管机构的作用，经常性检查和组织执法相结合，加大行政监管力度，特别应加强对资源开发和生态环境破坏问题的检查。应使环境监督管理工作成为环保部门积极参与经济建设和社会发展的主要方式。加大环保执法力度，严格保护生态环境。加强环保部门的执法力度。要加强对企业经济行为的管理，对不履行生态环境保护责任的企业行为坚决制裁，采用经济与行政相结合的手段，严厉打击环境违法行为。加强对建设项目污染治理设施运行情况的日常监督管理。要健全建设项目及污染治理设施档案资料，建立长效管理机制，及时掌握污染治理动态。政府的环境执法部门应兼顾环境和市场经济目标，制定严格的奖惩措施。

广泛开展环保宣传教育。理念和意识的力量是无形的，同时也是最关键的。要让广大民众提高环保意识、提升环保理念，就要在宣传教育方面下功夫，就要营造一种良好的环保氛围。要培养和提高全社会的生态保护意识。政府应运用多种教育手段和大众传媒工具，通过环境警示教育，大力宣传普及相关的科学知识，及时公开与人民群众生活密切相关的生态质量和环保工作信息，加深人们对环境保护的认识和理解；广泛开展各种绿色宣传活动，引导群众崇尚绿色消费，珍爱自然环境，发展绿色经济，动员全社会都自觉参与到生态保护的工作中来。开展环保政策宣传教育。利用多种形式宣传环境保护政策和法律法规，加强教育过程的针对性和可操作性，将环境保护列入素质教育的重要内容，强化青少年环境基础教育，开展全民环保科普宣传，增强全民环保意识①。

10.4 建设"两型社会"

10.4.1 "两型社会"建设的提出

马克思早在《资本论》第三卷中就提出了资源节约理论。它为我们今天建设资源节约型社会提供了理论依据。资源节约理论表明，社会生产既要消耗资源又要为节约资源提供条件，因此，社会要持续发展就必须节约不变资本，节约使用自然资源。1992 年，中国科学院南京地理与湖泊研究所周立三院士就提出了"建设节约型社会"

---

① 高卫星：《试论生态文明建设中的政府责任》，《河南社会科学》2009 年第 3 期。

的基本理念。2005 年 10 月中共十六届五中全会提出："要把节约资源作为基本国策，发展循环经济，保护生态环境，加快建设资源节约型、环境友好型社会（简称'两型社会'），促进经济发展与人口、资源、环境相协调。"2006 年两会期间，在《国民经济和社会发展第十一个五年规划纲要（草案）》中明确提出了要建设资源节约型社会，这是经济发展的必由之路。因此，"两型社会"建设是从我国国情出发而作出的一项重大决策。

经过 30 年的改革开放，我国经济社会快速发展，但面临的资源和环境压力也越来越大，挑战也越来越多，各种矛盾也越来越显现。统计资料显示：与发达国家相比，中国的资源利用效率比较低。中国的 GDP 占全球 4%，而煤、铁、铝等资源的消耗占世界的 30% 以上。国务院发展研究中心宏观经济研究部部长卢中原认为，未来 5 到 15 年中国经济将面临五大突出矛盾：（1）资源环境压力日益加剧。（2）投资和低水平扩张的体制性根源日益凸现。（3）社会事业发展滞后的矛盾日益尖锐。（4）区域发展矛盾，将来的挑战会越来越严峻。（5）外部经济环境的不确定性、不稳定因素和不可测因素越来越多，包括新贸易壁垒、绿色壁垒、技术壁垒等。值得一提的是，前四点在县域经济发展中都将遇到，只有第五点在县域经济的发展中遇到较少，但在经济较发达的县域比如沿海县域经济中也将遇到，因此这五点矛盾也都适应于县域经济发展，也是县域发展过程中急需解决的问题。正是在这样的内外条件下，基于可持续发展的考虑，基于对子孙后代负责任的态度，党中央和国务院提出了"两型社会"建设的要求，并且在武汉和长株潭试点推广。2007 年 12 月 14 日，国务院正式批准武汉城市圈和长株潭城市群为全国资源节约型和环境友好型社会建设综合配套改革试验区，以探索新型工业化、新型城市化发展之路。这是继上海浦东新区、天津滨海新区和成渝统筹城乡经济发展综合配套改革试验区之后，我国在中部地区布局的两大国家级改革试验新区。自此，"两型社会"建设作为我国的基本战略决策而得到具体实施。

10.4.2 两型社会与低碳经济

党的十六届五中全会明确提出"建设资源节约型、环境友好型社会",并首次把建设资源节约型和环境友好型社会确定为国家经济与社会发展中长期规划的一项战略任务。资源节约和环境友好是"两型社会"建设的两个方面,它们是一个有机的统一体,同时,又有着各自不同的内容。只有节约资源,才能做到环境友好;实现了环境友好,我们就会拥有可持续发展需要的更多资源和更好的环境。因此,并不能简单地将它们分割开来,它们是对立统一的整体。

低碳经济是相对于高碳经济而言的,它是低消耗、低排放、低污染的,是可持续发展的一种经济发展模式。低碳经济是由英国率先提出的,最早见诸于政府文件是在 2003 年的英国能源白皮书《我们能源的未来:创建低碳经济》,2006 年,前世界银行首席经济学家尼古拉斯·斯特恩牵头作出的《斯特恩报告》指出,全球以每年 GDP1% 的投入,可以避免将来每年 GDP5%—20% 的损失,呼吁全球向低碳经济转型。2007 年 7 月,美国参议院提出了《低碳经济法案》,表明低碳经济的发展道路有望成为美国未来的重要战略选择。2008 年世界环境日,联合国环境规划署确定其主题为"转变传统观念,推行低碳经济"。之后,"碳足迹"、"低碳技术"、"低碳发展"、"低碳生活方式"、"低碳社会"、"低碳城市"、"低碳世界"等一系列新概念、新政策应运而生。2006 年底,中国科技部、气象局、发改委、环保总局等六部委联合发布了我国第一部《气候变化国家评估报告》。2007 年 6 月,中国正式发布了《中国应对气候变化国家方案》。2007 年 7 月,温家宝总理在两天时间里先后主持召开国家应对气候变化及节能减排工作领导小组第一次会议和国务院会议,研究部署应对气候变化工作,组织落实节能减排工作。2007 年 9 月 8 日,中国国家主席胡锦涛在亚太经合组织(APEC)第 15 次领导人会议上,本着对人类、对未来的高度负责态度,对事关中国人民、亚太地区人民乃至全世界人民福祉的大事,郑重提出了四项建议,明确主张"发展低碳经济"。2010 年 3 月,生态环保、可持续发展成为两会的主题,全国政协"一号提案"内容就是谈低碳环保。温家宝在政府工作报告中指出,国际金融危机正在催生新的科技革命和产业革命。发展战略性新兴产业,抢占经济科技制高点,决定国家的未来,必须抓住机遇,明确重点,有所作为。要大力发展新能源、新材料、节能环保、生物医药、信息网络和高端制造产业。

低碳经济和"两型"社会这两个范畴有着共性和内在联系。这主要表现在:第一,两者都要求节约资源和能源,提高资源和能源的利用效率;第二,两者都要求人类活动减少 CO_2 的排放,减轻对环境的污染和温室效应,保护生态,实现环境友好;第三,两者都具有社会性。低碳经济不是一个简单的技术和经济问题,而是一个涉及到经济、社会、环境系统的综合性问题,强调要引导公众反思那些浪费能源、增排污染的生产方式和生活消费方式,从而充分发掘生产领域和生活消费领域节能减排的巨大潜力,需要全社会方方面面共同努力才能奏效。而"两型"社会指的是一种社会形态,其社会性不言而喻。因此,在社会性方面二者又具有共同性。第四,两者殊途同归,最终都是为了建设生态文明,提高人类生活质量,实现经济、生态和社会的可持续发展。

低碳经济与"两型"社会的内在联系主要体现在可持续发展上,"两型"社会是对可持续发展社会形态的描述,而低碳经济则是实现可持续发展本质的经济模式。要建设"两型"社会必须抓住可持续发展的本质,而低碳经济就是体现可持续发展本质的经济模式,因此,它必然成为"两型"社会建设的抓手和突破口,也成为处理好经济发展和环境保护这一对矛盾的最好方式。

10.4.3 建立"两型社会"的考评体系

绩效考核是基于人性期望的运用,以绩效协议的形式,为实现目标预期进行有效管理的一种管理和方法,是推进工作的一种有效手段和工具，不仅企业团体普遍使用，政府机关同样适用①。为了推动"两型社会"的建设，建立"两型社会"的绩效考评体系势在必行。

"两型社会"建设是一项开创性的工作，没有现成模式可循，是中央在构建社会主义和谐社会和全面建设小康社会过程中的又一重大战略创新，是当前建设生态和谐社会的核心工作，我们应该在实际工作中积极探索，不断创新，不断突破，在实践的经验中提出适合地方特色的科学考评体系，用于指导和推进"两型社会"建设，使得实践工作中有法可依，有模式可循，并最终促进全社会和谐，大踏步向我们人类的理想目标——共产主义前进！

建设"两型社会"的考评体系，是一项长期而复杂的系统工程。既要高瞻远瞩，系统规划，又要具体详尽，分布推进；既要统一思想，统筹安排，又要因地制宜，分门别类。既要理论宣传，又要狠抓落实；既要做到资源节约，又要体现环境友好。核心是要以理念为先行、依靠科技为指导、让行政来服务。考核体系需要各方面专家、行政人员和人民群众共同探讨研究，体现公平性、民主性、准确性、可行性和及时性。既要事关全局，又要切实可行。目标制定要科学合理，不能太高也不能太低。目标太高，容易让人丧失信心，不能推进；目标太低，就达不到预期的效果，也不符合现实社会发展的要求。只有制定了高低合适、科学合理的综合考评标准，才能避免整个体系流于务虚，纸上谈兵。具体的一些考评体系在我国的长株潭城市群和武汉城市圈这两个"两型社会"综合配套改革试验区中都得到了体现。

10.4.4 长株潭城市群和武汉城市圈的"两型社会"建设

2007年12月14日，对于"两型社会"的建设，国务院批准武汉城市圈和长株潭城市群成为全国资源节约型和环境友好型社会建

---

① 吴石平：《理念的力量：县域经济科学跨越的思考与实践》，中国财政经济出版社2009年版，第76页。

设综合配套改革试验区。国家发改委在《关于批准武汉城市圈和长株潭城市群为全国资源节约型和环境友好型社会建设综合改革配套实验区的通知》中称，武汉城市圈和长株潭城市群综合配套改革要深入贯彻科学发展观，从各自实际出发，根据资源节约型和环境友好型社会建设的要求，全面投入各个领域的改革。同时，在重点领域和关键环节率先突破，大胆创新，尽快形成有利于能源资源节约和生态环境保护的体制机制，加快转变经济发展方式，推进经济又好又快发展，促进经济社会发展与人口资源环境相协调，切实走出一条有别于传统模式的工业化、城市化发展新路，为推动全国体制改革，实现科学发展与社会和谐发挥示范和带头作用。

武汉城市圈和长株潭城市群被国家确定为"两型社会"试验区并被赋予先行先试的政策创新权，有着非常重要的意义：

一方面，"两型社会"建设对集工业、农业、交通和区位优势于一体的武汉城市圈和长株潭城市群，具有很高的试验价值。以"两型社会"试验为突破口，将全面提高两大城市圈的整体素质，对湖北、湖南两省探索如何按主体功能区要求，根据资源环境承载条件进行科学合理开发、综合利用、集约使用资源，把中心城市发展同周边城市腹地开发与保护生态结合起来，统筹城乡发展逐步实现区域公共服务均等化，从而为破解城乡二元结构矛盾提供可资借鉴的解决方案。

另一方面，武汉城市圈和长株潭城市群都位于中部地区。中部地区作为国家重要的能源产出地区，资源消耗和环境污染问题极为突出。在这种情况下，国家在中部的改革试验区提出"两型社会"建设目标，是一种具有全局意义的战略考虑，它对中部地区和全国其他区域解决类似的问题有着积极的示范意义。

为了可持续发展的长远考虑，为了建设社会主义和谐社会的需要，也为了抓住这次重大发展机遇，长株潭城市群和武汉城市圈都采取了很多相关具体措施，并在某些方面取得了不少成效。下面以长株潭城市群为例进行详细说明。

根据国家批复的改革整体方案、区域规划，在湖南省委省政府的总体部署下，长株潭城市群"两型社会"建设改革试验区在"十一五"的最后两年（2009—2010）对重点工作进行了详细的规定和细致的分工，大致内容如下：（1）加强规范管理。在完成长株潭三市重点项目的同时，把规划扩大到"3+5"的范围，即除了长株潭三市之外，另外还包括衡阳、岳阳、常德、益阳以及娄底五市。（2）加快基础设施建设。（3）大力发展"两型"产业。包括建设光伏产业基地，新建500兆瓦太阳能电池生产线；启动年产700台兆瓦以上风力发电机组和3400台兆瓦以上风力发电机项目；推进年产500辆混合动力公交车和500辆混合动力乘用车项目，并推广运营；启动年产200架轻型飞机和中航飞机起落架项目；启动实施电力机车扩能100亿元项目和时代新能源、新材料过50亿元项目等。同时规定，在2009年，要突出企业的循环化改造，对资源开发企业，明确勘察开发准入条件；对生产企业，推行清洁生产标准；对流通企业，实行资源消耗与排放定额管理。加快构建园区循环产业链，以专业园区为平台，引导上下游企业和关联企业构建共享资源和互换副产品的产业共生组织。着力推行循环经济生活模式，启动城市垃圾分类收集和综合利用。到2010年，城市群重点企业和高耗能、高污染、资源型企业通过技术改造，基本达到循环经济标准；清水塘、竹埠港、下摄司等深度污染区域循环经济改造初见成效，建成一批循环经济示范园区。（4）强化生态环境整治。2009年，争取国家将湘江流域纳入重点流域治理范围，审批并建立重金属污染治理专项。启动湘江流域沿江截污治污、工业源头治理、农业面源治理、城市洁净、防洪保安、生态修复等工程项目，建立流域城市上下游交界断面水质目标考核机制。到2010年，湘江重金属治理初见成效，流域工业废水排放达标率、饮用水源保护区水质达标率均达到95%，城市空气质量优良率达到90%以上。此外还有长株潭城市群国家循环经济试点方案、若干产业转移和落后产能的推出以及加快推广新能源公共交通工具等等。（5）推进示范区建设。重点是基础设施建设，包括昭山、大河西等几个重大的示范区。（6）加快城市群一体化进程。包括电话升位并网、IC卡通用、广电一体化等。（7）推进综合配套改革。包括若干试点和重大项目工程以及新农村建设等。同时，又对统计和评价指标体系作出了相关要求和规定。以上的规定既宏观又具体，紧紧围绕"两型社会"建设这个目标，既促经济，又求环保；既谋发展，又为和谐。此外，湖南省政府办公厅还印发了长株潭城市群"两型社会"建设改革试验区年度绩效考核评价办法，考核评价指标体系的设置总共分为三类18个指标，其中包括总权重40%的状态指标9个，总权重60%的工作指标7个，另有2个附加指标。状态指标具体包括万元GDP能耗降低率、万元GDP用水量降低率、清洁能源使用率等；工作指标具体包括基础设施建设、产业发展、生态环境综合治理等；附加指标具体包括创新性工作和限制性工作，创新性工作要加分，限制性工作要减分。同时，对考核评价等级的确定以及奖惩措施和组织实施都进行详细的说明，力求有法可依，有规可循，并最终将结果公示，以求起到一定的鼓励和警示作用。由此可见，长株潭城市群"两型社会"建设综合配套改革试验区进行了大量必要而可行的实际工作，并在相关方面取得了诸多成效。作为县域经济体，特别是作为长株潭改革试验区中的一员，宁乡县勇于担当先行者，为此做了大量工作，例如宁乡县经开区循环经济园的建设、关山村示范点社会主义新农村的建设、农村沼气的大量使用和生物质发电等等，都是"两型"建设和"两型"改革的典型例子。同时，为了进一步快速推进"两型"建设步伐，宁乡县还与湖南省发展集团合作建设具有先进性、示范性和借鉴性的"两型"县城，探索市场化推进"两型社会"建设的新路子，以做到"两型"建设的长期性和可持续性。

　　同样，作为"两型社会"建设的另外一个试验区，武汉城市圈在推进"两型社会"建设具体实施方案中，改革的重心除了放在生态一体化上之外，"两型产业"的建设、区域公共设施与公共服务资源的配置也同为改革的重点，逐步淘汰高污染、高耗能产业，转而发展高科技产业、环保产业等"两型产业",实现产业结构的升级。

　　总之,资源节约型和环境友好型"两型社会"建设是生态和谐的核心,是社会和谐的基础,是可持续发展的需要,是实践科学发展观的重要内容。对于国家是如此,对于县域亦是如此。县域一般包含广大的农村,拥有比较多原生态的环境景观,也更加容易被破坏,因此"两型社会"在县域的建设也更加紧迫和必要,是保护自己、谋求可持续发展的必由之路,是水到渠成之事,是发展的必然,是自身的完善,是发展的大好机遇而不是"包袱",我们要客观积极地看待。从国家来说,也只有真正做到了每个"两型县城"的建设,才能真正的实现全社会的环境友好,全社会的生态和谐!

（执笔：蔡正方　　刘云超　　黄移新）

科学发展强实力　社会和谐惠民生

—— 宁乡县强县之路纪实

宁乡县隶属湖南省长沙市，是省会长沙的西大门，也是长沙西部经济版块的重要组成部分，总面积 2906 平方公里，人口 135 万，现辖 33 个乡镇、387 个村、35 个社区居委会，是闻名全国的"鱼米之乡"、"生猪之乡"、"温泉之乡"，素有"湖南四小龙"之称。

2005 年以来，宁乡县委、县政府全面贯彻落实科学发展观，解放思想，抢抓机遇，探兴县之要，求富民之本，实现了社会经济可持续发展，谱写了强县华章。

进军百强梦成真

春华秋实，数看辉煌；梦想成真，彰显实力。

在 2010 全国县域经济年会上公布的第十届全国县域经济基本竞争力排名榜中，"湖南四小龙"再次同居全国百强俱乐部。宁乡在 2009 年 84 位的基础上再进 11 位，跃居百强 73 位、中部第 6 位。"发展提升实力，跨越铸就辉煌"，这不仅是发展速度的跨越，更是发展理念的跨越、发展质量的跨越。

——综合实力大大增强。近年来，宁乡经济增长方式呈现多引擎拉动的发展格局，经济发展环境不断改善，经济结构更趋合理，综合实力明显增强。2004 年宁乡县域生产总值首次突破 100 亿，成为全省三个率先过 100 亿的县，2009 年达到 367.58 亿元，比改革开放后宁乡前 20 年的总和还多 103.2 亿元。三次产业结构调整为 14.4:59.6:26.0，GDP 实现了连续四年 15% 以上的增长速度，年平均增速为 15.7%，超过"十五"年均增速 3.1 个百分点。在 GDP 总量不断扩张的同时，宁乡经济发展逐步引领全省、鼎足三湘。在全国县域经济基本竞争力中的位次不断提升，从 169→124→114→97→84→73，创造了令人瞩目的"宁乡速度"。

——发展空间快速拓展。近年来，宁乡工业化、城市化、市场化进程加快，外向型经济快速发展，形成了新的巨大的发展空间。一是新型工业化水平提高，工业增加值占 GDP 的比重由 2005 年的 38.4% 上升到 2009 年的 50.7%，工业对 GDP 增长的贡献率由 55.7% 上升到 68.6%；二是城镇化发展加快，城市化率由 2005 年的 26.7% 上升到 2009 年的 41.27%；三是市场化程度增强，2006 年以来非公有制经济增加值占生产总值的比重每年以 4.1 个百分点的速度递增，达到 77.9%，民营经济已逐步成为全县经济发展的重要支柱；四是经济外向度不断提高，全县实际利用县域外资金由 2005 年的 62.5 亿增加到 2009 年的 172 亿，这为加快推进县域经济发展注入了新的活力。

——人均 GDP 水平明显提高。2009 年宁乡人均生产总值 29325 元（按常住人口计算），四年增加 15678 元，年递增 15.6%。按当年汇率折算人均 GDP 已达 4295 美元，正式超过世界银行划分的位于中下收入和中上收入国家水平之间人均 3000 美元的过渡标准，标志着宁乡经济进入了一个新的历史阶段，并在这个新的起点上向全面小康社会目标迈进。

——经济运行质量和效益稳步提高。一是地方财力不断增强。2009 年地方财政收入达 14.47 亿元，四年递增 28.3%。地方财政收入占 GDP 的比重、税收收入占地方财政收入的比重分别提高到 3.9% 和 88.4%。二是企业效益稳步提升。2009 年宁乡规模以上工业企业实现利润 41.7 亿元，四年递增 57.1%。企业利润大幅度增加，拓展了企业的发展空间。三是金融市场良性互动。积极创建省级金融安全区，提高中小企业融资能力，金融机构新增存贷款额逐年增加，至 2009 年末，宁乡金融机构各项存款余额达到 157.02 亿元，其中城乡居民储蓄存款余额 116.82 亿元，各项贷款余额 93.29 亿元，金融机构不良贷款率由 2005 年末的 15.4% 下降到 2009 年的 3.1%。

工业崛起经济兴

大浪淘沙，栋梁挺拔；新型工业，异军突起。

工业化是县域经济综合竞争实力的重要砝码。近年来，宁乡县委、县政府始终坚持"两个唯一"不动摇，坚定不移地实施"兴工强县"首选战略，以超常举措推动工业超常发展。

——工业经济主导地位进一步上升。一是工业生产持续高位运行。2009 年宁乡工业总产值达 551.4 亿元，首次突破 500 亿元大关，三年递增 37.7%，工业增加值 186.36 亿元，三年递增 22.8%。这既反映了县委、县政府"兴工强县"措施是有效的，也充分证明宁乡工业经过近几年的发展与调整，积累了相当雄厚的实力和支撑健康发展的产业结构，为今后持续发展奠定了良好的基础。二是工业规模扩大，实力增强。四年时间，规模以上工业企业总产值从不足 100 亿元到突破 400 亿元，达到 433.26 亿，基本实现一年增加 100 亿，年均增速为 48.6%。规模工业在全省县（市）工业经济中的份量明显加重，2006 年首次跃居全省第四位，在长沙五区四县（市）中仅次于长沙县位列第二，增速连续多年保持全市前列。三是产业集群效应逐步显现。近年来，宁乡坚持把项目工程作为县域经济发展的唯一载体，把招商引资作为推动县域经济发展的唯一选择，突出战略产业和主体园区，突出招大引强，推动资源优化整合，工业优势行业规模扩大，产业集群效应逐步显现。形成了以楚天、飞翼、华良、三一重工为代表的机械制造业，以邦普新材料、中和能源为代表的新材料新能源产业，以圣得西、忘不了为代表的服饰工业，以加加、青岛、现代资源集团为代表的农副产品加工业。食品、服饰鞋业、机电、再生纸、烟花鞭炮、新能源新材料、矿产七大支柱产业总产值占规模工业的 78.9%，成为工业经济的中流砥柱。

——龙头企业与品牌优势增强。2009 年末规模以上工业企业达到 592 家，四年净增 229 家，产值过亿元的企业达到 120 家。在亿元企业中，产值超过 5 亿元的 8 家；产值在 2 亿—5 亿元之间的有 41 家。另一方面，亿元企业在规模工业总产值中的占比也逐年攀升，2009 年达到 62.7%，对规模工业发展的支撑作用越来越大，成为拉动全县工业经济快速增长的引擎与龙头。企业集团是经济实力的象征，名牌产品则是经济成果的体现。成功创建国家级品牌 14 个，省级品牌 53 个。以圣得西、忘不了、加加、盘中餐、楚天、华良、万家春、亮之星、兆山等为代表的名品名牌声名远播，"宁乡制造"不仅改变了宁乡的形象，而且已成为"中国中部制造"集团军中的一支劲旅。

——园区经济一路走强。园区兴工成为了宁乡工业发展的特色。宁乡经济技术开发区属国家级园区，规划控制面积 32 平方公里，开发面积 21 平方公里，被评为湖南省十大投资环境诚信安全区、湖南省循环经济示范试点园区、湖南省和谐劳动关系示范工业园区及全国循环经济试点单位。金洲新区定位于全国一流的第四代复合型园区，开发一年多便引资 210 亿元，区内的服饰产业园被中国纺织工业协会授予"中国湖南纺织服饰产业园"的国字号招牌。2009 年，82 家园区规模以上工业企业实现总产值 151.74 亿元，比上年增长 48.9%，在规模工业总产值中所占比重为 35%，园区企业中产值过亿元的企业 55 家，占全县亿元企业数的 45.8%，实现利税 27.2 亿元，占规模工业的 41.4%。

现代农业根基强

农业兴，百事兴；农村稳，社会稳；农民富，天下富。

人生归有道，衣食固其端。物阜民丰、田畴万顷的自然条件，使宁乡在五谷丰登、六畜兴旺中奠定了农业大县的地位。2009 年实现农林牧渔业总产值 88 亿元，比上年增长 7.9%，农林牧渔总产值继续稳居全省首位。

——农业产业化步伐加快。农业是国民经济的基础，调整农业结构，转变增收方式，这是社会发展的必然。在多种经营的道路上，宁乡以增加农民收入为核心，农业产业结构调整取得丰硕成果，农业产业化格局逐步形成。一是烟叶生产大步跨越。至 2009 年末，全县实际种植烟叶面积 6.47 万亩，总产量突破 20 万担，烟叶规模居全省第三，带动农民、财政和公司增收分别过亿元，成为全国现代烟草农业整县推进县。二是粮食生产再创新高。多管齐下遏制抛荒，全年粮食播种面积 197.63 万亩，同比增加 13.5 万亩，其中水稻种植面积达 187.26 万亩，优质稻面积 133.65 万亩，位列全省第一。三是规模养殖强势发展。2009 年出栏生猪 235 万头，出笼家禽 4000.5 万羽，全县养殖业产值达 38.48 亿元，同比分别增长 5.0%、1.7% 和 14.3%。标准化规模养殖进程加快推进，坝塘镇永昌养殖小区、沙龙畜牧等 25 个标准化养殖场（区）成为全县生猪养殖的主导区和辐射源，带动常年存栏 500 头以上的养猪大户达 200 多户，生猪标准化养殖小区 8 个，规模养殖占养殖量的 60% 以上。引进泰国正大、北京资源、法式火腿等农业龙头企业，建成邦宁生猪电子交易市场，形成了一个以规模养殖为入口、以现代加工为出口、以电子交易为平台、以本地品牌为特色的较为完善的生猪产业链条。广东温氏集团"温氏鸡"养殖辐射到全县 20 多个乡镇，形成了年出笼 3000 多万羽的规模化肉鸡养殖基地。百里万亩优质水稻走廊、超大万亩无公害蔬菜基地、沩山万亩有机茶生产示范基地的建成，为发展现代农业创造了新的示范和样板。

——农业基础地位不断增强。一是支农投入增加，农民得到实惠增多。2009 年，国家和地方财政支农资金达 8.3 亿元，农民从财政得到的各项补助资金从无到有逐年增加，2009 年增加到 1.2 亿元。

二是农村基础条件得到改善。2009 年基础产业和基础设施投资 122.9 亿元，占全社会投资的 47.6%。在村村通电的基础上，又基本实现村村通电话，村村通汽车，乡乡能上网。新农村建设效果明显，农村脏、乱、差现象得到有效治理，部分村庄初步实现了走平坦路、喝干净水、上卫生厕、住整洁房的目标。三是农业机械化程度不断提高。全县农机总动力达到 136 万千瓦，机耕面积 134.5 千公顷，农机作业总收入达 8.3 亿元，水稻耕种收综合机械化水平达 68.2%，农机四项指标居全省前列。四是农业综合生产能力显著增强，主要农产品产量大幅增长，粮食总产量跃居全省第二，2009 年粮食总产量达到 88.27 万吨，比上年增长 4.7%。

市场兴旺商贾忙

商贾云集，货畅其流。这是经济开放的体现，也是市场繁荣的象征。

2009 年，宁乡实现社会消费品零售总额 99.01 亿元，是 2005 年的 1.9 倍，年均增长 17.4%，比"十五"时期提高了 6.1 个百分点。

——多元商贸全面发展。2009 年全县公有经济实现社会消费品零售总额 14.28 亿元，非公有制经济实现社会消费品零售总额 84.73 亿元，占零售总额的 85.6%。如今无论漫步在高楼林立的县城，还是走进一路一街的乡村，满目是琳琅商品，扑面而来的是热情叫卖，大市场的繁荣与小集镇的兴旺相得益彰，一批分工明确、经营灵活的专业市场遍布宁乡广大城乡。

——农村消费逐步升温。经济的发展，社会的繁荣，带来了农村消费水平的提高。"万村千乡工程"累计建成农家店 421 家，现在全县城乡商品交易市场已发展到 54 个，年成交额达 35.27 亿元。2009 年农村消费品零售额 54.28 亿元，县城消费品零售额 44.73 亿元。

旅游创强有特色

　　"宁乡五奇"彰显旅游特色，好山好水吸引八方宾朋，开放开发招来四海游客。

　　少奇故里伟人之奇、灰汤温泉养身之奇、四羊方尊国宝之奇、千佛溶洞造化之奇、密印禅寺万佛之奇堪称"宁乡五奇"。近年来宁乡充分利用"五奇"旅游资源，加快发展旅游产业。2007 年被授予"中国旅游强县"殊荣，2009 年，全县旅游总收入 24.57 亿元，比上年增长 29.8%。接待旅游人数 549.8 万人次，增长 10%。

　　——历史人文资源丰富。宁乡是人杰地灵的福地，旅游资源丰富。从 20 世纪到现在，宁乡先后出土了四羊方尊、人面纹方鼎等2000 余件商周青铜国宝，被誉为"南中国青铜文化中心"。宁乡人才辈出，有理学大家张栻、前国家主席刘少奇、人民司法奠基人谢觉哉、当代中国科协荣誉主席、原中国科学院院长、全国人大常委会副委员长周光召。5127 人才引进工程的成功实施，"第一届国际佛文化节"的顺利主办，进一步提高了"神奇宁乡"的知名度和美誉度，首批"中国旅游强县"成为宁乡通向国际市场的第一张烫金名片。目前，宁乡拥有自然保护区 3 个，名胜风景区和文物保护区31 个，其中国家 4A 级旅游区 1 处，国家重点文物保护单位 2 处，省级风景名胜区 2 处。

　　——旅游景点开发纵深推进。以沩山为龙头、花明楼为依托、灰汤为枢纽、玉潭为聚散地、迴龙山为补充的旅游发展大格局日趋成熟。特色旅游产品不断丰富。密印寺万佛灵山、刘少奇陈列馆、文物馆、三福门攀岩、密印寺僧寮、千佛楼等旅游景点及配套设施全面开放，沩山漂流成为中国第一漂，灰汤温泉全面升值。景区品位实质性提高。按五星级标准建设的通程温泉大酒店、紫龙湾大酒店正式开业；宁灰、横黄、横灰公路全面提质改造；沩江"十里樱花"有序铺开；灰汤紫龙湖全面建成；灰汤华天城建设如火如荼，旅游产业积蓄腾飞势能。

——旅游综合功能逐步完善。围绕"吃、住、行、游、购、娱"旅游六要素，不断健全旅游服务功能，初步形成了较为完备的服务体系。"两型社会先导区"第一路金洲大道顺利通车，更加拉近了宁乡与省会长沙的时空距离，长花灰韶公路、319 国道升级改造，娄益高速连接、京珠高速复线、金洲大道延伸线的启动，进一步构建了方便快捷的交通网络。旅游接待能力不断增强。全县已发展旅行社（门市部）10 家，餐饮服务单位 1315 家，社会客运车辆 600 多台，高档旅游车辆 20 辆，星级饭店和农家乐 18 家。少奇故里红色经典游、密印寺—千佛洞祈福观光游、灰汤温泉度假养生游、沩山漂流（峡溪漂流）休闲生态游竞相发展，实现了宁乡从单一观光向观光、休闲并重的转变，扩大了旅游市场份额。

城镇建设进程快

实施城镇化发展战略，是宁乡又一条富民强县之路。

城镇化率的提高，已成为宁乡经济社会发展的一个重要特征。2009 年末，全县建制镇达到 20 个，城镇化率达到 41.27%。县城规模不断扩大，由 2005 年的 17 平方公里扩大到 28 平方公里。

——城市面貌日新月异。近年来，宁乡坚持生态型、精品型、宜居型城市定位，着力打造"一路一主题，一街一景观"的城市发展新格局，成功创建省级文明县城。"一江两岸三洲"的开发成为县城靓丽迷人的风光带，彰显出山水城市的魅力。一幢幢新式建筑拔地而起，五星级宾馆社区——玉龙国际花园、五星级居所——碧桂园·山水城、五星级亲水智能化江景楼王——东方明珠与水晶郦城、山水华庭、嘉城花园、富豪山庄、优雅翠园、馨怡园、大玺门等高档楼盘交相辉映，成为了城市一道最美、最靓的风景，一大批水、电、路、桥、园、场等基础设施建成运行，城镇整体服务功能增强，街道变宽了，绿色变多了，空气变好了，城市面貌焕然一新。

——城乡融合共同繁荣。城镇化进程，改善了城乡二元分割，加快了城乡融合。不仅使人们的生产和生活方式由乡村型向城市型转变，更重要的是人口、产业、文化、经济、社会、科技、环境及管理机制和思想观念等因素的演变。城镇规模的扩张，对周边地区的资本、技术、人才等要素产生了越来越大的吸引力，形成了巨大的商品流、物质流和资金流，带动了建材、建筑、运输、劳务输出等相关行业的兴旺，推动了产业的优化升级，提高了经济社会发展集约效益。以县城和建制镇为基础，发展小城镇，是工业化和现代化的必然趋势。以城镇二、三产业发展为依托，转移农村剩余劳动力，满足了成千上万农民"农转非"的愿望；以乡镇企业和民营经济为载体，建设工商并举的小城镇，实现了千千万万农民离土不离乡的追求。据统计，宁乡每年转移剩余劳动力 14 万余人，促进了城乡经济的共同繁荣。

社会事业谱新篇

和谐发展春潮涌，社会事业气象新。

宁乡坚持把改善民本民生和促进社会和谐作为县域发展的出发点和落脚点，注重经济与社会的良性互动、效率与公平的有机统一、发展与资源的友好共存，社会事业得到了全面协调发展。

——社会就业持续增加。四年来，城镇累计解决就业 3.07 万人，劳动力转移就业 4.7 万人，7158 名下岗人员实现再就业，城镇登记失业率控制在 4% 以内。2009 年末全县全社会从业人员达到 87.7 万人，比 2005 年末增加 6.1 万人，其中一产业减少 8.43 万人，二、三产业分别增加 10.69 万人和 3.84 万人。

——科技事业取得突破。2009 年末全县拥有企业厂办科技机构 34 个，科研人员 731 人。四年专利申请量 595 件、授权量 186 件。2009 年，全县高新技术企业 43 家，高新技术产业产值 44.7 亿元，比上年增长 38.2%。

——教育事业稳定发展。三年来，教育投入不断增加，办学条件不断改善，教育资源配置日趋合理。至 2009 年末，全县共有中小学、职高学校 378 所、在校学生 15.29 万人，其中高中学生 2.45 万人，在职教职工 1.03 万人，师生比 1∶14.9。普九成果得到进一步巩固，适龄儿童入学率达 100%，初中升学率达 100%。高考成绩连年攀升，本科上线人数一直居全省前列。宁乡一中、宁乡四中、宁乡十三中和宁乡二中、宁乡六中等相继创建为省市示范性高中。社会办学蓬勃发展。全县拥有各类民办学校 93 所，在校学生人数达 4.87 万人，以环球、三通为代表的民办职业学校面向市场需求，凸显办学特色，为经济社会发展输送了一大批实用型和技能型人才；以玉潭中学、金海中学、金砺小学为代表的民办中小学创新办学模式，加速发展壮大，成为全省民办教育的成功典范。

——文化卫生体育事业长足发展。文化产业全面推进，建立了县乡村三级文化信息联网，广播、电视综合人口覆盖率均达到了98%。炭河里古城遗址成为全国重点文物保护单位，"宁乡地花鼓"进入长沙市非物质文体遗产保护目录，"第一届国际佛文化节"成功举办，"周末我登台"被评为全国优秀乡村文化活动项目。卫生医疗保障能力逐步改善，形成了覆盖全县的疾病预防控制、传染病救治和紧急救援指挥体系。每万人拥有的床位数、医生数分别达到 19.7 张和 10.8 人，分别比 2005 年增长 32.7% 和 21.3%，"县有中心、乡有枢纽、村有网点"的三级卫生服务网络基本构建，人民群众医疗保健需求基本满足。全县体育场地 62 个，其中体育馆 3 座，400 米田径场 6 个，各种训练房 34 个，乡镇门球场 8 个，标志性工程文化健身广场顺利建成。体育比赛成绩突出。四年来共在县以上体育竞赛中夺取金牌 264 枚，并成功承办了全国第五届城市运动会女子篮球赛、全国定向越野锦标赛，湖南省青少年田径锦标赛等大型活动。全民健身意识增强，环城马路赛、腰鼓、象棋、篮球等群众文化体育运动蓬勃开展。

——生态环境继续改善。为促进人与自然和谐发展，县委、县政府坚持经济发展与环境保护并重，大力建设资源节约型、环境友好型社会。节能降耗迈出实质性步伐，单位 GDP 能耗降幅逐年加大。2009 年万元 GDP 能耗降低率为 4.5% 。重点耗能工业企业已连续两年实现节能，2009 年单位规模工业增加值能耗下降 13.92% 。环境治理保护工作取得新进展，重点流域水污染得到改善，城市空气质量逐步好转，工业"三废"排放增量逐步减少，污染排放连续四年下降。

居民生活奔小康

民为县之本，民富则县强。

在人民生活总体达到小康水平的基础上，宁乡按照"经济更加发展、民主更加健全、科教更加进步、文化更加繁荣、社会更加和谐、人民生活更加殷实"的要求，加快社会主义新农村建设步伐，把发展的成果惠及广大民生，城乡居民生活大变样。

——农村小康大步迈进。2009 年宁乡农村小康实现程度为 92.6 分，比四年前提高了 14.6 分。农村砖混结构住房比重已达到 86%，超出小康标准 43 个百分点；每百户耐用机电消费品拥有量达 292 台件，超小康标准 92 件；已通公路行政村比重达 100%，超小康标准 15 个百分点；已通电话行政村比重达 100%，超小康标准 30 个百分点；农村居民用电户比重达 99.9%，超小康标准 4.9 个百分点；享受社会保障人口比重达 91.5%，超小康标准 1.5 个百分点。

——人民生活蒸蒸日上。四年大发展，数字看辉煌。在变化的统计数据中，不难领略宁乡人民生活的蒸蒸日上。城镇居民人均可支配收入由 2005 年的 9525 元增加到 2009 年的 16672 元；农民人均纯收入由 4371 元增加到 8216 元；城镇居民人均消费性支出由 7474 元增加到 13044 元；农村居民人均生活费支出由 3917 元增加到 5640 元；城乡居民存款由 58.6 亿元增加到 116.82 亿元。

经济发展，是城乡居民消费产生变化的基础；生活改善，是提高人民生活质量的前提；而恩格尔系数，则是衡量广大居民消费水平提高程度的重要标志。四年来，宁乡城镇居民恩格尔系数由2005年的42.9%下降到2009年的34.0%，农村居民恩格尔系数由44.2%下降到40.4%。这一新变化，表明宁乡城乡居民收入中已有多半用于非食品方面的消费支出，居民消费开始向文化教育、假日旅游、娱乐健身方面发展，幸福指数得到提高。

——发展成果惠及民生。四年大发展，生活大变样。在富民强县的小康大道上，不难感受宁乡发展的成果已经惠及广大民生。四年来财政直接惠及民本民生的支出达到27亿元，建立了养老、医疗、工伤、失业、生育五大保险为基础的社会保障体系，城市低保户、农村五保户实现了应保尽保，四年累计发放城乡低保资金2.9亿元。到2009年末，全县五大保险累计参保人数达31.02万人，比上年新增3.62万人，发放基金3.4亿元。四年来，全县完成住宅建设投资23.92亿元，年均增长25%；城镇居民人均居住面积达到71.34平方米，农村居民人均居住面积65.9平方米，均超过了全国平均水准。全县现有固定电话18.45万户，移动电话猛增到53.9万户，是四年前的2.2倍；国际互联网用户从无到有，迅速发展到4.9万户。

善战者，求之于势。地处长沙西大门的区位优势，使宁乡承接着"两型"社会先导区和中西部地区大开发的双重辐射。相对完整的制造产业链和初具规模的高新技术产业群，是宁乡经济快速发展和赶超的实力与优势；发达的交通通讯和完善的基础设施，是宁乡对外开放和参与竞争的强力支撑；充足的劳动力资源和优秀的人才队伍，是宁乡实现富民强县目标的宝贵财富；底蕴深厚的文化传统和蓬勃昂扬的精神风貌，是宁乡承前启后、开创伟业的力量源泉。

潜龙在渊，蓄势待飞。站在新的历史起点上，宁乡县委、县政府与时俱进，乘势而上，找到了富民强县的发展道路，那就是——

以党的十七大、十七届四中全会和中央经济工作会议精神为指导，始终坚持以经济建设为中心不动摇，始终坚持科学发展观不动摇，始终坚持解放思想不动摇，突出新型工业化、新农村建设、新型城镇化、三产活县、投资拉动、民生事业六大重点，打好和谐发展组合拳，提高跨越赶超加速度，化解金融危机影响，抢抓发展机遇，奋力抢擂"两型"先导区，加速挺进全国五十强！

县域发展"宁乡模式"解读

中共宁乡县委党校副校长　刘学武

宁乡是原国家主席刘少奇同志的故乡，总面积 2906 平方公里，辖 33 个乡镇，总人口 130 万。这里人杰地灵，物产丰饶，走出了中共一大代表何叔衡、共和国司法奠基人谢觉哉、当代科坛泰斗周光召等名人俊杰，出土了四羊方尊、人面纹方鼎等 1000 多件青铜器，被世界考古界誉为"南中国青铜文化中心"。

近年来，宁乡坚持以科学发展观为指导，紧紧围绕"一化三基"战略和"又好又快、率先发展"要求，致力走符合宁乡实际的发展路子，推动农业大县向经济强县转变。2000 年至 2008 年，县域生产总值由 70 亿元增至 282 亿元，年均增长 15.1%；财政总收入由 2.3 亿元增至 14 亿元，年均增长 25.8%，其中地方财政总收入由 1.6 亿元增至 10.9 亿元，年均增长 26.6%；工业总产值由 63.1 亿元增至 420 亿元，其中规模工业产值由 15.2 亿元增至 314 亿元；金融机构存款余额由 32.2 亿元增至 127 亿元，贷款余额由 21.8 亿元增至 69.5 亿元；城镇居民人均可支配收入由 5191 元增至 14986 元，农民人均纯收入由 2535 元增至 6919 元，县域基本竞争力由全国 233 位前进 149 位，居全国第 84 位，中部第 7 位。宁乡的经济和社会事业获得飞速发展，引起了各界的浓厚兴趣，吸引了 200 余批次中西部地区县市区前来参观学习。新华社记者期间先后四次来宁乡采访，写下了《宁乡之变》、《"长沙四小龙"调查》、《一个农业大县向经济强县的蜕变》、《弯道超车看宁乡》四篇深度报道，由衷地称赞：宁乡是中西部地区县域经济快速崛起的样本，它的发展之路，比那些依靠区位和资源优势成长起来的经济强县更具有借鉴意义！

宁乡模式的基本内涵

宁乡模式就是以解放思想、转变观念为先导，以不断完善和提升思路为前堤，以招商引资、项目工程这"两个唯一"战略加快发展为抓手，充分利用现有条件，挖掘自身资源，积极创造区位优势，将发展工业、城市建设与改善民生、财政增收有机结合，大力发展县域经济，实现逆境赶超、跨越崛起的发展模式。

宁乡模式的形成过程

1. 萌芽期（2000 年—2001 年）。

这个时期提出了"超常规、跨越式"发展的理论，掀起了思想大解放的高潮，进行了干部作风的大整顿，为宁乡的大发展奠定了坚实的基础，宁乡模式开始萌芽。

2. 确立期（2001 年—2003 年）。

这一时期是宁乡发展的关键时期，处于爬坡过坳的阶段，提出了"经济进三强、建设卫星城"的奋斗目标。人民的思想观念得到根本转变，全县上下同舟共济，宁乡经济顺利度过了三年解困期，体制基本建立，工业园区已经起步，项目工程、招商引资全面启动，城市建设和城市管理走上正轨，至此，宁乡模式基本确立。

3. 形成期（2004 年—2008 年）。

这一时期是宁乡发展历史上特别重要的阶段，园区建设、城市建设、工业、农业、旅游业等各方面制度健全，理论成熟。经济实力大大增强，成功实现了"鼎足三湘、进军百强"的目标，全县各项经济社会事业空前发展。宁乡现象引起各方面的高度关注，从理论和实践上形成了宁乡模式。

4. 提升期（2009 年开始）。

宁乡人并不安于现状。面对全球金融危机，宁乡人既做好了应对危机的准备，更增添了战胜危机的信心，尤其是在危机中找机遇，在危机中实现"弯道超车"，使宁乡更好更快地发展，及时地提出了"抢搐先导区，决胜大河西，崛起中西部，挺进五十强"的战略目标，从而使宁乡模式得到更高层次的提升。

宁乡模式的基本做法

1. 不断解放思想，提升发展思路。解放思想是县域发展的灵魂。发展的问题关键是观念的问题。一个区域内没有新的思想、新的观念，就不可能有新的发展。愈是落后的地方，思想观念就愈陈旧，愈放不开手脚，愈墨守陈规，固步自封。要扬起发展的风帆，必须破除传统思维定势，确立现代思维方式。1999 年底正是宁乡经济低迷的时期，干部群众压力大，对未来缺乏信心。宁乡人从解放思想、转变观念入手，组织广大干部外出考察学习，深入调查研究，开展全县大讨论，综合集体的智慧，确立宁乡发展定位是超常规跨越式发展。随着 2001 年基本实现解困目标以后，宁乡进一步转变思想观念，提出了"经济进三强、建设卫星城"的发展思路。接着于 2004 年确立了"鼎足三湘、进军百强"的发展思路，于 2009 年提出了"抢搐先导区、决胜大河西、崛起中西部、挺进五十强"的战略目标。宁乡人敢想敢干，善于创造优势。宁乡本来离长沙市还有一段较长的距离，但为了更快参与长沙城区分工布局，为了更多参与大城市生产要素分享，从而更强接受省会辐射和带动，宁乡人举全县之力，修建了一条对接长沙的城市主干道——金洲大道，提升了区位优势，主动融入到了长株潭两型社会改革先导区，抢占先导区发展制高点，赢得大河西时代主动权。十年来，宁乡就是这样通过长期的讨论不断寻找思想观念问题和差距，不断转变思想观念，从而不断确立和提升发展思路，取得一个又一个的伟大成就。完全可以说，宁乡模式就是解放思想、不断提升发展思路的模式。

2. 狠抓"两个唯一"，汇聚发展资源。宁乡经济和各项社会事业呈现出良好发展态势，主要得益于项目工程、招商引资。改变区域面貌必须要有新的经济增长点，当工业、农业都还不具备拉动经济增长能力的时候，宁乡一开始选择了投入带动，把所有能够拉动区域发展的工作，策划成一个个具体的、看得见、摸得着的项目，增强融资能力，推动产业升级，改变城市面貌。项目工程成为了宁乡经济独具特色的一个充满生机的增长点。发展一定要有资金，当财政实力只能保证正常行政运转的时候，招商引资成为了县域发展的唯一选择。从 2000 年到 2008 年，宁乡启动 200 万以上的项目工程 1600 多个，累计招商引资实际到位资金 386 亿多元。项目工程作为唯一载体，招商引资作为唯一选择，这"两个唯一"战略的实施，极大地加速了宁乡的快速发展。

3. 高举兴工旗帜，培养产业龙头。只有工业发展更好更快，才有经济发展更好更快。宁乡着力主攻园区建设，科学论证、民主决策、因地制宜相继建成两个省级园区——湖南宁乡经济技术开发区、金洲新区和 4 个各具特色规模较大的专业园区。这些园区成为了工业发展的主战场、招商引资的主力军和宁乡崛起的强大支撑力量。2000 年以来，工业总产值保持 40% 左右的增速，规模工业产值保持 50% 以上的增速。2008 年，规模企业达 538 家，国家级品牌达 13 个，工业对 GDP 的贡献率达到 71%，对财政税收的贡献率达到 58%。工业园区成为新型工业化主阵地，县经开区投产企业 74 家、在建项目 49 个，聚集了青啤、楚天等一批食品和机电企业；县金洲新区投产企业 29 家、在建项目 43 个，吸引了三一重工、碧桂园等企业入驻。主导产业发展形势良好，以华良家电等为代表的机电产业 2008 年产值突破 100 亿元；以加加集团等为代表的食品产业具有一定规模和品牌；以圣得西、银太纺织等为代表的服饰产业形成链条；以双华等为代表的再生纸业走上规模化、园区化、环保化轨道；以族兴、红宇、邦普等为代表的新材料产业聚集投产企业 58 家、在建项目 34 个。

4. 探索经营城市，打造财富平台。经营城市是县域发展的突破口。一个县域要发展，要实现质的提升，必须做活县城。城市做活同样需要经营。2000 年宁乡组建城市建设投资公司，通过近十年大投入、大发展，宁乡县人民医院、宁乡一中、行政中心、市民广场实现了质的提升，县城建成区面积由 8 平方公里增至 28 平方公里，人口由 10 万增至 23 万。近年来突出开发一江两岸三洲，通过植物造景、筑坝蓄水、两岸改造和移洲造湖，城市水景生态景观体系初具雏形。突出以行政中心为核心的新城区开发，道路骨架基本形成，一批楼盘相继进驻，金融广场即将启动。与省发展集团合作建设具有先进性、示范性和借鉴性的"两型"县城，探索市场化推进"两型"社会建设的新路子。城市品质和价值不断提升，承载和吸附能力不断增强，城区地价由 2000 年 5 万元/亩增至 2008 年 60 万元/亩；商品房住宅均价由 400 元/平方米增至 2500 元/平方米。

5. 坚持提质农业，促进富民强农。立足农业大县的基本县情，宁乡县以强烈的现代农业意识，指导和推进农业农村发展，通过大力发展现代种养业，培育主导产业，打造拳头产品，粮食产量常年稳定在 90 万吨以上，被评为全国粮食生产先进县；烟叶产量稳定在 21 万担，规模居全省第三，带动农民、财政和公司增收分别过亿元；传统生猪产业实现升级，初步形成以泰国正大等规模养殖为起点，以资源集团、法式火腿肠等企业为加工环节，以御邦大宗农产品电子交易所等有形无形市场为销售平台，以宁乡猪为特色的产业链条；家禽年出笼 4000 万羽以上，总量居全省第一。探索社会主义新农村建设路子，推进面上基础设施建设，2004 年以来投入 9.4 亿元新建改造县乡道 400 公里、村道 2000 公里，完成水利投入 7.3 亿元、电力投入 8 亿元。

6. 致力三产活县，激活市场消费。第三产业是反映区域综合实力的重要标志，是激活消费的重要途径，宁乡县以此来推动第一、二产业发展，扩大地方可用财力。一是打造大旅游，营造大格局。

以建设国内乃至国际知名旅游目的地为目标，打造以沩山为龙头，以灰汤为枢纽，以花明楼为依托，以县城为集散地的大旅游格局。成功举办 2005 中国宁乡首届佛文化节，启动万佛灵山、密印寺恢复建设、灵山温泉山庄等项目建设；引进华天集团投资建设中部华天城，五星级通程温泉大酒店、紫龙湾酒店建成营业，2008 年 4 月被国家旅游局评为全国 17 个旅游强县之一。二是构建大商贸，发展大流通。跳出县域抓商贸，生意做到全国去，引进香港豪德集团建设大型专业市场，建成御邦大宗农产品电子交易市场，引进了快乐购等新型流通业态，推进商贸发展大突破。

7. 全力帮促企业，优化发展环境。优化环境是县域发展的根本措施。形象是无价的品牌，环境是无形的生产力。一个地方的社会形象往往直接决定着投资者的趋避取舍，是招商引资的"晴雨表"。相对于广大内陆地区而言，要在竞争激烈的招商引资争夺中胜出，唯一的制高点就在优化环境，特别是优化软环境。2001 年，宁乡就提出"一切围绕发展，一切保证发展，一切服从服务于发展"，在全省率先成立一办四中心，即优化环境办、政务公开全程代理中心、收费管理中心、经济环境 110 处警中心、行政效能监察中心。重点整治、严肃处理各级职能部门和执法执纪者的违法违纪行为以及不作为和乱作为的现象。建立"一家收费"制度，推行"一站式"服务，完善服务承诺制度，健全投诉举报制度，从严治政，提高行政效率。深入开展"三抓两促"和"两帮两促"服务企业活动。以环境为品牌，奋力营造开放、美丽、高效、规范、稳定的一流经济发展环境。

8. 加强队伍建设，强化发展保障。干部队伍建设是县域发展的根本保证。县域发展过程中，一个最棘手的问题是人才匮乏。想干事，但不知如何干，项目不知运作，招商不知应对。加强干部教育培训，成了宁乡干部队伍建设的重头戏。经过"11511"培训工程，即选送 10 名优秀年轻干部赴香港培训 80 天，选派 100 名领导干部到余杭等地挂职锻炼，组织 500 名领导干部赴山东潍坊进行培训，选派 100 名干部到经济发达地区谋职锻炼，对 1000 名党政干部开展学历教育，既为宁乡干部教育培训工作开辟了新途径，也造就了一大批本土经济英才。实施"六个一"的人才培训工程和实施"5127"人才引进工程，计划5年引进100名博士、200名硕士、700名重点高校本科毕业生，两年时间已引进博士17名、硕士41名、本科生101名，宁乡党政干部工作能力、工作水平大步提高，逐步实现了由"革命型"向"建设型"转变，由"拳打脚踢型"向"智力思维型"转变，基本打造出了一支适应县域发展的人才精英。

宁乡模式的基本经验

1. 坚持党的领导，同心同德干事业。全县上下团结凝聚在事业和发展的旗帜下，思想上高度统一，行动上步调一致，工作上齐抓共管，人人都做建设者，个个争当实干家，这是宁乡快速发展的坚强保障。

2. 坚持解放思想，敢闯敢干寻突破。宁乡近年来的发展进程，正是解放思想、更新观念、突破惯性、超越自我的心路历程，伴随这一历程，才创新和提升了一条符合宁乡实际的发展思路，才有了金洲大道的拉通、发展平台的崛起、工业经济的壮大、城市品位的提升、农业支柱的形成、旅游产业的兴旺、战略项目的突破，也才有了综合实力的提升、区域排名的跨越、全国百强的挺进。

3. 坚持突出主题，抓住发展不动摇。宁乡始终把握发展不快、规模不大的基本县情，始终突出推进发展、加快发展的根本任务。任何时候都不受外界的影响，不因领导变动而改变，紧紧抓住经济建设这一中心，坚持走自己的路。有力地推动了经济健康快速发展，解决了前进中的困难问题，促进了社会安定和谐，奠定了更大跨越的坚实基础。

4. 坚持从实际出发，趋利避害抓主动。面对复杂的宏观环境、罕见的自然灾害和世界金融危机，宁乡坚持走以我为主的发展路子，出台推动投入、激活创业、生产补损、贷款贴息、刺激消费等政策措施，保持了强劲发展势头。

5. 坚持强力推动，攻坚克难求落实。宁乡紧盯目标锲而不舍，执行决策立说立行，面对困难迎难而上，落实工作务求实效，以顽强的意志和优良的作风，又好又快推动和完成了一批重大项目、重大工作，促进了经济又好又快发展。宁乡人很"霸蛮"，有一种"志在必得、敢抢敢拼、誓不罢休"的气魄，一步一步抓落实，一件一件求实效。

6. 坚持以人为本，改善民生谋致富。宁乡的快速发展得益于全县上下的团结拼搏和艰苦奋斗，更得益于宁乡"一切工作为了人民，一切工作依靠人民"的民本思想。每年财政大部分资金用于公共设施建设和公益事业，近十年城镇居民收入和农民人均纯收入都增加三倍。低保、社保全面覆盖，医保城乡全面展开，教育事业成为国家先进县。人民群众安居乐业，人心思富，社会大局和谐稳定。

宁乡模式的深远意义

宁乡模式与以深圳为代表的珠三角模式相比，它既没有沿海开放的优势，也没有充分利用港澳发展的平台，更没有中央的优越政策。宁乡模式与温州模式和苏南模式相比，它既没有处于国家改革开放的前沿阵地，也没有经济发展较早的起步。从时间来看，宁乡模式起始于改革开放20年后新的世纪初，起步较晚；从地域来看，宁乡处于中部地区，离省会长沙也还有一定的距离，没有地理和交通优势；从基础来看，宁乡人口多，发展包袱重，工业基础薄弱，是一个典型的传统农业大县。因此，这种后发崛起、跨越发展的"宁乡模式"，不仅促进了宁乡的快速发展，而且对于全国而言都很有启发，尤其是对于中、西部欠发达地区更具有示范和借鉴作用。是对我国不同地区发展模式的有益补充，也是对国家"中部崛起、西部大开发"战略的成功探索和巨大贡献，具有深远的历史意义和现实意义。具体来看：

第一，深化改革、扩大开放是县域发展的根本动力。在过去的10年中，宁乡的改革从破到立、从点到面、由浅入深有序推进，为经济社会发展注入了强大的生机和活力。扩大开放不仅增强了宁乡的综合经济实力和竞争能力，也有力地推动了观念的转变和制度的创新，形成了浓厚的开放意识、竞争意识、超前意识和敢为人先意识。

第二，解放思想、抢抓机遇是县域发展的鲜明导向。在发展过程中，宁乡大力弘扬"团结拼搏、负重奋进、自找差距、敢于创新"的"宁乡精神"，认真实践"艰苦创业、勇于创新、争先创优"的"宁乡之路"，积极推广"借鉴、创新、跨越、共赢"的"园区经验"，形成了推动宁乡发展的"三大法宝"。

第三，坚持工业化、城市化互动是县域发展的有效抓手。宁乡突出"调高、调强、调优、调新"，推进新型工业化；整合产业，提升品质，培育支柱产业，不断增加企业数量，做大企业规模，做强企业实力，培育知名品牌，扩大品牌张力。突出"做大、做强、做优、做美"，推进城市现代化。

第四，以人为本、协调推进是县域发展的务实追求。在区域发展上，宁乡各大战场呈现出相互依存、相互促进、联动发展的格局。在城乡发展上，宁乡积极推进城市基础设施向农村延伸、城市社会事业向农村覆盖、现代文明不断向农村辐射，逐步缩小城乡差别。在经济社会统筹发展上，宁乡加大社会事业建设的投入和推进力度，全县高中阶段入学率达到80%，"宁乡人会读书"成为天下美谈。城乡社区卫生服务普及率达到100%，农村基本医疗保险参保率达到90%。

宁乡模式的发展方向

当然，目前宁乡在发展过程中也还存在很多的不足和挑战：财政基础仍然脆弱，支柱产业尚未形成，城市品质仍然不高，商贸经济仍是短腿，旅游经济还刚起步，农业产业仍然不特不优，投资拉动型增长模式还未根本转变。面对新的形势和新挑战，宁乡模式需要一如既往地与时俱进、开拓创新，但是这种创新的方向不应当是全面背离和否定这一模式的基本经验和基本内核，而是站在新的起点上，结合新的实际不断丰富和完善，使宁乡模式的道路越走越宽广。一是更加注重思想解放；二是更加注重体制创新；三是更加注重支柱产业形成；四是更加注重优秀品牌培育；五是更加注重三产业发展；六是更加注重和谐生态建设；七是更加注重独特文化构建；八是更加注重民生改善。展望未来，一个"财力相当充沛、工业高度发展、农村更加富裕、城市繁华靓丽、旅游闻名天下、人民幸福安康"的新宁乡正在诞生。

加速灰汤崛起　构建和谐重镇

宁乡县灰汤镇人民政府

在风光旖旎的东雾山下、乌江岸边，有一个美丽的小镇——灰汤。近年来，灰汤管理局、灰汤镇党委、政府按照"宁静、温馨、自然、生态"的总体要求，确立了"演绎温泉文化，打造世界灰汤"的总体目标，统筹城乡规划，加快新农村建设，突出温泉文化和山、水、田、镇一体化特色，做好灰汤"经济建设、生态环境、社会进步"和谐发展文章，把灰汤建成国际旅游度假区和现代温泉城，打造成最具影响力的生态温泉休闲旅游名镇，在全面实现可持续发展的和谐重镇道路上取得了丰硕的成果。

灰汤概况

灰汤镇位于宁乡县西南边陲，地处长沙、湘潭交界地带，与毛泽东故居韶山、刘少奇故居花明楼成"品"字形排列，各相距约30公里，距离长沙火车站90公里，黄花国际机场100余公里。全镇面积43平方公里，辖6个行政村，1个居委会，总人口24000人，历来是国家、省、市、县旅游发展扶持重镇。

灰汤因其常年热气蒸腾的雾气和滚烫的泉水而得名。灰汤温泉已有2000多年的历史，是我国三大著名高温复合温泉之一，水温奇高，常年水温在89.5度，水质奇特，富含人体需要的29种微量元素，对治疗皮肤病、心脑血管病等有奇效，因而享有"天然药泉"、

"圣泉"和"潇湘第一泉"之美誉。清代重臣曾国藩就曾久居于此治疗癣疾，王震、王首道和乌兰夫等开国将军和熊倪、杨霞等奥运冠军都曾于此疗养。1998 年，灰汤温泉开发被国家旅游局定为面向 21 世纪优先发展的 43 个旅游项目之一；2000 年被纳入国家计委首批旅游国债基础设施资金扶植重点项目；2008 年被纳入湖南省红色旅游金三角发展规划。

近年来，围绕灰汤温泉文化、生态湖泊、森林氧吧、风情小镇的四大品牌定位和把灰汤建设成为县域经济的次中心、湖南乃至中部地区最具影响力的旅游目的地的目标，灰汤管理局、镇党委、政府精心研究，详细规划，掀起了灰汤开发建设的热潮，为全力打造灰汤温泉旅游品牌作出了不懈的努力，实现了灰汤和谐乡镇建设的目标，走出了一条经济、环境、社会协调、可持续发展的崭新路子。

项目牵头，奋力打造品牌灰汤

为了提升灰汤温泉的旅游环境，着力打造和谐乡镇的"旅游畅通工程"，局、镇党委、政府花大力气完善基础设施建设。近几年先后完成了宁灰公路的提质改造、镇区道路升级改造，并全面实现镇区道路的绿化、美化、标准化；灰韶公路、灰横沩旅游公路正在进行改造；长花灰韶旅游高等级公路已于 2006 年 11 月启动建设，为灰汤构建中心枢纽，打造国际品牌搭建了平台。

灰汤镇招商引资成绩凸显，各大投资项目建设强力推进。投资 40 个亿，占地 7 平方公里的灰汤温泉华天城 8 月 31 日顺利奠基，现已完成华天城酒店 477 亩的土地清表工作，正在进行大机械、大规模的土方建设；电疗拓新项目建设全面铺开，从建筑面积 8100 平方米，投资 3000 多万的党校综合楼，到投资 3500 多万的户外温泉山顶水池项目再到投资 2000 多万的进院广场项目建设以及三栋宿舍楼和 5 栋顶级温泉别墅都在紧张施工中；总投入 3 亿元的紫龙湾国际大酒店，将于 12 月 28 日盛装开业，迎接四海宾朋；金太阳休闲农庄自 6 月 7 日签订合同以来，四个月时间完成征地 240 亩，租地 30 亩，接待中心修缮一新，于 10 月 1 日开业后，游客络绎不绝。

经过近几年的努力，灰汤温泉国际旅游度假区的开发建设已经取得了有目共睹的成绩，初步形成了以紫龙湾大酒店、湘电温泉山庄、金太阳现代休闲农庄等为龙头企业的旅游产业群。目前，灰汤温泉国际旅游度假区共拥有旅游宾馆、招待所 8 家，旅游床位 2000 余个，大中小型会议室 15 个（其中中型多功能会议室 3 个），三星级标准温泉体育馆 1 座，中式温泉药浴中心 1 座，以灰汤贡鸭为拳头产品的旅游特色产品开发公司 1 家，大型农艺、园艺项目 2 个，接待游客人数和实现旅游营业收入每年以两位数递增，2009 年将接待游客 60 万人次，实现旅游收入达 2.5 亿元。

青山秀水，着力构建宜居灰汤

灰汤的和谐乡镇建设成就还体现在对环境的着力打造上。结合灰汤镇打造"生态湖泊"、"森林氧吧"等品牌定位的旅游名镇目标，成功创建花果山村为市级生态环保示范村，在实现灰汤镇环保自治村建设的基础上，2008 年，灰汤镇荣获"中国绿色名镇"和"省级环境优美乡镇"两项桂冠，2009 年，又提出争创"全国环境优美乡镇"的目标。目前，各项申报工作已全面通过省级评审。

为将灰汤打造成一个健身康体中心，全镇以环境秀美的东雾山为依托，投资 1 亿元，建成一个占地 8000 亩的生态公园，并将其建成为全国性的青少年定向越野赛基地。现已拉通东雾山游道 40 公里，正着手对整个生态公园进行植树造林。

占地 2000 亩，总投资近 3 亿元的紫龙湾水库也正在紧锣密鼓的建设中。乌江水闸顺利竣工，4 公里长的环湖景区公路已建成通车，水库范围内的房屋拆迁和 1900 亩的用地租赁圆满完成。目前正在修建水库内堤，以及堤岸和绿化设施的规划设计。

投资 2000 万元，占地 50 亩，日处理污水 1 万吨的机械污水处理厂项目已完成可研等前期工作，并预留日处理能力达 5 万吨的污水处理厂用地；由下地热水管线和尾水收集系统组成的管线设施正在规划建设中。用地 100 亩，计划投资 4000 万元的压缩式垃圾中转站和无害化垃圾填埋场也正在规划建设，建成后将使枫木桥、灰汤、偕乐桥等三个乡镇受益。

在现有的各项目基础上，全镇还有计划、分步骤地推进禾田居温泉酒店项目、"三街"建设（本街原居民商业街、表街旅游商业街、里街休闲娱乐街）、紫龙寺、主题公园以及东雾山二期工程的规划工作。

以人为本，全力创建和谐灰汤

党的十七大报告指出："必须在经济发展的基础上，更加注重社会建设，着力保障和改善民生，推进社会体制改革，扩大公共服务，完善社会管理，促进社会公平正义，努力使全体人民学有所教、劳有所得、病有所医、老有所养、住有所居，推动建设和谐社会。"

近年来，灰汤经济快速发展，环境得到很大改善。镇党委和政府也更加注重发展、维护和满足人民群众的现实需求，下大力气解决和实现人民群众最关心、最直接、最现实的利益问题，坚持以人为本，关注民生，改善民生，不断提高人民群众生活水平，各项社会事业全面发展，就业、养老保险、医疗保险、城乡低保以及敬老院建设均取得了突破性进展，灰汤真正成为了全镇人民安居乐业的幸福家园。

随着灰汤开发建设的深入，征拆任务不断加大，失地农民日益增多。特别是在湖南灰汤温泉华天城项目的征地拆迁上，涉及范围广、人口多、事务杂，但全镇始终坚持以人为本，坚持公平、公正、公开的原则，坚持"阳光拆迁"、"阳光安置"，并通过相关劳动和人力资源部门组织失地农民开展就业培训，办理城镇居民养老保险等。占地 270 亩，预计总投入 2 亿元的安置区建设，切实从农民的实际出发，从选址到规划设计都遵循国内一流标准，着力打造成交通便利、配套设施齐全、宜商宜居的新农村示范小区。总投资 100 万元，惠及近 1000 名小学生的灰汤中心小学合格化学校建设项目即将竣工。灰汤镇敬老院建设工程顺利完成，荣获湖南省新建敬老院先进单位。为广大人民群众排除健康隐患，抓普惠群众的民生工程，积极争取市、县相关医疗单位的支持，在全镇开展全民免费体检活动，受到了全镇人民的一致好评。

灰汤各项建设项目的强力推进，为当地的群众提供了大量的就业岗位和机会，旅游经济的发展也为群众带来了无限的商机。城乡差距逐步缩小，城乡居民收入稳步增长。2009 年城乡居民农民收入分别达到 15920 元、9534 元，人均可支配收入分别增长 25.24%、29.40%。镇区内自来水供应、电力增容等设施建设不断扩容提质。有线电视、宽带、移动、联通等信息网络覆盖全镇，这都为灰汤人民安居乐业奠定了扎实的基础，确保了灰汤和谐社会稳步发展的大局。

随着灰汤开发建设的进一步深入开展，全镇上下一心，团结协作，以科学发展观统揽经济社会发展全局，以人为本，全面推进各项工作，镇域经济、社会环境等方面都取得了骄人的成绩，构建和谐乡镇的社会氛围日益浓厚，全镇和谐社会构建呈现出全面协调、可持续发展的良好势头。一个老年人怡情养生的福地、中年人休闲娱乐的胜地、青年人享受自然的宝地，和谐新灰汤正呈现在大众眼前。

附四：

做新农村建设的探路者

宁乡县金洲镇人民政府

　　金洲镇关山村位于宁乡县东北部，距长沙市区 24 公里，全村辖 16 个村民小组，626 户，2660 人，村域面积 4.94 平方公里，7410 亩，其中水田 1689 亩。2007 年被确定为长沙市社会主义新农村示范村，同时纳入长株潭"两型社会"综合改革配套试验区规划范围；今年又被确定为湖南省社会主义新农村建设示范村、长沙市金洲大道片新农村建设示范村。是省市县领导新农村建设的联系点和省市社科院的新农村建设研究基地。

　　近年来，关山村发生了很大的变化。由一个偏僻的小山村发展成为宁乡乃至长沙知名的新农村建设示范村，产业全面起步，村庄序化美化，群众幸福指数不断提高，人均纯收入由 5 年前的 1162 元增长到 2008 年的 8200 元。2009 年 8 月，在省市领导的亲自指导下，又启动了长沙金洲社会主义新农村建设改革与发展试点。试点项目涉及 4 个村，由核心区项目、集居点建设、民居房改造、农业开发等四个项目组成，同步规划实施建设。目前试点区面貌巨变，已显成效。

　　试点以来，从实践中我们得出："新农村建设改革与发展试点其实质就是探索一条路子，做好一篇文章，实现一大转变，致富一方百姓。""探索一条路子"，即探索农村改革与发展新路子；"做好一篇文章"，即做好土地节约利用和农村土地流转的文章；"实现一大转变"，即实现农村农民生产经营内容和方式的根本转变；"致富一方百姓"，即最终达到富民强农的目标。按照各级领导提出的总体构想和具体指导，我们积极推进试点建设，致力探索一条有别于传统意义的新农村建设路径和运作模式。

明确一个定位，分为三个步骤

总体定位是：打造具有先进性、示范性和借鉴性的社会主义新农村建设案例，创建切合实际、群众拥护、政策认可、可供示范的农村发展和农民致富创新模式。工作目标是：建设新村庄，打造城乡融合、生态宜居旅游新村庄；发展新产业，打造以休闲旅游、现代农业为主导的产业支撑体系；培育新农民，培养用现代理念和技术武装的新一代专业化新型农民；创建新制度，创新建立以农村土地制度改革为核心的新农村建设制度体系。推进步骤分为三个阶段：一是起步阶段，完成规划编制，完成土地整理，启动核心区建设，建设农民新村，推动农村产业发展；二是突破阶段，核心区初步建成，农民新村初具规模，产业发展实现突破，农村土地节约集约利用形成基本模式；三是提升阶段，新村庄建设形成示范，新农民收入显著增加，新农村发展形成模式。

坚持一个理念，探索一条路径

基本理念是：跳出农村局限谋划农村建设、整合农村资源加快农村发展、依靠农民投入富裕农民生活。探索出一条以党的十七届三中全会精神为指导，以城乡一体化为方向，以规划为龙头，以农民为主体，以市场为主导，以农村土地制度改革为动力，以节约集约用地为手段，以土地流转、项目开发和多业经营为途径，以富裕农民和发展农村为根本目的的新农村改革和发展路子。

做好一个规划，明晰三个布局

科学规划是社会主义新农村建设和土地综合整治的龙头。为此，我们编制了《关山社会主义新农村建设规划》、《国土综合整治实施方案》及土地利用、道路交通、产业发展、农田水利、公用设施、生态保护等九个子规划。规划坚持了资源节约和环境友好、农民自愿和尊重民意、因地制宜和量力而行，有利于发展生产和方便生活、节约用地和保护耕地、突出生态农业和观光旅游特色、区域统筹协调发展等七个原则，做到了"三统"：即统一各类布局、统揽各类用地、统筹各类规划。规划的总体布局是："两片区、三产业、五基地"，两片区为：北区观光农业片区、南区生态休闲片区；三产业为：种植业、养殖业、休闲业；五基地为：无公害蔬菜基地、优质水果基地、观光经济作物基地、生态养鱼基地和乡村旅游基地。

做好一篇文章，创设一项制度

即做好土地文章，创新建立农村土地节约利用、集约经营，城乡一体、优化配置，有序流转、开发增效，收益共享、致富农民的农村土地经营管理新制度。农民赖以生存的是土地，赖以致富还是土地，农民福祉与土地密不可分，农民富裕还得抓住土地这个根本；农民最宝贵的资源是土地，最现实的投入来源还是土地，城乡一体化的一条重要纽带就是土地资源的合理配置和高效利用。一是实施国土综合整治，增加农业用地，节约建设用地。推进"三项整理"，即：村庄整理、道路整理、土地整理，推动农民住房实现"三个转变"，即"平房向楼房转变、大院向庭院转变、分散向集中转变"，实现宅基地"两个转移"，即"占耕地向占荒地转移、占平地向占山地转移"，推进"三个开发"，即开发疏林地、开发旧宅基地、开发农居点菜地。通过实施国土综合整治，全村可新增耕地 1926 亩，节约建设用地 391.5 亩。目前已经实施的农民集居点首期搬迁 60 户，搬迁以前户均占地 1.5 亩，集居以后户均占地 0.7 亩，节约建设用地近 50 亩。二是建设用地增减挂钩，集约开发土地，有偿转让土地。把节约出来的土地用于商业开发或有偿转让，实现农村土地升值增效；把开发和节约出来的用地指标有偿转让置换到城镇或园区用于开发建设，集体和农民获得收入或股权，把城镇和园区收益过渡到农村，实现城乡土地合理流动、高效配置，释放农村土地潜力，放大农村土地价值，让农民共享土地收益。

整合三项投入，破解一个瓶颈

资金和投入是制约新农村建设与发展的瓶颈。我们进行了以下探索：一是资源变资本，扩大市场投入。新农村建设只有找到市场主导的路子，才能持续发展、全面推广。扩大市场投入的关键在于农村资源资本化，资源资本化的关键在于整合农村土地、市场、人力等资源，其中最现实、最持续、最根本的就是农村土地资源。根据关山村的基础和优势，我们通过国土综合整治增加耕地、节约土地、增加指标，把节约出来的土地进行集约开发建设，以开发建设盈利作为新农村建设和产业培育的投入来源。二是农民为主体，推进农民投入。新农村建设主体必须是农民。一方面，利用市场的手段，把农民手中的土地资源变成可供流转、出让、开发和融资的资产，以宅基地换新房，以承包地换股权，实现"不动产向可动产转变、低效益利用向高效益开发转变"。按照"两点一片"的规划布局，计划将 385 户分散宅基地进行统规统建和统规自建，按照一定比例给予节地奖励、换地奖励和建房补助；整合集体用地 3000 亩用于核心区项目建设，农民以集体土地承包经营权入股，把农民变成公司股东。目前已融合宅基地 12 户、集体用地 834 亩。另一方面，通过政策的手段，引导农民利用闲置资金进行房屋及庭院整治、进行各种产业经营，计划对 241 户民宅进行统规整治，目前 100 户改造已基本完成。三是政策作引导，整合政府投入。按照规划统一布局，整合交通、水利、电力、国土、林业、教育、卫生和产业培育等政策性投入，夯实发展基础，改善整体环境，提供公共产品，弥补市场缺失。

构建一个主体，搞好一个运作

找准新农村建设市场投资主体，变政府主导为市场主导、变外部促动为内生带动、变财政输血为自我造血、变单一投入为多元投入，即保障投入力度和效益，又保障农民最终受益。我们的做法是：由长沙龙腾房地产开发有限公司牵头成立一家按照现代企业制度运作的股份公司，成立农民以土地入股的土地综合开发利用合作社，合作社入股该公司作为股东。公司对节约出来的集体建设用地进行开发经营；合作社依据股权获得收益，再由合作社把土地收益直接向农民分红或者用于公益事业建设。为解决项目前期融资问题，由县国土储备中心调剂熟地为项目向银行抵押贷款，待项目开发土地升值后再与县国土储备中心进行置换。目前，正由新成立的湖南龙腾控股集团有限公司开发建设核心区项目，开发高档住宅和休闲度假中心，打造乡村休闲示范区，项目一期工程进入土建施工阶段。通过这个项目的运作，将提高农村土地综合开发效益，促进农民增收，带动整个新农村建设。

实现三个转变，富裕一方百姓

富裕农民的根本途径在于优化农民收入结构，在传统性收入的基础上，努力增加农民的经营性收入、工资收入和财产性收入。一是资产变资本，增加财产性收入。以"土地权益股权化、土地资源资本化"为改革核心，农民把手中的土地流转到合作社，再由合作社流转到项目业主，农民获得租金和股本红利，实现"资源变资产，资产变资本"，既依靠土地致富，又摆脱土地束缚，已有 1100 多户农户自愿入社，流转农地 2200 亩，引进了福建超大现代农业集团等龙头企业从事规模化农业生产。二是农户变商户，增加经营性收入。发展特色经营，推进产业转型，重点发展休闲旅游产业和现代农业，通过给予补助奖励、开展技能培训等措施，引导农民兴建农家乐、从事物业配套服务和现代种养。目前已发展农家乐 15 户，年接待游客 10 万人左右，营业收入近 400 万元；发展葡萄种植大户 65 户，年收入 300 万元左右。三是农民变市民，增加工资性收入。依托区位、资源和环境优势，发展休闲产业和新型工业，把农民就地变成工业企业工人、服务企业员工和农业产业工人，部分农民迁入集中小区，在不征地、不拆迁的前提下，实现农民进厂不出村，保证农民土地流转不失利、不失业、不失权，使农民拥有"租金"（土地转包和出租收入）、"股金"（以宅基地和土地承包经营权入股分红）、"薪金"（就业收入）和"保障金"（养老、低保和医保）等稳定的收入。

后　记

　　我是高校科学社会主义专业的老师，为什么选择这个主题进行研究呢？说来话长！

　　首先是因为科社专业应该关注这个问题。

　　很多人都不明白这个专业是学什么、干什么的，我一直不明白为什么不明白？科学社会主义顾名思义，就是研究社会主义的。凡涉及与社会主义有关的现象，凡涉及社会主义国家的问题，都在它的研究视野之中。这是一个大有用武之地的空间，企盼有更多的人来学习和研究。至于研究县域发展，应该是建设中国特色社会主义的基础性课题，故选择它是情理之中的事情！

　　其次是因为学科发展督催我关注这个问题。

　　怎么样赋予传统学科以生机和活力？是我负责这个学科以来考虑最多的问题之一。当湖南省教育厅为了繁荣高校哲学社会科学决定在全省高校设立重点研究基地时，我学科群体主要成员几乎不约而同地想到了这个角度，几经论证和申报，顺利获准成为我省首批重点研究基地，2008年验收获"优秀"等级并滚入新一轮建设。现在我学科博硕士点均设立了"县域发展研究"方向。既拓宽了本学科的研究视野，又为县域发展培养了人才。一举两得，何乐而不为？

　　再次是因为现实状况引发我关注这个问题。

　　改革开放以来中国发生了翻天覆地的变化，最突出的变化是GDP一直走势坚挺，综合国力增强了，人民生活水平提高了。但是有不平衡，如地区之间发展不平衡，领域之间发展不平衡，群体之间发展不平衡。就一个县来说，也是如此。都提要科学发展，但在一个地方怎样落实科学发展，做起来很难很难，一个共同的突出现象是重经济轻其他、重工业轻其他、重政绩轻其他。一个国家，一个地区，怎么发展？当然要因地因势因时制宜，而且还有轻重缓急之分；但最终方向和目标还是全面发展、和谐发展，即物质文明、政治文明、精神文明、社会文明、生态文明的和谐统一。也许认识上有偏差，但更多的不仅是认识上的问题，这个道理一般人都懂，而是有更多的客观原因在掣肘，需要研究。比如，什么叫"青山绿水"？从现实讲，一个地区要保持青山绿水，往往容易形成贫穷落后。因为钱从何来？很实际。要改变财政困境，最容易见效的就是发展工业，尤其是"五小"工业之类。

在这里，我特别想谈点对"猫论"的思考。不管什么猫抓到老鼠就是好猫，这句话，曾经对于解放思想、推进生产力发展作出过巨大的贡献。但是，对它的理解和把握，我认为有一个演化过程。最初体现的应该是现象与本质的关系，即猫的颜色是现象，能否抓到老鼠才是本质。它告诉人们应该透过现象看本质。猫的颜色是什么不重要，猫能否抓到老鼠才是最重要；猫的颜色即使最漂亮，抓不到老鼠也不是好猫（当然这是对猫的原生态评价，现在评价标准不一样了，如宠物猫就只是用来观赏的，颜色当然十分重要了。此一时彼一时矣）。可是在实践中，后来在人们的观念中又逐步演化为手段与目的的关系了，即不管采用什么手段，只要发展了生产力就行，而衡量生产力快慢高低的标准又只是GDP。于是生态问题、安全问题等等就逐步凸显出来了。为什么？因为按照这个逻辑，手段并不重要，手段并无好坏，目的才是一切。实际上对手段也是应该分析的，它有正当与不正当、合法与不合法、应该与不应该之分。如果不要分，那么人们不禁会问：红道、灰道、白道可以，靠黑道行不行？种植罂粟制毒贩毒行不行？色情行业行不行？滥采滥挖行不行？等等，因为它们都可以创造GDP，都可以解决财政需要呀。

长沙市一位交警在整治社区交通秩序时讲过一句话引起我很多的思考。大意是：你们现在都讲凡群众需要就应去尽力满足，那需要嫖娼是否要满足？此话确实有理，对需要也是需要分析的。有些需要是应该创造条件去满足的，这是大量的，可有些需要是不能迎合的。我原先想把需要分成正当与不正当，但仔细一想也讲不清。比如这性的需要就能说不正当吗？但如果归于正当需要应该去满足，那对卖淫嫖娼等又怎么看呢？显然难以回答。可见真理与谬误虽然分明，但真理离谬误也只有一步之遥。这样循环下去，就会必然形成很多误区。不讲手段好坏的发展观，是对小平同志发展观的一种片面理解甚至扭曲理解。但不必讳言，小平同志的发展观也是需要与时俱进的，否则科学发展观就无容身之地了。胡锦涛总书记的科学发展观从理论上根本解决了"什么是发展，怎样发展"的问题，是对邓小平发展观的发展，为我们科学发展指明了方向。现在的突出问题主要是怎么落实了。

　　所以，县域该怎么落实，怎样才能叫科学发展、和谐发展，大家关注，我亦关注。两次申报国家社科基金课题，都因"双盲"一关未过，但进入了省内课题，先后获得湖南省教育厅一般课题和基地重点课题《县域发展与和谐社会构建》（湖财教指〔2005〕46号05K001）以及湖南省社科基金课题《县域和谐发展与社会主义新农村建设研究》（湘哲社领〔2007〕14号，07JL07）。几年过去了，怎么完成？虽查阅了大量资料，并设计了提纲，也叫我的学生李铁明、林峰、朱国伟、陈湘洲等作了一些论述，但总感到不理想。问题在哪里？2008年找到了答案：没有深入实际，缺乏对县情的充分了解。2009年，一个叫王习加的博士生参与了我的研究。他是宁乡县委常委、纪委书记。当我邀他一起研究时，他欣然接受，并于一年之内迅速完成。之所以能如此，有两个原因：第一，他本人就是研究这个问题的能手，他第一个提出"全域经济"的概念并有显著研究成果。第二，他是行政组织能手。他组织中国·宁乡发展与管理研究中心的一批博士成立了专门的写作班子。去年年底又以此为主题，两个中心共同主办了一次"中国·宁乡县域和谐发展论坛"会。实践又一次证明理论与实际相结合的无比优越性。

最后，要不要按惯例感谢一些人呢？想了很久，觉得一般的客套就不提了，请方方面面予以原谅。但有三点是必须要感谢的：第一要感谢宁乡县委、县政府、县纪委。他们实施了两届的"5127"人才引进工程是具有远见卓识的举措，也正是这批人才为我们这个课题的完成提供了坚实保证。第二要感谢华中师范大学中国农村问题研究中心主任徐勇教授。他不仅是全国著名的政治学理论学者，还是全国著名的农村问题专家。长期以来他以大家风范关心我学科、扶持我学科，此次又不惜精力为拙作写序，特别感谢自然是应该的！第三要感谢中共湖南省委常委、长沙市委书记陈润儿同志能在百忙之中抽时间为本书作序。我同陈书记不认识，更没交往，他能为这本小书欣然作序，首先是对他主政所辖的宁乡县发展的一种支持，同时也是对我们所研究的问题及其研究方法的一种鼓励！我们将谨记其心意，继续不懈的研究！

李屏南

于 2010 年 6 月 18 日记于可稼寓所

图书在版编目（CIP）数据

和谐发展：中国县域发展之路 / 李屏南，王习加主编．
－北京：人民出版社，2010.11

ISBN 978 – 7 – 01 – 009284 – 3

Ⅰ.①和…　Ⅱ.①李…　②王…　Ⅲ.①县－地区经济－经济发展
－研究－中国　Ⅳ.①F127

中国版本图书馆 CIP 数据核字（2010）第 183737 号

和 谐 发 展：中 国 县 域 发 展 之 路
HE XIE FA ZHAN ZHONG GUO XIAN YU FA ZHAN ZHI LU

主　　编　李屏南　王习加
责任编辑　姚劲华　车金凤
装帧设计　鼎盛怡园
出版发行　人 民 出 版 社
　　　　　（100706　北京朝阳门内大街 166 号）
网　　址　http：//www.peoplepress.net
经　　销　新华书店
印　　刷　北京市文林印务有限公司
版　　次　2010 年 11 月第 1 版
　　　　　2010 年 11 月北京第 1 次印刷
开　　本　710 毫米×1000 毫米　1/16　印张　18
字　　数　250 千字
印　　数　00,001 – 13,000 册
书　　号　ISBN 978 – 7 – 01 – 009284 – 3
定　　价　35.80 元